Kleines Lexikon des Hexenwesens

Sie hassen Mobiles und lieben Butter, reisen in Wirbelwinden und machen schwanzlose Mäuse; sie verwandeln sich gern in dreibeinige Hasen und zaubern rote Milch. Diese und viele weitere volkstümliche Ansichten über die »Unholden« – oder die »Weisen Frauen« – sind in Ditte und Giovanni Bandinis ›Lexikon des Hexenwesens‹ anschaulich und durch zahlreiche Selbstzeugnisse, Anekdoten, Sagen und Erlebnisberichte illustriert nachzulesen. Darüber hinaus gibt das Buch Auskunft über historische und literarische Hexen, über mutige Aufklärer, verblendete Inquisitoren und deren unheilvolle Schriften, über Zaubersprüche, Hexenkräuter, magische Handlungen und Utensilien. Ein äußerst informatives Nachschlagewerk, das ebensosehr zum kurzweiligen Schmökern wie zum Nachdenken anregt.

Ditte Bandini, geboren 1956, studierte Völkerkunde, Religionsgeschichte und Indologie. Sie arbeitet an der Heidelberger Akademie der Wissenschaften sowie als freie Schriftstellerin und Übersetzerin. Unter dem Namen Ditte König veröffentlichte sie einen Roman sowie ›Die Welt der Feen‹.
Giovanni Bandini, geboren 1951, studierte Indologie, Vergleichende Religionswissenschaft, Romanistik und Indische Kunstgeschichte. Er unterrichtete an der Universität Heidelberg und arbeitet seit 1987 als freier Übersetzer und Autor.

Ditte und
Giovanni Bandini

KLEINES LEXIKON DES HEXENWESENS

area

Für Katrin und Robin

Ditte und Giovanni Bandini: Kleines Lexikon des Hexenwesens

Genehmigte Lizenzausgabe für area verlag gmbh, Erftstadt

Einbandgestaltung: dyadesign, Düsseldorf
Einbandabbildung: »Hexenritt«, Holzschnitt um 1870,
nach einer Zeichnung von Gustav Spangenberg; akg, Berlin
Satz & Layout: Bernhard Heun, Rüssingen
Printed in Czech Republic 2006

ISBN-13 978-3-89996-854-5
ISBN-10 3-89996-854-9

www.area-verlag.de

Vorwort

»Das ist eine alberne Meinung, daß sich Weiber und Männer in den Wolken verstecken können und hageln, um alles zu verderben«, erklärte Liselotte von der Pfalz zu Anfang des achtzehnten Jahrhunderts. Wie sie schrieb, hatte der Hagel in Lothringen schlimme Verwüstungen angerichtet, und nun machte man die Hexen dafür verantwortlich.

Liselotte war mit ihren gesunden, bodenständigen Ansichten nicht nur in diesem Punkt den meisten ihrer Zeitgenossen weit voraus. Denn wenngleich die Hexenverfolgungen in jener Epoche bereits ihren Höhepunkt überschritten hatten, konnte von einer durchgreifenden allgemeinen Bewußtseinsänderung noch längst keine Rede sein. Wie sehr die Menschen, zumindest auf dem Land, bis in jüngste Vergangenheit davon überzeugt waren, Hexen seien an jedem ungewöhnlichen »Schaden« schuld – an Krankheiten, Stürmen, Unwettern, Dürreperioden, Epidemien und jeder sonstigen Katastrophe –, möchte das vorliegende Buch illustrieren.

Es erzählt darüber hinaus von Büchern und Männern, die entscheidend dazu beitrugen, daß der Hexenwahn sich ausbreitete, bis er nicht mehr aufzuhalten war, ebenso aber auch von den wenigen Mutigen, die buchstäblich unter Einsatz ihres Lebens dagegen vorzugehen versuchten; es schildert die Bräuche und Rituale, mit denen sich die Menschen gegen die Hexen zu schützen suchten, sowie etliche Zaubereien, die man diesen zuschrieb.

Viele Forscher haben sich mit dem Hexenwesen und seiner Deutung befaßt, und ihre Schlußfolgerungen gehen zum Teil erheblich auseinander. Kernpunkt ist und bleibt die Frage, ob es tatsächlich Menschen gibt, die in irgendeiner Form – zu positiven oder negativen Zwecken – »hexen« können oder nicht.

Während diese Fähigkeit für die meisten Wissenschaftler ausschließlich in das Reich der Märchen gehört, ist sie etwa für die moderne Hexenbewegung und ähnliche Strömungen des New Age eine nicht zu hinterfragende Tatsache. Bemerkenswert ist bei den meisten Verfechterinnen heutiger Muttergöttinkulte allerdings, daß sie nur die Existenz »guter« Hexen einräumen; die bösen sollen zu allen Zeiten lediglich die Erfindung patriarchalisch-christlicher Verleumder gewesen sein. Auch scheint es sich bei der Hexerei in ihren Augen um eine Kunst zu handeln, die jede(r) ohne die geringste Schwierigkeit und Mühe erlernen kann; jedenfalls konnten wir einem einschlägigen Werk entnehmen, es genüge, dreimal laut »Ich bin eine Hexe! Ich bin eine Hexe! Ich bin eine Hexe!« zu sagen, um tatsächlich eine Hexe zu sein.

Daß es ganz so einfach denn doch nicht sein dürfte – immer vorausgesetzt, man räumt die Möglichkeit des Hexeseins als solche überhaupt ein –, zeigen die langen Lehrzeiten und komplizierten Initiationsrituale sibirischer Schamaninnen und Schamanen und anderer in vielen Teilen der Erde noch heute praktizierender »Hexen(meister)« oder »Zauberer«.

Aus diesen und anderen Gründen haben wir es vorgezogen, heutige »Weise Frauen« nicht in dieses Lexikon aufzunehmen – wobei diese Aussparung aber nicht als Werturteil unsererseits verstanden zu werden braucht. Überhaupt lag es nicht in unserer Absicht, die Frage, ob es tatsächlich Hexen gebe oder je gegeben habe, zu erörtern – sie dürfte ohnehin, wenn überhaupt, äußerst schwer zu beantworten sein.

Fest steht dagegen, daß in vielen Teilen der Welt bis auf den heutigen Tag nach wie vor gern ein Sündenbock für alles unvorhergesehene Unglück verantwortlich gemacht wird. Und noch heute werden selbst mitten in Deutschland Menschen, die durch ihr Aussehen, ihr Verhalten oder ihre Ansichten von der Norm abweichen, bewußt oder unbewußt in die Kategorie der Hexen eingeordnet, beargwöhnt und aus der Gemeinschaft ausgestoßen – nur glücklicherweise nicht mehr verbrannt!

A

Abwehr von Hexen

Die immense Furcht vor Hexen und deren üblen Zaubereien bewirkte, daß die Menschen vergangener Jahrhunderte Vorsorge zu treffen suchten, um sich vor ihrem Einfluß zu schützen. Eine der gewöhnlichsten Methoden bestand darin, vor allem vor typischen Hexennächten, wie → Walpurgis (30. April) und → Johanni (24. Juni), bestimmte Pflanzen über Türen und Fenstern zu befestigen. Am häufigsten genannt werden in diesem Zusammenhang → Johanniskraut, → Hasel, Beifuß, Kalmus, → Farn, → Dost, Baldrian und Weißdorn.

Von einer weiteren oft angewandten Schutzvorkehrung wird Ende des neunzehnten Jahrhunderts in Pommern berichtet: »Niemand unterlasse es, am letzten April an jede Thür, sei es Wohnhaus, Stall oder Scheune, drei Kreuze zu malen. Am besten sind die schwarzen, mit Kohle gezeichneten, und die rothen Kreuze, weniger wirkungsvoll die weißen. Als eine Hexe auf ihrem Besenstiel über ein Dorf hinflog und die verschiedenen Kreuze sah, rief sie aus:

> Witt [weiß], Dat is vorn Schitt
> Rôd, Dat is Christi Blôd!
> Schwârt, Dat is hârt!

Wer seine Thüren nicht mit den heiligen Zeichen versieht, bei dem richten die Hexen auf ihrer Rückfahrt vom Blocksberg den größten Unfug an und schinden Menschen und Vieh auf jede erdenkliche Art.«

Viele Landwirte streuten auch → Dill, Lein und → Salz rund um ihre Hofstellen und insbesondere, weil sie hauptsächlich um ihr Vieh fürchteten, vor die Stalltüren. Wie intensiv und mit welchem Aufwand an Zeit und Mühe man die hexenwehrenden Maßnahmen oft genug betrieb, zeigt ein gegen Ende des achtzehnten Jahrhunderts verfaßter Bericht: »Es wurde der Stall mit häufiger Schlagung dreier Kreuze durchräuchert, beschworen und mit Camillensäckgen ausstaffiert. Hierauf wurden Kräuter, die man am Johannistage von drei Kreuzwegen zusammengehohlt, mit Haaren von den Kühen untermischt, in einem Kessel langsam abgekocht; und dies sollte den Zauberbann bewirken, d.h. die Hexe, die nun während des Kochens unausstehliche Pein und Marter empfinden müsse, nöthigen, zu erscheinen, und um Gnade zu bitten. Hierbei vergaß man nicht, den Hof wohl zu verwahren, und alle Thüren sorgsam zu verriegeln, damit nicht etwa die Hexe ihrer Strafe und Entdeckung dadurch entgehe, wenn sie sich heimlich einschleiche, und etwas aus der Wohnung vom Besitzer mit sich nähme. Übrigens lauerte man von innen sorgfältig, ob sich nun jemand zeigen würde.«

Als ausgesprochen wirksam galten neben Kräutern vor oder über der Eingangstür angebrachte Gegenstände aus

Eisen – vor allem natürlich das Hufeisen, daneben aber auch Messer und Nägel. Hexen sollten nämlich, genau wie böse Geister und Feen, eine starke Abneigung gegen dieses Metall haben, weshalb man es kleinen Kindern zum Schutz in die Wiege legte.

Eine weitere gebräuchliche Maßnahme bestand darin, in den besagten gefährlichen Nächten das Haus mit Weihrauch oder Wacholder zu räuchern. So wird aus Schwaben berichtet: »Die Ailringer beten deshalb während des Gewitters nicht besonders zu Gott, sondern besprengen mit Weihwasser die vier Ecken des Hauses, machen einen Rauch mit geweihten Kräuter- und Palmbüscheln, weil diesen Rauch die Hexen nicht leiden können. Sie können sich einem solchen Haus auch nicht nähern.«
Mehr darüber: Jahn 1886; *Mackensen* 1938

Agnes Vollmerin
Während aus vielen Prozessen die Vorgeschichte der angeblichen Hexe nur in groben Zügen, ansonsten aber lediglich die Anklage und das – unter der Folter erzwungene – Geständnis überliefert sind, gibt die Prozeßakte der aus Schwaben stammenden Agnes Vollmerin ein gutes Bild davon, welch triviale Vorfälle zur Verurteilung einer Frau als Hexe führen konnten.

Agnes kam im August des Jahres 1650 zu ihrer Nachbarin Katharina und beschuldigte sie, ihre Kappe gestohlen zu haben. Katharina verwahrte sich energisch gegen diesen

Vorwurf und erzählte empört anderen Dorfbewohnern von diesem Vorfall. Dabei stellte sich heraus, daß die Frau eines Feldschützen besagte Kappe in der Nähe des Hochgerichts gefunden und mit nach Hause genommen hatte.

Daraufhin ging Katharina vor Gericht, um dort Genugtuung zu erhalten. Der Richter fand die Geschichte sehr verdächtig, obgleich die Vollmerin beteuerte, die Kappe sei ihr aus dem Haus gestohlen worden oder aber aus dem Korb gefallen, als sie beim Hochgericht vorbeiging.

Kurz darauf brach das Pferd des Bürgermeisters auf dem Feld tot zusammen, der Kleemeister bestätigte, es sei verhext worden, und der Roßknecht und der Roßbube erklärten, »sie hätten die Vollmerin ihrem Fuhrwerk schon öfters auf verdächtige Weise nachgehen sehen, und wenn das Pferd verhext worden sei, habe es kein anderer Mensch gethan als die Vollmerin«.

Damit war das Schicksal der Agnes Vollmerin besiegelt. Sie wurde gefangengenommen und mit Hilfe der Folter zum Sprechen gebracht. »Das Urtheil lautete auf Tod durch das Schwert mit nachgehender Verbrennung des Leichnams und Bestreitung der Atzungs- und Untersuchungskosten aus ihrem Vermögen.«

Agrippa von Nettesheim

Heinrich Cornelius Agrippa von Nettesheim (1486-1535) galt, wie etwa auch → Paracelsus, als Schwarzmagier und Hexenmeister. Er studierte in Köln Jura und Medizin und befaßte sich daneben intensiv mit der kabbalistischen Philosophie und mit Magie.

Mit zwanzig Jahren gründete er eine Gesellschaft für das Studium und die praktische Anwendung der Geheimwissenschaften und geriet deshalb – und allgemein wegen seiner ketzerischen Ansichten – mit der Geistlichkeit in Konflikt. In der Folge führte er ein unstetes Leben, in dessen Verlauf er weite Teile Europas bereiste und einer ganzen Reihe unterschiedlicher Berufe nachging: So war er Gelehrter, kaiserlicher Hauptmann, Ritter, Leibarzt, Beamter, Archivar und Historiograph.

Bereits in seiner Jugend verfaßte er das Werk, das heutzutage am ehesten mit seinem Namen verknüpft wird: ›De occulta philosophia‹ (›Von der okkulten Philosophie‹), das er allerdings erst sehr viel später veröffentlichte. Darin bemüht er sich, alte magische Praktiken darzustellen und in ein umfassendes Weltbild zu integrieren. Magie besteht nach Agrippa darin, sich in den Besitz der Kräfte der höheren Welt zu setzen und durch sie die niedere Welt zu beherrschen.

Agrippas Lehren, sein ungewöhnliches Leben und seine Suche nach dem Stein der Weisen genügten vollauf, um ihm beim einfachen Volk den Ruf eines Hexenmeisters einzubringen, und schon bald erzählte man sich allerlei haarsträubende Geschichten über ihn. So wird etwa berichtet, einmal sei während seiner Abwesenheit ein junger Mann in sein Arbeitszimmer eingelassen worden. Auf Agrippas Tisch lag ein aufgeschlagenes Buch mit Zaubersprüchen, und aus Langeweile begann der junge Mann, laut daraus vorzulesen. Plötzlich stand ein Geist im Zimmer und fragte, warum er gerufen worden sei. Als der junge Mann vor lauter Entsetzen kein Wort herausbrachte, erwürgte ihn der Geist.

Als Agrippa nach Hause kam, sah er die Leiche. Da er wußte, daß die Behörden ihn bei Entdeckung des Toten des Mordes anklagen würden, zitierte er den schuldigen Geist herbei und ließ ihn den jungen Mann kurzzeitig wieder zum Leben erwecken. Daraufhin schickte er die lebendige Leiche auf den Marktplatz, wo sie zusammenbrach und – scheinbar – eines natürlichen Todes starb. Bei der Untersuchung aber bemerkte man die Würgemale, und wieder einmal mußte Agrippa fliehen.

Bestärkt wurde die Ansicht, Agrippa stehe mit dem Teufel im Bunde, auch durch eine für die damalige Zeit äußerst ungewöhnliche Tat. Er setzte sich nämlich im Jahre 1519 dafür ein, daß eine Frau, die von betrunkenen Bauern vor einem Mönch verleumdet und daraufhin von diesem der Hexerei angeklagt worden war, vor dem Scheiterhaufen bewahrt blieb. Er wandte sich an den bischöflichen Vikar und bewirkte tatsächlich den Freispruch der Frau. In einem

Brief wetterte er gegen den Mönch: »... mit solchen Hirngespinsten schleppst du unschuldige Frauen zur Folter. Mit Geschwätz richtest du andere als Ketzer. Du, selbst ein Zauberer und so schlimm wie Faust und Donatus.«

Da Agrippa von Nettesheim in den letzten Jahren seines Lebens ständig von einem großen schwarzen Hund begleitet wurde, blieb es natürlich nicht aus, daß man meinte, dieses Tier sei in Wirklichkeit sein dämonischer Hilfsgeist und nehme nur aus praktischen Gründen die Gestalt eines Hundes an. Als nun Agrippa auf dem Totenbett lag, so erzählte man später, nahm er dem Hund sein – mit Zaubersprüchen und magischen Symbolen versehenes – Halsband ab und sagte zu ihm: »Geh nun, du verdammte Bestie, die du an allem meinem Unglück schuld bist!« Der Hund stürzte sich daraufhin sofort in den nahen Fluß und ertrank.

Mehr darüber: Agrippa von Nettesheim 1531; *Kuper* 1994

Albertus Magnus

Albert der Große, ein Sproß der Familie der Grafen von Vollstädt, wurde 1193 im schwäbischen Lauingen geboren. Er studierte in Padua und trat darauf in den Dominikanerorden ein. Nachdem er in verschiedenen Klöstern gelebt hatte, lehrte er eine Zeitlang in Paris Theologie und wurde schließlich, im Jahr 1260, Bischof von Regensburg. Bereits zwei Jahre später legte er jedoch dieses hohe Amt wieder nieder, um sich in Köln vor allem seinen wissenschaftlichen Arbeiten zu widmen.

Sein Interesse galt neben den Naturwissenschaften, insbesondere der Pflanzen- und Gesteinskunde, der Alchimie und der Philosophie. Da er aber auch der (»weißen«) Magie in seinen Forschungen ihren Stellenwert einräumte, geriet er beim Volk in den Ruf eines Hexenmeisters und Magiers, der zu den unterschiedlichsten Zaubereien imstande sei, und bald kursierten allerlei erstaunliche Geschichten über seine angeblich übernatürlichen Fähigkeiten.

Thomas von Aquin berichtet beispielsweise von einer Begebenheit, die sich am 6. Januar des Jahres 1249 zugetragen haben soll. Albertus hatte einige Gäste zu sich geladen, darunter Wilhelm von Holland. Albertus wollte unbedingt ein Stück Land von ihm kaufen, um ein Kloster darauf zu errichten, doch König Wilhelm mochte es ihm nicht abtreten. Als nun die Gäste eintrafen, wurden sie in den winterlichen schneebedeckten Garten geführt, wo zu ihrem großen Erstaunen die Tafel gedeckt war. Kaum hatten sie auf die Bitte ihres Gastgebers hin Platz genommen, als der Schnee schmolz, die Sonne herauskam, an Bäumen und Büschen Blätter sprossen, überall Blüten aufbrachen und die Vögel sangen. Sobald jedoch das Essen vorbei war, verschwand die sommerliche Kulisse wieder, und der Winter kehrte in den Garten zurück. Von dieser Zauberei zutiefst beeindruckt, erklärte sich der König bereit, Albertus Magnus das gewünschte Land zu verkaufen.

Mehr darüber: Entrich 1982; *Craemer-Ruegenberg* 1980

Amulett

Ebenso wie unsere Vorfahren Haus und Hof durch die vielfältigsten Maßnahmen gegen Hexen schützten (→ Abwehr von Hexen), suchten sie sich selbst, so gut es ging, gegen deren böse Künste zu feien. Als probatestes Mittel galten Amulette: oft kleine Stoffsäckchen, die man mit zauberwidrigen Substanzen füllte und möglichst direkt an der Haut trug. Zu den am häufigsten genannten apotropäischen (Unheil abwehrenden) Substanzen gehörten bestimmte Pflanzen, wie vor allem → Johanniskraut, Wacholder, Rosmarin und Beifuß, daneben kleine → Trudensteine, die man sich um den Hals hängte, oder auch durchlöcherte Muscheln. Knochen, Edelsteine, Eulen- oder Adlerfedern, Hasenpfoten, Nabelschnüre, Haare und Münzen wurden ebenfalls als äußerst wirkmächtig angesehen. Verstärkt wurde die Kraft dieser Objekte oftmals durch Zettelchen, auf die besondere magische Zeichen und Zaubersprüche geschrieben waren.

Noch heute ist es in orientalischen Ländern gang und gäbe, sich von kundigen Personen entsprechende Abwehramulette schreiben zu lassen. Natürlich konnte und kann man sich gezielt gegen – oder auch für – ganz bestimmte Dinge »versichern« lassen, also etwa gegen Krankheiten, Seuchen und Unfälle, für Erfolg bei Gericht oder beim anderen Geschlecht, vor allem gegen den Einfluß von bösen Geistern, den → bösen Blick und eben Hexen.

Am besten aber waren »Pauschalversicherungen«, bei denen man sozusagen mehrere Fliegen mit einer Klappe schlug. Der Text eines solchen Allzweck-Amuletts lautete beispielsweise wie folgt:

> Das Zeichen ist gut vor alle giftige Pestilenz und herumgehende schwere Landeskrankheiten, vor Hex- und Zauberei, vor Hagel, Blitz und Donnerwetter, vor Wasser- und Feuersnot, vor bösen und jähen Tod, vor alle Diebe, Mörder und Straßenräuber, die können mit der Hilfe Gottes weder im Haus noch auf der Straßen keinen angreifen; er überwindet alle seine Feinde.

Durch einen derart umfassend formulierten Schutzzauber abgesichert, konnte man sich also getrost auch unter Hexen wagen!
Mehr darüber: Hansmann/Kriss-Rettenbeck 1977

Arras, Hexen von
Denunziationen vor allem aufgrund verschmähter Liebe führten dazu, daß 1459 eine angesehene und unbescholtene Bürgerin von Arras, einer kleinen Stadt in Nordfrankreich, verhaftet und grausam gefoltert wurde. Sie gestand in der Folge nicht nur alles, was man hören wollte – sie verriet auch eine Reihe weiterer »Hexen«.

Sie alle wurden der »Waldenserei« (→ Waldenser), also der Ketzerei beschuldigt, und ihnen wurde unter anderem vorgeworfen, an Hexensabbaten teilgenommen zu haben. Zwölf der Verhafteten wurden auf dem Scheiterhaufen verbrannt – und dreißig Jahre später vom Pariser Parlament feierlich rehabilitiert! Literarisch verarbeitet wurde der Stoff übrigens von Ludwig → Tieck.

Artemis → Diana

Atzmann

Ursprünglich war der Atzmann ein koboldhafter Krankheitsdämon, die Verkörperung der Schwindsucht. Diese Vorstellung war weit verbreitet, bei Jean Paul heißt es etwa: »Der Atzmann hätte mich ohnehin an die Kehle gegriffen.«

Etwa ab dem dreizehnten Jahrhundert wurde diese Bezeichnung in zunehmendem Maße auf Wachspüppchen übertragen, mit denen man jemandem die Auszehrung anzaubern wollte (→ Bildzauber). Johannes → Hartlieb schrieb hierüber im fünfzehnten Jahrhundert: »Man findet einige Zauberinnen, die fertigen aus Wachs und anderem Material Bildnisse und Atzmannen. Sie machen das sehr oft, wobei sie so manchen bekannten und geheimen Namen hersagen, und hängen diese (Figuren) im Freien auf. Und wenn der Wind daran rührt, dann glauben sie, daß der Mensch, dessen Name bei ihrer Herstellung ausgesprochen wurde, keine Ruhe mehr finden werde. All das ist großer Aberglaube und Zauberei.«

Wie populär der Glaube an die Wirksamkeit des Atzmanns war, zeigt der alte schwäbische Ausdruck, »jemandem einen Atzmann in den Hafen [Topf] setzen«. Damit meinte man, daß einer Person auf magische Weise die Auszehrung angezaubert wurde.

Aufenthaltsort der Hexen

Nach allgemeiner Ansicht bevorzugten Hexen Gegenden und Orte, die »anständige Menschen« mieden. Hierzu zählten vor allen Dingen Friedhöfe, → Kreuzwege, düstere Schluchten, öde Berggipfel und dichte Wälder: Orte also, die »unzivilisiert« sind, auf die sich der Einfluß der Menschen nicht erstreckt, die den Geistern gehören – und die gerade deswegen auf der ganzen Welt als höchst magisch angesehen wurden und werden. Hier traten die Hexen mit Geistern in Kontakt, um sie für ihre Zwecke einzuspannen, hier führten sie ihre Zaubereien aus und hielten sie ihre Versammlungen ab. Daneben sagte man ihnen auch nach, daß sie alte Bäume, vor allem → Eichen und Nußbäume, liebten und auf deren Ästen zusammenkamen.

Dieser Glaube wurde von kirchlicher Seite nach Kräften geschürt, da die Heiden früher ihre Kultstätten oft bei alten Bäumen gehabt hatten – wie von Bonifatius, der die Donar-Eiche fällte, bekannt ist. Die Folge dieser tendenziösen Umdeutung war, daß der Glaube an Baumgeister mehr und mehr schwand und der an Hexenbäume dafür so sehr verinnerlicht wurde, daß die Menschen noch in jüngster Vergangenheit davon erzählten. Manch ein tausendjähriger Baum, der Kriege, Dürren und Blitzeinschläge überstanden hatte, fiel diesem Glauben zum Opfer.

So heißt es, als ein Beispiel von vielen, in einer Sagensammlung aus Bayern, die um die Mitte des neunzehnten Jahrhunderts nach mündlichen Berichten zusammengetragen wurde:

»Auf dem anger bei Buckenhofen in Oberfranken wurde im Jahre 1804 die Hexeneiche umgehauen. sie war so groß, daß sie sechzig klafter holz abwarf. als sie gefällt war, konnte der revierförster, ohne sich bücken zu müssen, in ihre höhlung hineinreiten. am walburgistag wiegten sich die hexen auf ihren ästen; denn, wenn sich an anderen bäumen kein laub regte, bewegten sich die äste der hexeneiche.«

Aussehen der Hexen

In Schwaben sagte man: »Alte Weiber werden Hexen, sobald sie Triefaugen bekommen.« Diese Aussage macht dreierlei deutlich: Hexen waren nach landläufiger Ansicht im allgemeinen alt, zweitens häßlich und drittens weiblich. Doch fehlte es nicht an weiteren Merkmalen, an denen man Hexen untrüglich erkennen zu können glaubte: In Kärnten und in Schwaben waren es beispielsweise zusammengewachsene Augenbrauen, in Bayern und im Erzgebirge Plattfüße, in der Steiermark ein fahles Gesicht und struppiges Haar und in Tirol dunkle Flecken, die als Spuren der Finger des Teufels gedeutet wurden. Die Südslawen wußten außerdem, daß eine Hexe unter der Nase ein Kreuzeszeichen trug und die Stirn voll finsterer Falten hatte.

Eine alte Hexe reitet auf einem Stecken,
Illustration zu Ulrich Molitor,
›Hexen Meysterey‹, 1545

Diese Liste der physischen Unzulänglichkeiten einer Hexe ließe sich beliebig fortsetzen, und angesichts der Fülle solcher Angaben nimmt es nicht wunder, wenn es in der Oberpfalz Mitte des neunzehnten Jahrhunderts zu diesem Thema hieß: »Aeussere Zeichen, welche ein Weib als Hexe kenntlich machen, sind nur wenige, und diese so allgemein, daß man sich wenig darauf verlassen kann.« Wobei der Autor hinzufügt: »Dazu gehört es, wenn ihnen ein Schnurrbart wächst.«

Was die Kleidung der Hexen betrifft, so variieren auch hier die Aussagen erheblich. Die einen sprechen von roten Strümpfen, die anderen von einem blauen Wams, wieder andere von einem roten Kopftuch, von Pantoffeln oder Stiefeln. Der Phantasie waren keine Grenzen gesetzt, und viele der entsprechenden Beschreibungen dürften auf die individuellen Erfahrungen mit den jeweiligen »Dorfhexen« zurückzuführen sein.

In jedem Fall wird klar, daß unsere Klischeevorstellung vom Aussehen einer Hexe – alt, bucklig, lange krumme Nase, Triefaugen und Kopftuch – eine lange Tradition hat. Ein Großteil der als Hexen verschrienen Frauen entstammte der armen Schicht der Bevölkerung – und Alter und Häßlichkeit erschienen seit jeher verdammenswert.

Wie allerdings am Beispiel der Agnes → Bernauer deutlich wird, konnten junge und hübsche Frauen fast ebensoleicht in den Ruf geraten, eine Hexe zu sein. Ihnen wurde zumeist unterstellt, sie hätten es auf die Verführung unbescholtener Männer abgesehen und sie vermittels ihrer Zauberkräfte von sich abhängig gemacht. Wie Agnes Bernauer fielen nicht wenige von ihnen Intrigen, oft aufgrund von verschmähter Liebe oder Neid, zum Opfer und wurden auf dem Scheiterhaufen verbrannt.

B

Bann

Aus dem Grimmschen Märchen von Jorinde und Joringel wohlbekannt ist eine Kunst, die man allgemein Hexen und Hexenmeistern zuschrieb: die Fähigkeit, Menschen, die ihrem Haus oder Einflußbereich zu nahe kamen, »festzumachen«, indem sie sie vermittels eines Zauberspruchs entweder zu Stein verwandelten oder aber auf dem Fleck festbannten.

Aus dem Altenburgischen wurde Ende des neunzehnten Jahrhunderts von einem Mann berichtet, der weit und breit als Hexenmeister verschrien und gefürchtet war. »Dieses unheimliche Gerücht wurde durch das menschenscheue Wesen genährt, das er geflissentlich zur Schau trug, und durch den Umstand, daß er den Gottesdienst nicht besuchte, sich überhaupt von jeder kirchlichen Handlung fernhielt. Kein Mensch wagte es, seine Grundstücke unbefugterweise zu betreten, aus Furcht, sich mindestens einen lahmen Fuß zu holen, wenn nicht gar ›festgemacht‹ zu werden. Letzteres kann nun aber leicht schlimm ablaufen, da der Gefangene sich wie eine Fliege an der Leimrute zu Tode zappelt, wenn der Bann nicht vor Sonnenuntergang gelöst wird.«

Um die Mitte des neunzehnten Jahrhunderts schreibt ein Schweizer Forscher: »Die Bodere von Zurzach habe ich selbst noch gekannt und mit meinen Schulkameraden öfters besucht, um sie über ihre Zauberkünste auszuhorchen. Sie konnte Menschen und Wagen bannen, daß es weder mehr vor, noch rückwärts ging; wollte sie dies thun, so zeichnete sie drei Kreise in ihre Stube, stellte in jeden eine brennende Kerze, sich selbst mitten hinein und sprach mit zerthanen Armen ihre Verwünschungen.«

In dem eingangs genannten Märchen wird Joringel von der Hexe schließlich mit dem Spruch wieder »losgebunden«: »Grüß dich, Zachiel, wenn's Möndel ins Körbel scheint, bind los, Zachiel, zu guter Stund.«

In der Regel wurde die Kunst des Festbannens aber nicht wie im Fall von Jorinde und Joringel ausgeübt, um die Gefangenen in seltene Vögel zu verwandeln, sondern um Diebe zu erwischen, die sich in Haus und Hof zu schaffen machten.

Bannspruch

Nach dem Prinzip, Gleiches mit Gleichem zu bekämpfen, kannten nicht nur die Hexen Zaubersprüche, mit denen sie Schaden anrichteten, sondern auch die Menschen, die sich dagegen schützen wollten. Derlei Sprüche hefteten sie über oder neben der Tür an oder sagten sie zu bestimmten Gelegenheiten, vor allem in der Weihnachts-, Silvester-, Walpurgis- oder Johannisnacht, auf und waren fest davon überzeugt, damit gegen alles Übel in Form von angehextem Schadzauber oder Krankheiten gefeit zu sein.

Aus Schlesien ist in einer alten Handschrift folgender hübsche, ursprünglich bayrische Spruch überliefert, der genau diesen Zweck verfolgte, nämlich Hexen, → Truden (»Bettzaierle«) und böse Geister vom Haus desjenigen fernzuhalten, der ihn aufsagte:

> Bettzaierle und alle böse Geister, ich verbiete euch meine Bettstatt, ich verbiete euch im Namen Gottes mein Haus und Hof, ich verbiete euch im Namen der heiligen Dreifaltigkeit mein Blut und Fleisch, meinen Leib und Seel', ich verbiete euch alle Nägelloch in meinem Haus und Hof, bis ihr alle Berglein gratelt, alle Wässerlein watelt, alle Läublein an den Bäumen zählt und alle Sternlein an dem Himmel zählet, bis daß kommt der liebe Tag, wo die Mutter Gottes ihren zweiten Sohn gebäret.

Bärlapp

Wie bereits die volkstümlichen Namen des Bärlapps (*Lycopodium clavatum*) – »Drudenfuß« und »Hexenmehl« – zeigen, galt die völlig unscheinbare moosartige Pflanze, die nicht einmal Blüten aufweisen kann, als rechtes Wundermittel gegen Verhexung. Aus diesem Grunde mischte man in weiten Teilen Osteuropas stets etwas Bärlapp ins Futter, um das Vieh so gegen den Einfluß von Hexen zu feien.

Derselbe Glaube liegt der aus der Lüneburger Heide überlieferten Heilmethode zugrunde, kleinen Kindern gegen Krämpfe das Sporenmehl des an Johanni (24. Juni) gesammelten Bärlapps in ihren Schnuller zu füllen. In St. Gallen stopfte man sich die Pflanze zu demselben Zweck in die Strümpfe. Krämpfe gehören nämlich zu den Krankheiten, von denen man glaubte, daß sie nicht natürlichen, also »harmlosen« Ursprungs, sondern von Hexen angezaubert seien.

Ausdrücklich um die Hexen von sich fernzuhalten, pflegten sich die Hirten in der mährischen Walachei Bärlappzweiglein an den Hut zu stecken, und wenn vielerorts noch Anfang des zwanzigsten Jahrhunderts Bäcker damit ihre Tröge und Senner ihre Melkeimer auskehrten, so steht das mit Sicherheit in derselben Tradition.

Benediktuskreuz und Benediktuspfennig

Dem heiligen Benedikt geweihten Kreuzen, Medaillen und Pfennigen schrieb man in früheren Jahrhunderten eine ganz besondere Wirkkraft gegen alles Böse, besonders aber gegen den Einfluß von Hexen zu. Am effektivsten sollten sie sein, wenn sie zusätzlich noch mit bestimmten Zauberformeln beschriftet waren, die auf den ersten Blick vollkommen sinnlos erscheinen (→ Zauberwort).

Eine dieser Formeln diente als Umschrift um Münzen und lautete »VRSNSMV SMQLIVB«. Eine andere, »CSSML NDSMD«, wurde auf die Kreuze graviert. In einem Hexenprozeß kam unter anderem diese Buchstabenfolge zur Sprache. Im Jahre 1647 gaben im bayrischen Natternberg mehrere als Hexen festgenommene Frauen während des Verhörs zu Protokoll, ihre bösen Künste vermöchten nichts gegen Menschen und Orte auszurichten, die durch Benediktuskreuze geschützt seien. Sie könnten insbesondere dem Kloster Metten nichts anhaben, da es dort ein solches Kreuz gebe.

Daraufhin wurde das Kloster untersucht, und neben mehreren der besagten Kreuze fand man eine Handschrift mit dem Bild des heiligen Benedikt, in der die lange Zeit unverständliche Buchstabenfolge erklärt wurde: Jeder Buchstabe stand für ein lateinisches Wort. Im Falle der Münzen lautete der Spruch übersetzt:

> Weiche zurück, Satan,
> niemals rate mir zum Eitlen!
> Sind es üble Gifte, die du ausschenkst,
> Trinke sie selbst!

Die Inschrift auf den Kreuzen lautete hingegen:

> Crux Sacra Sit Mihi Lux
> Non Draco Sit Mihi Dux.
> (Das heilige Kreuz sei mein Licht
> Nicht sei der Drache mein Führer.)

Daneben enthielt die Schrift allerlei Informationen über den Nutzen der Benediktuskreuze. So sollten sie gegen Hexen und überhaupt alles Teufelswerk gut sein und an Türen, an Hauspfosten oder an andere wichtige Stellen von Haus und Stall genagelt, als Amulett um den Hals gehängt oder aber unter Schwellen vergraben werden.

Im Volk war neben diesem geweihten Kreuz der Benediktuspfennig mindestens ebensoweit verbreitet. Über seinen Nutzen erklärte eine im neunzehnten Jahrhundert befragte schwäbische Bäuerin:

»Seynd gut in den ausgebauten Häusern vor die Wetter. Gut zu legen das Malefiz aufzuheben. Gut vor das Aufrühren des Butters. Wann die Küh rothe Milch, oder die Milch keinen Ram gibt. Gut auf die Geschwulst gebunden, so vom bösen Luft herkommen. Vor ein Präservativ in Feld und Aeckhern, wo die Würm, Käfer schaden. Vor die Früchten, daß der von den Hexen gemachte Schauer oder Hagel nit schade.«

Alle genannten Anwendungsbereiche haben mit Hexen zu tun, denn sie waren es nach Ansicht des Volkes, die schlechtes Wetter, Hagel, Ungeziefer, Krankheiten und »rothe Milch« bewirkten.

Berkeley, Hexe von

Aus England überliefert ist die seltsame Geschichte einer Frau, die kurz vor ihrem Tod von sich selbst behauptete, eine Hexe zu sein. Der Vorfall erregte solches Aufsehen, daß er auch in Deutschland bekannt wurde und wie folgt von einem Bischof namens Vincentius wiedergegeben wurde. »Zu Berthelia, einem Dorff in Engelland, ware eine fürnehme Frau, aber ein Unhold; welche eine, dem Ansehen nach, gar artliche, zahme Krähen allezeit bey oder umb sich gehabt, mit welcher sie immer gespilt, und ihren Spaß gehabt. Ware aber der lebendige Teuffel.«

Eines Tages, als sie gerade beim Essen war, plapperte der Vogel plötzlich auf eine so ungewöhnliche Weise, daß sie blaß wurde und vor Schreck das Messer aus der Hand fallen ließ. Sie fing an zu klagen, ihr letztes Stündlein habe geschlagen und wieviel Leid und Schmerz jetzt auf auf sie zukomme.

Während sie noch so jammerte, erhielt sie die traurige Botschaft, ihr einziger Sohn sei erschlagen worden. Von Schmerz überwältigt fiel sie in Ohnmacht und mußte ins Bett gebracht werden. Kaum kam sie wieder zu sich, ließ sie ihre anderen beiden Kinder zu sich rufen und sprach zu ihnen: »Liebste Kinder; ich habe biß dato gelebt als eine Hexe, und dem Teuffel in allem durchauß gedient, also daß ich an meiner Seeligkeit schon längsten verzweiffelt, wann nit euere Verdienst und Fürbitt noch etwas helfen können. Nun aber ist jezt auch dise Hoffnung verlohren, weil ich weiß, daß ich die Teuffel zu Peinigern forthin haben werde, welche ich biß dato als Rathgeber angehöret habe.«

Die Frau wies ihre Kinder nun an, sie nach ihrem Tod in eine Hirschhaut einzunähen und in einen steinernen Sarg zu legen, der mit drei eisernen Ketten »verwahrt« sein sollte. Drei Tage lang sollten sie ihn in der Klosterkirche stehen lassen und sie dann begraben. Fünfzig Geistliche aber sollten Tag und Nacht am Sarg Messen lesen und beten.

Alle ihre Maßnahmen nützten allerdings nichts: Als die Geistlichen in der ersten Nacht wachten, kam ein »grausamer Teuffel« zur Tür herein und zersprengte eine der Ketten. In der zweiten Nacht zerriß ein anderer Teufel die zweite Kette, und in der dritten Nacht erschien der Oberteufel, rief die Tote bei ihrem Namen, hieß sie aufstehen, zerriß mühelos die dritte Kette, hob den steinernen Sargdeckel und führte die Frau aus der Kirche zu einem pechschwarzen Pferd, das »mit lauter eysernen Stachlen umb und umb bewaffnet war«. Der Teufel setzte sie in den Sattel, und sie verschwanden. Man hörte nur noch ein schreckliches Geheul. »Und dises also ware das Ende dieser Unhold, allen ihres gleichen zum Schröcken.«

Bernauer, Agnes

Agnes Bernauer war die Tochter eines Augsburger Baders und so hübsch, daß sich Herzog Albrecht III. von Bayern anläßlich eines Turniers in sie verliebte. Da seine Eltern ihn unbedingt standesgemäß verheiraten wollten, ließ er sich 1432 mit seiner Geliebten heimlich trauen. Als sein Vater davon erfuhr, kam es zum Zerwürfnis; der junge Herzog schenkte Agnes das Schloß Straubing und erklärte öffentlich, sie sei seine rechtmäßige Gemahlin und Herzogin.

Der um die Erbfolge besorgte Vater griff nun zu dem letzten und in dieser Zeit wirkungsvollsten und oft mißbrauchten Mittel, die beiden zu trennen: Er verleumdete Agnes als Hexe, indem er behauptete, sie habe das Herz seines Sohnes nur mit Hilfe eines teuflischen Liebestrankes gewinnen können. Prompt wurde die Herzogin gefangengesetzt und zum Tod durch Ertrinken verurteilt.

Am 12. Oktober 1435 wurde sie zur Donau gebracht und von der Straubinger Brücke ins Wasser geworfen. Als sie wieder auftauchte und um Gnade bat, wickelte ein Henkersknecht eine ihrer Haarsträhnen um eine Stange und tauchte die Unglückliche so lange unter, bis sie kein Lebenszeichen mehr von sich gab.

Der junge Herzog Albrecht, früher ein berüchtigter Frauenheld, wurde infolge dieses Erlebnisses außerordentlich fromm und stiftete bei den Karmelitern eine tägliche Messe.

Diese traurige Liebesgeschichte fand nicht nur Eingang in mehrere Volkslieder, sondern wurde im Laufe der Jahrhunderte auch in verschiedenen Schauspielen und Erzählungen behandelt. Am bekanntesten dürfte Friedrich Hebbels Trauerspiel ›Agnes Bernauer‹ sein, das den Vater des jungen Albrecht als zwar unbarmherzigen, aber doch letztlich »rechtschaffenen« Fürsten schildert, der sich ausschließlich durch seine Sorge um das Wohl des Reiches und der »gottgewollten« Ordnung zu seiner grausamen Tat verleiten läßt. So erklärt er, bevor er das Todesurteil unterschreibt:

»Es ist ein Unglück für sie und kein Glück für mich, aber im Namen der Witwen und Waisen, die der Krieg machen würde, im Namen der Städte, die er in Asche legte, der Dörfer, die er zerstörte: Agnes Bernauer, fahr hin!«
Mehr darüber: Schäfer 1987; Böckl 1993

Berufen → Besprechen

Beschreien → Besprechen

Besen
Wohl kaum ein Gegenstand wird so sehr mit Hexen assoziiert wie der Besen. Hexenfiguren und Hexenpuppen reiten auf Besen, kaum eine Abbildung in Kinder- und Märchenbüchern kommt ohne dieses wichtige Accessoire aus. Wohl ist in vielen Geschichten und Berichten auch von anderen »Reitgeräten«, wie etwa Heu- oder Mistgabeln, Fässern und dergleichen mehr, die Rede, doch wurden diese längst nicht so eng mit magischen oder zauberischen Handlungen in Verbindung gebracht wie der Besen. Um aber die Frage zu beantworten, warum ausgerechnet dieses Kehrgerät mit Zauberei assoziiert wird, gilt es, die »natürliche« Funktion des Besens ein wenig näher zu beleuchten.

Mit dem Besen wird bekanntlich Schmutz ausgekehrt. Der Unrat, der sich in Ecken und Winkeln ansammelt, galt in früheren Zeiten als mit dem Haus und seinen Bewohnern wesenhaft verknüpft und somit als hochmagische

›Linda maestra! Schöne Meisterin!‹
Radierung von Francisco Goya
(aus der Serie ›Caprichos‹)

Substanz. Aus diesem Grund durfte er auch nicht aus dem Haus hinausgekehrt werden (sondern wurde etwa ins Herdfeuer geworfen), weil sonst ein Übelwollender damit hätte allerlei Schadzauber treiben können.

Gleichzeitig kommt dem Kehren selbst eine große symbolische Bedeutung zu, da mit dem Schmutz, wie man glaubte, auch alles Üble fortgekehrt wird, also eine Erneuerung stattfindet. Zum dritten aber bestanden Besen früher aus Reisig, und zwar oft aus Birkenreisern, aus Bäumen also, die man sich von Geistwesen, Feen oder Elben, bewohnt dachte und die daher selbst mit magischer Kraft aufgeladen waren. Die sibirischen Schamanen benutzen beispielsweise noch heute für ihren Aufstieg in das Geisterreich mit Vorliebe diese Bäume.

Aus diesen Gründen spielte der Besen bei vielen alten Volksritualen eine große Rolle, und man glaubte, daß er das Haus schütze, wenn man ihn auf den Dachboden oder neben die Haustür stellte, und das Vieh behüte, wenn man es mit ihm berührte.

Da der Besen nun aber in den Augen der Menschen so eng mit zauberischen Substanzen und mit den Geistern verknüpft war, liegt es nahe, daß Wesen, die angeblich mit ebendiesen Geistern Umgang pflegten, nämlich Hexen, eine besondere Beziehung zu ihm hatten. Wie schon ihr Name deutlich macht (→ Hexe), steht die »weise Frau« sowohl zur geordneten Welt der Menschen wie auch der ungeordneten Welt der Geister, der Wildnis, in Beziehung.

Der Reisigbesen gehört als Teil eines Baumes einerseits gleichfalls der chaotischen Außenwelt, andererseits aber der geschützten Innenwelt an – und somit ist er für jemanden, der zwischen den beiden Sphären hin und her reisen möchte, das ideale »Reittier«.

Daß der Besen allerdings nicht nur von Hexen zum Reiten benutzt wurde und nicht nur für sie magische Zauberkraft besaß, zeigt das altüberlieferte Besenopfer:

Noch Anfang des zwanzigsten Jahrhunderts »ritten« Kranke auf Besen zu bestimmten Kapellen in der Hoffnung, auf diese Weise von ihren Leiden kuriert zu werden. Ein Augenzeuge berichtet, daß ein ungarischer Bauer von Geschwüren bedeckt gewesen sei. Seine Mutter habe ihm geraten, auf einem Besen zur nächsten Kapelle zu reiten. Der Mann tat wie geheißen, »nahm einen Besen zwischen die Füße und ritt damit, wie es der Brauch wollte, ›unbeschrieen‹ um Mitternacht hinaus. Dabei durfte er sich auch nicht umschauen. Den Besen hat er dort gelassen und die Geschwüre waren sofort verschwunden.«

Besessenheit

In allen Religionen kennt man das Phänomen der Besessenheit. Noch heute ist es etwa in und vor indischen Tempeln ein beinahe alltägliches Vorkommnis, daß vor allem Frauen vollkommen selbstvergessen tanzen und – augenscheinlich ohne Schaden zu nehmen – mit dem Kopf wiederholt auf Steinstufen oder gegen Mauern schlagen. Anlaß kann eine religiöse Zeremonie sein, in deren Verlauf die Verehrer, wie sie glauben, von der jeweils gefeierten Gottheit in Besitz genommen werden. Doch genügt oft schon die bloße Nähe des Tempels, um die Trance auszulösen.

Auf der ganzen Welt nutzten die Menschen den Zustand der Besessenheit, um von der Welt der Götter oder Geister Antworten auf dringende Fragen zu erhalten. Schamanen versetzen sich noch heutzutage mit Hilfe von Trommeln und Wacholderräucherungen in Trance und werden dann angeblich von Geistern besessen, die durch ihren Mund zu den Umstehenden sprechen. Sie geben Auskünfte über die Ernte, die Witterung oder andere alltägliche Probleme.

Sieht man von den wenigen »guten« Besessenheiten, den »Verzückungen« durch den Heiligen Geist, ab, galt dieses Phänomen dem Christentum als Überrest des Heidentums und damit als etwas grundsätzlich Negatives. Besessen war man vom Teufel oder von Dämonen, und der oder die Unselige, dem/ der solches geschah, mußte unter allen Umständen vom Eindringling befreit werden. Neben rituellen Handlungen wie Besprengen mit Weihwasser und Räucherungen spielten hierbei bestimmte Formeln eine Rolle, die frappante Ähnlichkeit mit Zaubersprüchen hatten – wie die folgende aus dem Spätmittelalter überlieferte Beschwörung zeigt:

> Ich spreche diesen Exorzismus über dich, Kreatur des Wassers, im Namen des allmächtigen Vaters und im

> Namen Jesu Christi, seines Sohnes, damit jeglicher unreine Geist und der Teufel, der dich besessen hält, sich entferne und aus dir ausgetrieben werde, auf daß du ein vom Dämon befreites Wasser wirst, angetan, jegliche Krankheit der Tiere fernzuhalten und den Neid der Bösen und jede feindliche Äußerung und auf daß du die Kraft erhältst, den Feind selbst zu zerstören.

In den Jahrhunderten der Hexenverfolgungen gaben viele angeblich Besessene an, die Dämonen oder Teufel, die von ihnen Besitz nahmen, seien von einem bestimmten Menschen geschickt worden. Im Fall der Kloster-Affäre von → Loudun beispielsweise war es der Geistliche Urbain Grandier, dem man die Rolle des Hexenmeisters nachsagte – und den diese Anschuldigung auf den Scheiterhaufen brachte.

Überhaupt ist das Phänomen der Besessenheit in jener dunklen Epoche in Klöstern besonders häufig zu beobachten. Meist waren es gleich mehrere Nonnen, die angeblich vom Teufel in Besitz genommen wurden, und oft genug mußte dann, wie in Loudun, ein Unschuldiger unter der Anklage der Hexerei dafür büßen.
Mehr darüber: Goodman 1997

Besprechen
Eine der bis heute am meisten gefürchteten magischen Handlungen ist das negative Besprechen von Mensch und Tier durch übelwollende Personen oder Hexen. Jakob

Grimm sagte hierzu: »Noch stärkere Macht als in Kraut und Stein liegt in dem Wort und bei allen Völkern geht aus ihm Segen oder Fluch hervor.«

Unter Besprechen wird die Anwendung geheimer Zauberformeln durch darin Bewanderte, früher etwa Schäfer, Hebammen und Kräuterweiblein, verstanden – oft in Verbindung mit bestimmten Handlungen wie Handauflegen, Blasen oder Streicheln. Personen, die sich darauf verstanden – und die entsprechend im Volksmund auch als »Braucher«, »Blaser« und »Beter« bezeichnet wurden –, suchte man vor allem auf, wenn es darum ging, eine Krankheit von Mensch oder Tier zu besprechen und dadurch zu heilen.

Diesen »weisen Frauen« (→ Zauberfrau) oder »Männern« standen überall auf der Welt solche gegenüber, die in etwa die gleichen Künste beherrschten, diese aber nicht dazu anwendeten, Krankheiten zu heilen, sondern sie im Gegenteil hervorzurufen.

Im Volksmund wurde und wird zwischen »besprechen«, »beschreien« und »berufen« nicht klar unterschieden, denn auch das Besprechen kann wie das Beschreien oder Berufen eine negative Wortmagie beinhalten. Ein Tier oder ein Kind, dessen Schönheit laut gelobt wurde, war »besprochen«. Um den Schaden abzuwenden, der darin bestand, die stets auf der Lauer liegenden neidischen bösen Geister auf den Plan zu rufen, mußte sofort ein Gegenzauber ausgeführt werden. Im schlichtesten Falle spuckte man rasch dreimal aus. Damit, so hoffte man, wurde die negative Reaktion dieser Wesen abgewehrt, die nach allgemeiner Ansicht darin gipfelte, daß Tier oder Kind krank wurden und nach langem Siechtum starben.

Oft genug ließ man es aus Furcht vor schlimmen Folgen aber damit nicht genug sein. In Schlesien beispielsweise hieß es noch zu Ende des neunzehnten Jahrhunderts: »Ist das Vieh krank, weil es besprochen ist, kocht man ihm geweihte Kräuter, die gewöhnlich vom Fronleichnamsfeste herrühren, beräuchert es mit neunerlei Kräutern und gibt ihm in die Tränke Scheren, Kämme, geweihte Lichter, Kampfer und Münzenkraut.«

Andere versuchten, mit Hilfe sogenannter → Hexenbanner die Person ausfindig zu machen, die für das Besprechen verantwortlich war, und sie zu zwingen, ihre Hexerei zurückzunehmen. Wieder andere probierten es mit bestimmten Sprüchen, wie etwa dem folgenden, aus Jugoslawien überlieferten:

> Die heiße Sonne hinters Gebirglein, die Beschreiungen aber ins Wässerlein und ins Gräslein. So wie sich das Wasser auf der Dachtraufe beruhigt hat, so sollen sich auch die Beschreiungen auf N.N. beruhigen.

Bezahlung von Hexen

Selbst heute noch weiß man in Gegenden, in denen man nach wie vor an die Fähigkeiten sogenannter »guter« Hexen oder weiser Frauen glaubt, daß diese nicht mit Geld bezahlt werden dürfen. Sonst wirke der Zauber nicht. Man wußte sich aber schon immer zu helfen, denn ganz umsonst waren die Dienste auch nicht zu erhalten. So gaben also die Hilfesuchenden gewissermaßen als Geschenk etwas von dem, was sie entbehren konnten – Eier, Brot, Speck, Fleisch oder Butter.

Noch Ende des neunzehnten Jahrhunderts wird aus dem thüringischen Dörfchen Espenfeld berichtet, daß die »Speckdoctern« genannte weise Frau kam und den Espenfeldern Schutz- und Heilmittel gegen Hexerei gab.

»Wenn sie auf die Höhe kam«, so heißt es in einer zeitgenössischen Quelle, »wo man des Dorfes zuerst ansichtig wird, schwenkte sie ein Bündel Kräuter nach jedem der Häuser, in denen sie verkehrte. Ihren Namen hatte die Speckdoctern davon, daß sie ihr Honorar in Speck und Würsten ausgezahlt bekam; es fiel oft so reichlich aus, daß sie noch eine Person zum Tragen mitnehmen mußte; darum riefen die Dorfkinder, sobald sie sich blicken ließ: ›De Speckdoctern kömmt!‹«

Bibliothek einer Hexe

Hexen und Hexenmeister waren nach landläufiger Ansicht ganz normale Menschen und konnten also nicht, wie überirdische Wesen, Götter, Feen und Geister ohne jegliches Hilfsmittel zaubern. Sie benötigten einen → Zauberstab, einen → Zaubertrank, bestimmte Kräuter (→ Hexenkräuter), und natürlich bedurften sie auch eines Lehrmeisters oder einer Lehrmeisterin, von dem oder der sie ihre Künste lernten.

Die mündliche Überlieferung geheimer Rezepte und Fertigkeiten ist in entlegenen Teilen der Welt immer noch gang und gäbe und als die eigentlich »richtige« Methode des Lehrens anzusehen, zumal früher ohnehin die wenigsten lesen und schreiben konnten – mit Sicherheit jedenfalls nicht Hirten, Kräuterweiblein und sonstige Landbewohner, die sich mit unorthodoxen Heilmethoden und Zaubereien befaßten.

Dennoch kamen im späten Mittelalter und gar bis ins neunzehnte Jahrhundert eine ganze Reihe von Schriften in den Ruch von Zauberbüchern, aus denen die Hexen und Hexenmeister ihr Wissen bezogen. Im stillen Kämmerlein studierten sie, wie man glaubte, die verschiedenen Rezepte und probierten sie im Geheimen aus. Dadurch »entstanden« dann angeblich Geister, Homunkuli, dienstbare Zauberhunde und alles nur erdenkliche sonstige Teufelswerk.

Besonders berühmt war und ist in diesem Zusammenhang das → ›Sechste und Siebte Buch Moses‹; selbst heute noch wird es – sofern man es überhaupt findet – nur an Erwachsene verkauft. Gleichfalls als Zauberschriften galten manche Bücher des → Paracelsus, in denen etwa erklärt wurde, wie man den Stein der Weisen erhalten könne, sowie die des → Agrippa von Nettesheim.

Auch die ›Ägyptischen Geheimnisse‹ des → Albertus Magnus wurden als Hexenbuch betrachtet, desgleichen die sogenannte ›Picatrix‹, ein ursprünglich arabisches Buch; und selbst vor der heiligen Gertrud von Nivelles wurde nicht haltgemacht. Da sie bei (bekanntlich von Hexen hervorgerufenen) Mäuse- und Rattenplagen angerufen wurde – und damit selbst Zauberkräfte besitzen mußte –, wurde eine Reihe von Büchlein magischen Inhalts mit ihrem Namen in Verbindung gebracht. Eines davon aus dem Jahr 1504 trug den Titel: ›Vornehme Lehr über Schätze, welche von Geld oder Gut bestehen, wobey sich gute Geister noch befinden, und daß man es leicht an sich bringen kann ohne Verhinderniß des Satans‹.

Die genannten Schriften sowie mehrere hundert weitere, zum Teil sehr seltene, teils lateinische Bücher und Manuskripte wurden Ende des neunzehnten Jahrhunderts in der Bibliothek eines Joseph Wetzel gefunden, der aus einer alten Schatzgräber- und Wunderdoktorfamilie stammte und in der Umgebung Ravensburgs als Hexenmeister bekannt war. Sein Haus war durchsucht und seine Bücher zunächst beschlagnahmt worden, weil er in Verdacht stand, für seine Zaubereien die Gräber und die Leichen kleiner Kinder geschändet zu haben. Die Behörden beauftragten nun einen Wissenschaftler, die Schriften nach einschlägigen Rezepten zu durchsuchen. Da allerdings nichts konkret Belastendes herauskam, man dem Hexenmeister also nichts nachweisen konnte, mußte man ihm seine Bibliothek schließlich zurückgeben und ihn auf freien Fuß setzen.

Mehr darüber: Beck 1905

Bierbrauen

Als fast ebenso heikel wie das Buttern galt in früheren Zeiten das Bierbrauen. Denn in demselben Maße, wie Hexen auf Milch und → Butter erpicht sein sollten, waren sie, wie man glaubte, auf Bier versessen. Eine im Jahr 1576 in Mecklenburg der Hexerei angeklagte Frau erzählte, sie habe in der Walpurgisnacht auf dem Blocksberg »roth bier getruncken uth glesern«. Auch aus anderen Gegenden Deutschlands wurde immer wieder berichtet, daß Hexen auf dem Blocksberg und in Wirtshauskellern ganze Bierfässer geleert hätten.

In Leobschütz wurden gegen Ende des sechzehnten Jahrhunderts zwei Frauen verbrannt, die angeblich mehrere volle Bierfässer aus Kellern herausgezaubert hatten, darauf durch die Luft geritten waren und das Bier dann, hoch oben auf Turmspitzen sitzend, ausgetrunken hatten.

Im mecklenburgischen Benz lebte gegen Ende des neunzehnten Jahrhunderts eine alte Frau, die als Hexe galt. Als nun eines Tages die Kuh eines Bauern kalbte, aber keine Milch gab, führte der Knecht des Bauern, so der Bericht, einen Zauber aus, aufgrund dessen die schuldige Hexe erscheinen mußte (und also bestraft werden konnte). Als der Bauer ihr aber den Eintritt verwehren wollte, stieß sie ihn beiseite, »ergriff den dort stehenden Bierhumpen und that einige Züge. Wie der Knecht das sah, erklärte er, jetzt sei seine Kunst entkräftet.« Durch den »Zaubertrank« Bier hatte die Hexe ihre Macht zurückerlangt.

Bier war also nicht nur ein Lieblingsgetränk der Hexen (wie übrigens angeblich vieler Geistwesen), es stand, wie man sagen könnte, auch mit ihnen im Bunde. Dazu passend gibt es eine Reihe von Schadzaubern, die mit Bier ausgeführt wurden.

Der Herstellungsprozeß einer solch begehrten und gleichzeitig potentiell gefährlichen Flüssigkeit war, wie sich denken läßt, von allerlei Vorsichtsmaßnahmen begleitet. Die Hexen sollten es nämlich nicht nur auf das Bier abgesehen haben; sie lauerten angeblich auch ständig darauf, anderer Leute Bier zu verderben. Schutz vor solchen Zaubereien boten diverse Amulette, die entweder unter dem Bierfaß vergraben, darunter gelegt, daran gehängt oder in das Bier selbst hineingeworfen wurden. Ganz besonders beliebt war eine Schlangenhaut, und auch rote Korallen hielt man für sehr wirkungsvoll. Ängstliche Menschen umhüllten das Faß gar mit einer Decke, damit kein → böser Blick das Bier treffen konnte.

Selbstverständlich wurden alle Fremden von dem Raum ferngehalten, in dem das Bier gebraut wurde. Daß Ungeziefer hineinkam, sobald eine Hexe ihre Finger im Spiel hatte, war noch zu ertragen; weit schlimmer war es, wenn das Bier sauer wurde. Hexen und Hexenmeister, die es aufgrund der zahlreichen Schutzvorkehrungen nicht schafften, Zutritt zum Brauraum zu erhalten, probierten es, wie man sagte, auf indirekte Weise. Jedermann wußte nämlich, daß Gewitter, vor allem aber der Donner dem Bier schaden (→ Wetterhexe).

Einschlägige Schriften über das Bierbrauen empfahlen daher, einen Bund Brennesseln auf das Bierfaß zu legen, sobald man merkte, daß ein Gewitter heraufzog. Die Mecklenburger benutzten dagegen einen Besen, »dei in den Twölften bunnen [gebunden] is«, also besonders magische Qualitäten besaß. Wieder andere pflegten Salz, Kieselsteine und Lorbeerblätter auf das Faß zu legen.

Bildzauber

Auch wenn er mittlerweile fast ausschließlich mit dem westindischen Voodooglauben in Verbindung gebracht wird, war der – in manchen Teilen der Welt noch heute praktizierte und gefürchtete – mit Bildern oder Püppchen durchgeführte Zauber in früheren Zeiten auch in unseren Breiten durchaus bekannt. Anders als vergleichbare Formen des Sympathiezaubers diente er in der Regel nicht dem Zweck, Hexen dingfest zu machen oder sie zu strafen, sondern wurde im Gegenteil von ihnen selbst dazu benutzt, anderen Menschen nachhaltig zu schaden.

Wie sie so etwas anstellten, beschreibt der Hofmedicus Maximilians II. um das Jahr 1550 wie folgt: »Etliche nehmen ein Wachsbild, formieren es aufs artlichste, nehmen eine Nadel, die Spitzen von Schlehdorn, machen auch scharfe Spitzen von Eichenholz, schlagen dies Gaukelwerk dem Bild in alle Glieder und graben es unter eine Schwelle, da der Mensch, auf den es gerichtet ist, aus- und eingehen muß, so empfindet er alsbald großen Schmerz, und alle seine Glieder schnurren ein, daß der Mensch liegen muß wie der arme Lazarus; da schwären zu einem Glied aus Nägel, zum andern Nadeln, zum dritten Dornen, und was sie ihm in das Glied des Bildes geschlagen haben, wie ich es selbst gesehen habe.«

Statt Wachs (→ Atzmann) konnte auch Lehm verwendet werden, und so die jeweilige Hexe dessen habhaft werden konnte, knetete sie etwas ganz Persönliches wie Fingernagelschnipsel, Haare oder einen Kleidungsfetzen der Zielperson mit in das Abbild hinein.

Manche vergruben also die Puppe unter der Schwelle ihres Opfers, andere warfen sie ins Feuer oder in ein fließendes Gewässer. Wie der Lehm beziehungsweise das Wachs sich auflöste, würde, so der Glaube, auch das Leben desjenigen vergehen, dem der Schadzauber galt.

Während der Regierungszeit von Heinrich VI. wurde in England die Herzogin von Gloucester beschuldigt, einen solchen Zauber an ihrem Gatten verübt zu haben. Dementsprechend läßt William Shakespeare den Herzog von Gloucester in ›Richard III.‹ sagen:

> Sei denn eu'r Auge ihres Unheils Zeuge:
> Seht nur, wie ich behext' bin! Schaut, mein Arm
> Ist ausgestrocknet, wie ein welker Sproß.
> Und das ist Edwards Weib, die arge Hexe,
> Verbündet mit der schandbarn Metze, Shore,
> Die so mit Hexenkünsten mich gezeichnet.

In der schottischen Grafschaft Inverness fand man 1869 in einem Fluß ein magisches Püppchen; es war aus Lehm geformt und mit Fingernägeln, Nadeln und Vogelkrallen gespickt. Ja sogar Ende des neunzehnten Jahrhunderts bediente man sich hierzulande noch solch schwarzmagischer Praktiken. Wie berichtet wird, erkrankte auf der nordfriesischen Insel Amrum einmal ein Mann so schwer, daß kein Heilmittel helfen wollte. »Da beobachtete eines Tages ein Bauer ein Weib, wie sie etwas im Sande vergrub. Nachdem sie fortgegangen war, forschte er nach und fand eine kleine Wachsfigur mit einer Stecknadel im Herzen. Er zog die Nadel heraus, verbrannte die Gestalt, und der kranke Mann erholte sich.«
Mehr darüber: Gilfond 1976; *Henning* 1995

Bilsenkraut
Das Schwarze Bilsenkraut (*Hyoscyamus niger*) galt als eines der typischen → Hexenkräuter. Die nicht besonders auffällige Pflanze mit ihren braungeäderten Blüten und klebrig wirkenden Blättern wuchs früher häufig auf Schutthalden und an Wegrändern; heutzutage ist sie bei uns sehr selten geworden und sollte daher unbedingt geschont werden.

Das Bilsenkraut enthält die Alkaloide Hyoscyamin und Hyoscin, die in geringeren Mengen eingenommen eine halluzinogene Wirkung hervorrufen. Um den Schmerz zu stillen, nahm man früher etwa bei Zahnweh Räucherungen mit Bilsenkrautsamen vor und verwendete die Pflanze auch sonst in der Heilkunde.

Daneben soll Bilsenkraut eines der Ingredienzien der berühmten Hexensalbe (→ Salbe) gewesen sein. Es wurde zu den unterschiedlichsten Zauberzwecken benutzt – wie etwa zum Wettermachen. Im elften Jahrhundert berichtete Bischof Burkard von Worms mißbilligend von einem Brauch, demzufolge in Zeiten großer Dürre ein nacktes Mädchen mit dem kleinen Finger der rechten Hand eine Bilsenkrautpflanze ausreißen und sie sich an die kleine Zehe des rechten Fußes binden mußte. Dann wurde das Mädchen zum nächsten Fluß geleitet und unter Absingen bestimmter Beschwörungen mit Wasser besprengt. Dann, so glaubte man, würde es bald regnen. Noch zu Anfang des neunzehnten Jahrhunderts hofften Landleute den Regen herbeizuzwingen, indem sie Bilsenkraut in eine Quelle tauchten und dann mit dem Stengel den heißen Boden besprengten.

Mehr darüber: Stamm 1992; *Gesemann* 1913

Bilwis

Unter verschiedenen Namen – wie »Willeweis«, »Bilmes« oder »Pielweiszen« – war der Bilwis in weiten Teilen Deutschlands jahrhundertelang dem Volk vertraut, obgleich keineswegs Einigkeit darüber herrschte, was eigentlich darunter zu verstehen sei. Handschriften aus dem dreizehnten und vierzehnten Jahrhundert sprechen von Geschossen, die der »pilwiss« oder »bulwechs« aussandte und die Krankheiten brachten:

> Da kom ich an bulwechsberg gangen,
> da schoz mich der bulwechs,
> da schoß mich die bulwechsin,
> da schoz mich als ir ingesind.

Diese Fähigkeit hatten die Bilwisse mit den Elben gemein, deren meist unsichtbare Pfeile mindestens ebenso bekannt und gefürchtet waren. Die Menschen wußten allerdings im allgemeinen, daß diese Waffen nicht grundlos abgeschossen wurden, sondern nur dann, wenn jemand bewußt oder unbewußt ein solches Geistwesen beleidigt oder verhöhnt hatte.

So konnte man weder die Elben noch die Bilwisse eigentlich als böse bezeichnen – im Gegenteil, wenn Not am Mann war, suchten die Menschen sie auf, um sie um Hilfe zu bitten. Sie gingen, etwa wenn ein Kind krank geworden war, zu den sogenannten »Bilwisbäumen«, unter denen, wie man glaubte, die Geister mit Vorliebe wohnten, schenkten ihnen ein Kleidungsstück und brachten ihren Wunsch vor.

Mit dem Aufkommen der Hexenverfolgungen aber änderte sich der Charakter des Bilwis radikal. Aus dem zuvor zwar mit Vorsicht zu behandelnden, aber doch prinzipiell gutartigen Wesen wurde eine dämonische Hexe. Bereits Konrad von Jungingen, Ende des vierzehnten Jahrhunderts

Hochmeister des Deutschen Ordens in Preußen, rechnet die Bilwis den Hexen zu und fordert eine harte Strafe für sie und alle Zauberer und Schwarzkünstler.

In einem Hexenprozeß des Jahres 1579 heißt es, daß »etliche Pilweissen« verbrannt worden seien. Eine Magd habe bekannt, daß sie mit auf den Blocksberg gefahren und dort von den anderen Hexen fürchterlich zerkratzt worden sei. »Als sie nachmals von den Leuten ist gefraget worden, wer sie also zerkratzet hette, hat sie ihnen alles bekant, wie es ihr unter den Pilweissen oder Hexen ergangen were; dieselben hat sie gekennet und genennet, also seyn sie sampt ihr gefenglich eingezogen worden. Die Oberste aus ihnen hat im Kasten ein Kleid gehabt, schwartz wie Elendshaut, und hat bekennet, daß sie den Todt lengst verdienet hette. Also hat man sie zu Glatz verbrennet.«
Mehr darüber: Deboy 1954

Blocksberg
Der »Blocksberg« heißt eigentlich Brocken und ist mit seinen 1142 Metern der höchste Berg des Harzes. Auf ihm gibt es Sümpfe, Hochmoore und mit Granitblöcken übersäte kahle Stellen, und obendrein liegt sein Gipfel über der Baumgrenze und sieht damit, wenn auch nicht mehr so sehr wie in früheren Zeiten, besonders wüst und abschreckend aus.

Außerdem ist das Klima hier in der Regel äußerst unwirtlich, neblig und stürmisch, und so liegt der Gedanke an

›Hexensabbat auf dem Blocksberg‹, Illustration zu Johann Praetorius: ›Blockes-Berges Verrichtung‹, 1668

Geister jedwelcher Art nicht unbedingt fern. Dementsprechend gibt es auf ihm nach alter Aussage nicht nur ein Brockengespenst, sondern auch den Hexenbrunnen, die Teufelskanzel und den Hexenaltar. Darüber hinaus aber war der Brocken seit alten Zeiten dafür bekannt, daß sich auf ihm die Hexen zu ihrem alljährlichen Hexensabbat versammelten.

Der Brocken erlangte solche Berühmtheit, daß auf Hügeln gelegene Hexentreffpunkte in anderen Gegenden Deutschlands, so etwa in Pommern und Mecklenburg, nach ihm gleichfalls Blocksberg genannt wurden. Außerdem begannen die Leute – aus reiner Neugier oder mit bestimmten Anliegen – in Scharen zu ihm zu pilgern, so daß bereits 1736 eine Steinhütte auf ihm errichtet wurde. J.W. Goethe bestieg den Berg dreimal, und auch Heinrich Heine besuchte ihn im Rahmen seiner Harzreise. Damals wanderte man noch zu Fuß hinauf, während heutzutage unter anderem eine Eisenbahn bis ganz nach oben führt.

Bei Heine heißt es über den Brocken: »Je höher man den Berg hinaufsteigt, desto kürzer, zwerghafter werden die Tannen, sie scheinen immer mehr und mehr zusammenzuschrumpfen, bis nur Heidelbeer- und Rotbeersträuche und Bergkräuter übrigbleiben. Da wird es auch schon fühlbar kälter. Die wunderlichen Gruppen der Granitblöcke werden hier erst recht sichtbar; diese sind oft von erstaunlicher Größe. Das mögen wohl die Spielbälle sein, die sich die bösen Geister einander zuwerfen in der Walpurgisnacht, wenn hier die Hexen auf Besenstielen und Mistgabeln einhergeritten kommen und die abenteuerlich verruchte Lust beginnt, wie die glaubhafte Amme es erzählt.«

Mehr darüber: Beinhoff 1923; *Knortz* 1914

Bohne

Hexen mögen keine Bohnen. Ja, sie haben angeblich eine solche Abneigung gegen sie, daß die rumänischen Zigeuner am Pfingstmorgen eine Handvoll davon über ihre Zelte oder Hütten warfen: Sie wußten, daß sich dann keine Hexe ihrem Lager nähern würde. Der bekannte Volkskundler Heinrich von Wlislocki konnte sich Ende des neunzehnten Jahrhunderts selbst davon überzeugen, wie lebendig dieser Glaube noch war. Er erzählt:

»Während meiner ersten Zigeunerfahrt im Jahre 1883 ereignete es sich, daß einmal eine ziemlich bejahrte und bei den Stammgenossen unbeliebte Zigeunermaid am Abendessen, das aus Fischen bestand, keinen Anteil nehmen wollte. Sogleich schrieen die Zeltbewohner: Hexe! Hexe! und bewarfen sie mit Bohnen, um sich zu überzeugen, ob die Maid in der Tat eine Hexe sei. Denn eine Hexe, mit Bohnen beworfen, verfällt sofort in Krämpfe.«

Böser Blick

Besonders große Angst hatte man überall vor dem bösen Blick, mit dem die Hexen namentlich dem Vieh und Kindern zu schaden vermochten. Man glaubte, gesunde Tiere und hübsche Kleinkinder forderten den Neid von bösen Geistern sowie von Hexen heraus, welche allein durch ihren Blick bewirken konnten, daß Mensch oder Tier dahinzusiechen begannen. Nach nordischem Glauben sollte es gar genügen, wenn Hexen oder Hexenmeister ein Messer oder eine Schere, mit der sich jemand die Fingernägel geschnitten hatte, fest anschauten, um dem Betreffenden erheblichen Schaden zuzufügen.

Aus diesem Grund verwehrte man besonders alten Frauen den Zutritt zu Wöchnerinnen und suchte die extrem Gefährdeten durch allerlei Abwehrmittel zu schützen.

Im ganzen Orient noch heute verbreitet sind Amulette, die den bösen Blick von Kind oder Tier auf sich ablenken sollen. Denn hier glaubt man in ländlichen Gegenden tatsächlich heute noch, daß zwei Drittel aller Menschen an den Folgen des bösen Blicks sterben. Einem Orientalisten wurde Anfang der sechziger Jahre in der Türkei erzählt: »Eine Dorfbewohnerin glaubte ihre Nachbarin im Besitz des bösen Blickes und hing deswegen ihrem neugeborenen Kinde einen Stein um den Hals, bevor die gefürchtete Frau zu Besuch kam. Nach ihrem Weggang war der weiße Stein schwarz geworden, er hatte also gewissermaßen den bösen Blick abgefangen und auf sich übertragen.«

Gegen den bösen Blick legte man bei uns eiserne Gegenstände in die Wiege, behängte das Vieh mit Zauberpflanzen wie Johanniskraut und Beifuß oder mit Zetteln, auf denen magische Zeichen, Formeln und/oder Sprüche geschrieben standen.

Während Hexen und Hexenmeister die fragwürdige Gabe des bösen Blickes einfach besitzen sollen, wird verschiedentlich berichtet, wie auch »normale« Menschen dazu gelangen können. In Böhmen hieß es, man müsse dazu auf dem Friedhof ein Sargbrett mit einem Astloch suchen. Daraus müsse man sich einen »Gucker« machen: Wen man durch dieses Loch betrachte, der werde unweigerlich Unglück haben. Wenn man also ein Paar vor dem Traualtar beschaue, werde die Ehe eine traurige werden, und ein Jäger, den man durch das Loch betrachte, werde ohne Beute wieder nach Hause kommen.

Durch den bösen Blick behexte Kühe waren hauptsächlich daran zu erkennen, daß sie entweder rote oder überhaupt keine Milch mehr gaben und außerdem am ganzen Leib zitterten und schwitzten. Um den Schaden zu beheben, machte man am besten die dafür verantwortliche Hexe ausfindig. Zu diesem Zweck konnte man sich an einen → Hexenbanner oder eine → Zauberfrau wenden – oder aber selbst versuchen, die Schuldige beziehungsweise den Schuldigen zu bestrafen. Aus Pommern ist hierzu unter vielen anderen auch folgendes Rezept überliefert:

»Wenn einer Kuh die Milch genommen ist: Geh zu einem Hafner und kauf einen neuen Hafen [Topf], frag nicht, wie er ihn giebt, sondern gieb ihm einen Kreuzer dafür; darnach fang den Brunz [Harn] auf von einer Kuh und thu ihn in einen guten Trog, verstopfe das Schlüsselloch wohl; darnach nimm einen Ziegel, kleb ihn hinten und vornen zu; darnach nimm ein paar Gläser Milch von der Kuh und gieß es in den Ziegel, mach ein Feuer darunter. Wenn nun die Milch siedet, so nimm den Urin und thu ihn in die Milch; nimm einen neuen Besen, der noch nicht gebraucht worden ist, haue wacker darein; und wenn du besser treffen willst, so nimm den Stiel und schlage brav darauf.«

Diese sympathetische Handlung sollte bewirken, daß der Schuldige die Prügel bezog, daran erkannt werden konnte und daraufhin seinen Zauber rückgängig machte. *Mehr darüber: Seligmann 1910; Hauschild 1982*

Butter

Ein zentrales Ereignis im Leben unserer ländlichen Vorfahren stellte das Buttern dar. Als die »Essenz« der Milch und damit als Inbegriff alles Guten war Butter eine äußerst wichtige Substanz, ja in früheren Zeiten galt sie bei vielen Völkern sogar als heilig. Zahlreiche Sagen berichten davon, wie Milch- und Butterschänder durch göttliches Gericht hart bestraft wurden und wie solche, die Butter fälschten – ebenso übrigens wie Milchpanscher –, nach ihrem Tode umgehen mußten.

Der Prozeß des Butterns war dementsprechend ein Ritus, bei dem man größte Vorsicht walten ließ, damit nichts und niemand dazwischenfunken und die Bäuerin um ihren redlich verdienten Ertrag bringen konnte. So achtete man darauf, möglichst keinen Unbefugten zusehen zu lassen. Geschah es wider Erwarten doch einmal, daß jemand hinzukam, während die Hausfrau am Buttern war, und die fette Milch oder die Butter lobte, sollte sie, so hieß es in Holstein, rasch antworten: »Wenn din grot Mul nich weer, so weer et noch beter!« Sagte sie nämlich nichts darauf, so lief sie Gefahr, daß ihre Butter »überrufen« wurde. »Man buttere dann«, hieß es dazu, »so lange man will, die Butter schäumt und stinkt oder giebt weniger als sonst«.

Besonders fürchtete man sich aber (wie beim Bierbrauen) vor möglichen Sabotageakten durch Hexen und neidische Geister – worauf etwa Shakespeare in seinem ›Sommernachtstraum‹ Bezug nimmt. Hier sagt die Elfe zu Puck:

> So bist du jener schlaue Poltergeist ...
> Durch den der Brau mißrät und mit Verdruß
> Die Hausfrau atemlos sich buttern muß.

Den Gerichtsakten zufolge wurde noch im Jahre 1905 im Königreich Sachsen ein Fall verhandelt, bei dem es darum ging, daß ein Mühlenbesitzer von seinem Nachbarn mit einer Hacke verletzt worden war. Hintergrund dieser Tat war folgender: »Schon seit sieben Jahren hatte B. [der Angreifer] den U. im Verdacht, an dem Mißgeschick, das ihn traf, schuld zu sein, während sie früher freundschaftlich miteinander verkehrten. Als dem B. vor ungefähr sieben Jahren die Butter nicht recht gelingen wollte, wandte er sich an einen ›weisen Mann‹ und ließ ›dafür tun‹, d.h. einen Gegenzauber gegen die Verhexung der Butter vornehmen.

Es ist nun ein allgemeiner Glaube, daß hierdurch die Hexe oder der Zauberer, welcher das Mißraten der Butter veranlaßt habe, kommen müsse und von dem Behexten etwas zu entleihen suche; gebe man ihm das Verlangte, so erlange der Zauberer von neuem Gewalt über sein Opfer.« Wie es sich traf, kam kurz darauf der Nachbar, um sich Nägel auszuleihen. Damit war für B. die Sachlage völlig klar und er griff zur Hacke.

Der Hexengläubige mußte an die Gerichtskasse 200 Mark Strafe und dem Mühlenbesitzer 500 Mark Entschädigung zahlen.

Natürlich versuchte man, es gar nicht erst so weit kommen zu lassen, daß jemand das Buttern vereiteln konnte. Aus diesem Grund bemühte man sich, die Hexen von vornherein durch die unterschiedlichsten Methoden vom Ort des Geschehens fernzuhalten. Die einfachsten Maßnahmen bestanden darin, während des Butterns zu pfeifen oder, wie in der Oberpfalz, Messer um den Deckel des Butterfasses zu stecken oder bestimmte Gegenstände wie etwa einen Kupferpfennig, eine Eisenkette, einen Erbschlüssel (d.h. einen, den man geerbt hat) oder gar den Ehering in das Faß hineinzuwerfen.

In Tirol goß man Weihwasser, das an einem Sonntag neunmal gekocht worden war, in den Butterkessel und grub im Boden darunter einen Zettel ein, auf den ein Kreuz gezeichnet war, in dessen vier Ecken jeweils die Buchstaben A, G, L und A (→ Zauberwort) geschrieben standen. Und in Schlesien warf man in das Faß einen Kiesel, den man am Ostermorgen auf einem → Kreuzweg aufgelesen hatte.

War die Butter schließlich doch gelungen, stempelte man sie mit allerlei wirkkräftigen Symbolen, um sie vor dem Zugriff diebischer Hexen zu schützen. In Island etwa zeichnete man ein Kreuz darauf (ein Brauch, der sich mancherorts auch heute noch in Deutschland gehalten hat), um jedermann zu zeigen, daß es sich um ordentliche Ware und nicht etwa um »Zuträger-«, also teuflische »Hexenbutter« handelte; denn ebenso verbreitet wie die Überzeugung, Hexen würden das Buttern zu vereiteln oder die fertige Butter zu stehlen versuchen, war der Glaube, daß sie dank ihrer Zauberkräfte selbst Butter in großen Mengen herstellen könnten.

Entweder bedienten sie sich dazu eines ihrer Helferlein, angeblich oft einer Kröte, oder aber eines Zauberspruches. Aus der Oberpfalz ist hierzu folgendes aus dem neunzehnten Jahrhundert überliefert: »Eine Hüterin hatte nackt ausgerührt und ging immer um das Rührfaß herum, indem sie dazu sagte:

Rührl, dau di zam,
Von Regensburg bis a Ram,
Von jeda Kou a Löfferl voll,
Nau wird man ganzs Rührfaß voll.

Sie hatte immer vollauf Butter, aber niemand nahm etwas von ihr, denn sie war eine Drud.«

Wie tief verwurzelt die Ansicht, Hexen könnten hervorragend buttern, noch bis vor kurzer Zeit auf dem Land war, zeigt ein im Rheinland populäres Lied, in dem es heißt:

> Butter dich, butter dich,
> 's gibt kein größ're Hex als ich.

C

Cautio Criminalis → Spee von Langenfeld

D

Delrio, Martin

Der 1551 in Antwerpen geborene, aber aus spanischer Familie stammende Martin Delrio studierte in Douai und Löwen Rhetorik, Philosophie und Rechtswissenschaften. Nach kurzer Karriere unter anderem als Senator und Militärintendant, ging er nach Spanien, wurde Jesuit und studierte in Salamanca Theologie. In der Folge lehrte er an verschiedenen Jesuitenkollegien und verfaßte mehrere Schriften, darunter die ›Disquisitiones magicae‹ (›Untersuchungen über die Zauberei‹), die von Inhalt und Wirkung her durchaus mit dem → ›Hexenhammer‹ zu vergleichen sind.

Delrio sammelte alles, was er über Hexen ausfindig machen konnte, beschrieb allerlei abergläubische Bräuche und Zaubereien und kommentierte seine Funde mit den Worten »man hat es erzählt oder einmal geschrieben, also ist es wahr«.

Er war zutiefst davon überzeugt, daß es sowohl Wunder als auch dämonische Magie gebe, glaubte an heilenden Hauch und an das Goldmachen.

Das wahrhaft Diabolische an seinen Ausführungen aber ist, daß er im Gegensatz zu vielen seiner Miteiferer seine Behauptungen – nach gut wissenschaftlicher Manier –

durch tatsächlich geschehene Ereignisse »belegte«. Wenn er also etwa in aller Ausführlichkeit beschreibt, wie ein Hexensabbat vor sich zu gehen pflegte, und ausführt, wie die Hexen sich dem Teufel nähern und ihn begrüßen, heißt es: »Danach bieten sie dem Teufel zwei Kinder dar. In früheren Jahren hatten die Mütter dies gemacht und, wie Binsfeld berichtet, sogar häufig. Im Jahre 1458 opferte eine Mutter sogar drei Kinder ....«.

Ein weiterer seiner »Tatsachenberichte« läßt vielleicht ahnen, welche Wirkung seine Schrift auf ohnehin allzu abergläubische Menschen hatte und wie sehr sie zur Verfolgung der »Hexen« beitrug:

»Vernimm, o Leser, eine weitere ganz sichere Geschichte. Die handelt davon, wie im Jahre 1587 aus einer dunkelen Wolke am Abend plötzlich ein Weib zu den Füßen eines wallonischen Wachtpostens fiel, der in die Wolke geschossen hatte ... Was sagen dazu diejenigen, welche bestreiten, daß Hexen ausfahren? Sie werden sagen, das glaubten sie nicht. Mögen sie ungläubig bleiben, weil sie auch nicht Augenzeugen glauben werden, deren ich viele anführen könnte.«

Mehr darüber: Nagel 1995

Diana

Diana war ursprünglich die altitalische Göttin des Lichtes, der Natur, der Berge, Wälder, Quellen und auch der Geburt und damit die römische Entsprechung der griechischen Artemis. Verehrt wurde sie insbesondere von Frauen, die sie um Kindersegen oder Glück in der Ehe baten. Im Laufe der Zeit verschmolz sie aber mehr und mehr mit Hekate, der griechischen Mondgöttin, der als Herrscherin über die Nacht und die Unterwelt im Volksglauben stark zauberische Aspekte zugeschrieben wurden.

Wie ihre »Untergegebenen«, die Geister, sollte sie sich nachts besonders gern auf Kreuzwegen aufhalten und alles unterstützen, was mit Magie zu tun hatte. Daher galt sie als die Beschützerin aller Zauberer und Zauberinnen, und dementsprechend pflegten diese ihr regelmäßig Honig, Fisch, Eier und andere ihr willkommene Speisen an ihren Kultstätten zu opfern.

In nachchristlichen Jahrhunderten spielte der Kult der Hekate-Diana bei unseren »heidnischen« Vorfahren eine große Rolle. Im Altertum auch als Schutzherrin der Jagd angesehen, als wilde, stets von einer Hundemeute begleitete leidenschaftliche Jägerin, wurde sie im germanischen Raum mit dem → Wilden Heer in Verbindung gebracht und galt neben der Percht und der Holda als dessen Anführerin.

Im Zuge der Christianisierung, in deren Verlauf ohnehin jegliches Heidnische nach Möglichkeit in Verruf gebracht wurde, stempelte man sie zur Patronin der Hexerei und überhaupt alles Satanischen ab. Im ›Canon Episcopi‹, einer Anweisung an Bischöfe, die etwa um 900 entstanden ist, kann man unter anderem folgendes lesen: »Es darf außerdem nicht übergangen werden, daß gewisse verbrecherische Weiber, Schülerinnen des Satans, verführt durch die Vorspiegelungen und Einflüsterungen der Dämonen, glauben und bekennen, daß sie des Nachts mit der heidnischen Göttin Diana und einer unzählbaren Schar anderer Frauen auf gewissen Tieren durch die Luft reiten, über vieler Herren Länder heimlich und in der Totenstille der Nacht hinwegeilen, wobei sie Diana als ihrer Herrin gehorchen und in bestimmten Nächten zu ihrem Dienste sich aufbieten lassen.«

Gegen derartige »verbrecherische« Machenschaften (wobei nicht einmal gesagt wird, weshalb sie eigentlich so furchtbar sein sollten) versuchten die eifernden Vertreter des Christentums natürlich, mit allen Kräften anzugehen, und daher setzte man sehr bald Diana mit dem Teufel gleich. Oder, anders ausgedrückt, man erklärte, der Teufel könne neben vielen anderen Gestalten auch die der Diana annehmen.

Vor diesem Hintergrund müssen vermutlich die jährlichen Treffen der Hexen mit dem Teufel auf dem Blocksberg und anderen Bergen umgedeutet werden. Was für unsere Ahnen der Teufel war, war für unsere Urahnen vermutlich die Percht, die Berta, die Hulda oder die Diana gewesen.

Die moderne New-Age-Hexenbewegung sieht in Diana den Prototyp der feministischen Hexe und ließ ihren Kult vielerorts wiederaufleben.

Dill

Wie viele andere Pflanzen auch aus nicht gerade auf der Hand liegenden Gründen galt der Dill (*Anethum graveolens*) in mehr-facher Hinsicht als hochwirksames Zauberkraut. Die Erklärung, es liege an seinem Geruch, dürfte nicht ausreichen – zumal weit stärker duftende Pflanzen, wie etwa die Kamille oder auch die Rose, im Volksglauben keine vergleichbare Rolle spielten.

Einer der bekanntesten und am weitesten verbreiteten magischen Verwendungszwecke des Dills bestand darin, daß die Braut ihn sich – zusammen mit etwas Salz und vielleicht auch Pimpernelle – in den Schuh steckte, bei der Trauung den Fuß sacht auf den des Bräutigams legte und dazu leise sprach: »Ich trete auf [Pimpernell,] Salz und Dille, / Wenn ich rede, schweigst du stille.« Wenngleich es bei diesem Zauber vordergründig nur darum zu gehen scheint, der Braut die Herrschaft über ihren Mann zu sichern, läßt das Salz doch erahnen, daß hinter diesem Ritual mehr steckte. Ebenso wie das Salz diente der Dill nämlich in der Hauptsache dazu, böse Geister und vor allem Hexen abzuwehren. Ja, die diesbezügliche Kraft des Dills hielt man für so stark, daß man in Norddeutschland zu sagen pflegte:

Dat is bedillt und bedust
Dat het de Hexe nich gewußt.

Das »bedust« bezieht sich auf eine weitere äußerst wirkmächtige Zauberpflanze: den → Dost oder Majoran.

Eine Geschichte aus Merseburg an der Saale zeigt, daß das Wort »bedillt« in Sachsen noch Mitte des neunzehnten Jahrhunderts geläufig war und auch hier mit der Abwehr von Hexen in Zusammenhang gebracht wurde:

Eine Frau war sehr unglücklich darüber, daß ihr fleißiges Dienstmädchen kündigte. Daher sann sie auf ein Mittel, wie sie es doch halten könne, und fragte ihre Nachbarin um Rat. »Ich will ihr einen bösen Fuß anhexen«, sagte diese. »So kann sie nicht fort. Schickt sie nur her!« Also wurde das Mädchen unter einem Vorwand zur Nachbarin geschickt. Unterwegs aber pflückte es etwas Dill im Garten, und als es bei der Nachbarin ankam, rief diese: »Geh nur wieder; das Fleisch ist gedillt!« Wer nämlich, so heißt es weiter, »Dill bei sich hat, dem kann keine Hexe etwas antun. Den bösen Fuß aber, welchen die Nachbarin dem Mädchen hatte anzaubern wollen, bekam sie selbst.«

Wer um die Wirkung des Dills wußte, unterließ es nie, bei wichtigen oder potentiell durch den Neid übernatürlicher Wesen gefährdeten Handlungen, wie eben beim Heiraten, beim Säen und beim Brotbacken, dieses Kraut bei sich zu tragen. Und auch das Vieh wurde vor Behexung geschützt, indem man ihm mit Dillsamen gefüllte Amulette umhängte. In Pommern fütterte der Bauer eine kalbende Kuh mit Dill und Kümmel, damit böse Geister und Hexen die Geburt nicht vereitelten oder ein Unglück bewirkten.

Aus Posen wird berichtet, daß noch im Jahr 1929 eine Gutsmagd den Hühnern Dillsamen hinstreute, weil sie nicht legen wollten. Sie seien nämlich, so behauptete sie, durch den → bösen Blick der Inspektorsfrau behext. Und aus Ahlum bei Braunschweig ist überliefert, der Sohn einer Frau, die als Hexe galt, habe, um sich gegen seine eigene Mutter zu schützen, stets ein mit Dill gefülltes Kissen auf der Brust getragen. Zu einer Frau, die ihn während einer Krankheit pflegte, sagte er hierüber: »Ja wenn ick dat Kissen drage, sall se mick woll mit Freen [in Frieden] laten!«

Als daher in einem Hildesheimer Hexenprozeß des Jahres 1513 die Angeklagte erklärte, sie habe sich den an Himmelfahrt geweihten (!) Dill in die Schuhe gelegt, um bei einem Rechtsstreit vor Gericht zu gewinnen, hätte nach allem Gesagten den Inquisitoren eigentlich klar sein müssen, daß es sich bei ihr eindeutig *nicht* um eine Hexe handeln konnte!

Distel

Viele dornige Gewächse, allen voran der Weißdorn, galten als probates Mittel, um Hexen und böse Geister vom Haus fernzuhalten. Vielleicht waren es also ihre Stacheln, die auch die Distel in diesen Ruf kommen ließen. Die Südslawen jedenfalls waren so von ihrer Kraft überzeugt, daß sie am Georgstag (23. April) frühmorgens Disteln über der Tür von Haus und Stall befestigten und sich außerdem gegenseitig Kränze davon auf den Kopf setzten und den

Kühen um den Hals legten. Dann, so sagten sie, könne keine Hexe im kommenden Jahr ihnen und ihren Tieren etwas anhaben.

Einmal aber weigerte sich ein Mann aus Kroatien entschieden, diesen, wie er meinte, lächerlichen Brauch durchzuführen. Die Folge war, wie der zeitgenössische Bericht eines Volkskundlers besagt, daß die Hexen das ganze Jahr über in seinen Stall kamen und seine Kühe melkten. »Dachte er sich: Muß doch mal aufpassen, wer denn das ist, der mir so regelmäßig meine Kühe ausmelkt!«

Er verbarg sich im Heu und legte sich auf die Lauer. Gegen elf Uhr erschien auf einmal ein Melkkübel, und die Kuh fing ganz von selbst an, die Milch hineinrinnen zu lassen. Der Bauer stürzte sich auf den Kübel und schlug ihn mit aller Kraft auf die Erde. Der Kübel aber verwandelte sich in eine große Kröte und versuchte, auf ihn hinaufzuspringen. Der Bauer ergriff die Flucht und rannte, so schnell ihn seine Füße trugen, ins Haus.

»Das war zu seinem Glück, sonst wäre er verloren gewesen. Eine Woche darauf war Georgi. Am Vorabende befestigte er an der Stallthüre Distelzweige, und die Kuh gab fortan reichlich Milch.«

Dost

Weil er rot blüht, sagen die einen, soll der Wilde Dost (*Origanum vulgare*) oder Wilde Majoran hervorragend gegen böse Geister, Hexen, ja den Teufel selbst wirken. Andere halten seinen aromatischen Geruch für ausschlaggebend. In einem Kräuterbuch des sechzehnten Jahrhunderts heißt es jedenfalls:

Dost, Harthau und weiße Heidt
Thun dem Teuffel vil Leidt.

Ähnliche Sprüche sind aus ganz Deutschland überliefert und belegen, wie weit verbreitet – zum Teil noch Anfang des zwanzigsten Jahrhunderts – der Glaube an die zauberwidrige Kraft des Majorans war. Er gehört deshalb zu den sieben oder neun Pflanzen, die an → Johanni gepflückt und über die Tür oder an die Fenster gehängt wurden. Neugeborenen Babys legte man ihn in die Wiege, damit diese besonders gefährdeten Wesen geschützt waren.

Aber auch die Wöchnerinnen galten als extrem verwundbar und den Angriffen neidischer Geister und Hexen ausgesetzt; daher gab man ihnen ein Amulett, das speziell für sie wirksame Kräuter, darunter den Dost, enthielt. Im Vogtland wurde im neunzehnten Jahrhundert erzählt, daß eine Frau, die gerade eben das Kindbett verlassen hatte, in den Keller ging, um Bier zu holen. Da saß unten der Nix und sagte:

Hättest du nicht bei dir Dorant und Dosten
So wollt' ich dir dein Bier schon helfen kosten!

Die Frau erschrak zwar sehr und wurde krank, immerhin aber blieb sie dank ihrem Amulett vor Schlimmerem bewahrt.

Laut einer anderen, aus Sachsen überlieferten Geschichte sollte ein Mädchen bei ihrer Patin, einer alten Hexe, in die Lehre gehen, wobei auch der Teufel dem Unterricht beiwohnen wollte. Da das Mädchen sich fürchtete, sprach es mit seiner Mutter, und die wußte glücklicherweise Rat: Sie räucherte ihre Tochter mit wirksamen Kräutern ein und steckte ihr außerdem Dost in die Tasche. Als der Teufel nun das Mädchen sah, »schnüffelte er gewaltig, blickte erbost das Mädchen an und sprach:

Roter Dost!
Hätt' ich dich gewost,
Hätt' ich dich vernomme,
Wär ich net daher gekomme.

Damit verschwand er, und auch die Hexe wollte von dem Mädchen fortan nichts mehr wissen.«

Dreck vor die Ohren

In Schwaben schützte man sich noch im neunzehnten Jahrhundert vor dem bösen Einfluß von Hexen durch das dreimalige Aussprechen der Formel »Dreck vor die Ohren«. Besonders an einem Mittwoch oder Freitag sollte man diesen Spruch anwenden, wenn man von Hexen sprach – oder aber von Dingen, die deren Aufmerksamkeit oder Neid hätten erregen können. »Sagt man dieß, so hören sie nichts.«

Drud → Trude

Drudenfuß → Pentagramm

E

Ei

Ebenso lieb wie den Menschen sollen Eier, vor allem aber Eierschalen, den Hexen gewesen sein – so jedenfalls wußten es die Menschen früherer Zeiten. In Schlesien hieß es, man müsse stets die Eierschalen zerdrücken und möglichst fein zerbröseln, da sonst die Hexen damit Schadzauber üben könnten.

Gegen Ende des neunzehnten Jahrhunderts erzählte ein alter Zigeuner aus Südungarn, er habe einst einen Freund gehabt, der in die Tochter eines Woijwoden verliebt war und sie heiraten wollte. Als er aber als Soldat eingezogen wurde, bat er seinen Freund, auf seine Braut Sabi aufzupassen und sich um sie zu kümmern. »Ich sorgte auf seine Sabi wie auf mein Augenlicht; sie führte sich auch recht brav auf und gab sich mit keinem Burschen ab. Ich war mit ihr zufrieden, nur das eine gefiel mir an ihr nicht, daß sie täglich viele Eier verzehrte und die Eierschalen aufbewahrte. Herr, ich dachte bei mir: Ein Weib, das Eierschalen sammelt, mit dem ist es nicht richtig, denn die Hexen machen aus Eierschalen Teller, Töpfe, Schüsseln, aus denen sie bei ihren Gastereien zu speisen pflegen. Ich kümmerte mich darob gar sehr.«

Als der Freund wieder nach Hause zurückkehrte und seine Braut sah, erklärte er, sie sei nicht seine Sabi, die Frau sei ja so alt wie seine Großmutter. Darüber wurde der Vater des Mädchens so zornig, daß er seinen künftigen Schwiegersohn mit einem Stock erschlug, darauf vor Entsetzen über die eigene Tat in die Donau sprang und ertrank. Sabi aber lief davon und wurde nie mehr gesehen.

Der alte Mann beendete seine Erzählung mit den Worten, sein Freund habe bestimmt recht gehabt. »Er war der siebente Sohn seiner Mutter, die keine Töchter zur Welt gebracht hatte; und solche Kinder sehen auch das, was uns andern Menschen verborgen bleibt. Sabi war eine Hexe.«
Mehr darüber: Wildhaber 1970

Eibe
Nach altem bayrischen Glauben hausen in den Teufelsküchen die Hexen und → Truden, und es wächst dort ein alter Eibenbaum, der Funken sprüht, wenn man ihn anschneidet. Wie diese Vorstellung deutlich macht, galt die Eibe (*Taxus baccata*) – vielleicht ihrer Giftigkeit wegen – als unheimlicher, mit den Geistern und Toten eng verbundener Baum. Deshalb pflanzte man ihn oft auf Friedhöfen und flocht aus seinen Zweigen Kränze für die Gräber.

In Wales brachte man den Baum mit Feen in Verbindung. Man erzählte sich, daß in einem bestimmten Wald, neben einer riesigen alten Eibe, die Feen ihren Tanzplatz hätten. Als eines Abends zwei Burschen an diesem Baum vorbeikamen, flammte ein gleißendes Licht auf, und einer der beiden wurde ins Feenreich entführt und ward nie mehr gesehen. Von diesem Wald hieß es daher:

> Willst zum Eibenforst du gehn,
> Sieh nicht um dich, bleib nicht stehn!
> Hüt' den Fuß auch vor den Ringen,
> Wo die Feen im Grase springen.

Die Scheu, mit der die Eibe betrachtet wurde, führte dazu, daß man ohne triftigen Grund keine Zweige abbrach und sie auch nicht mit ins Haus nahm. An den Tagen des Jahres aber, an denen die bösen Geister und Hexen besonders aktiv waren, steckte man Eibenzweige kreuzweise vor die Fenster, um die Unholde vom Haus fernzuhalten. Ihre diesbezügliche Wirkung galt als so stark, daß man im Spessart sagte: »Vor den Eiben / kann kein Zauber bleiben.« Und wer auch außerhalb des Hauses gefeit sein wollte, band sich einen Span von einem Eibenbaum auf die bloße Haut, damit ihm keine Hexe, die ihm vielleicht unterwegs begegnen mochte, etwas anhaben konnte.
Mehr darüber: Lemke 1902; *Scheeder* 1994

Eiche

Die Eiche (*Quercus*) war einer der heiligsten Bäume der Germanen und Kelten, ebenso der Römer und Griechen und anderer Völker des Altertums. Vielleicht geriet er aus diesem

Grund in christlicher Zeit in den Ruf, ein unheimlicher, ja dämonischer Baum zu sein. Böse Geister und Hexen sollten sich mit Vorliebe in seinen Zweigen aufhalten und unter ihm tanzen. Um viele alte Eichen rankten sich entsprechende Sagen und Geschichten, die, solange die Bäume standen, von Generation zu Generation getreulich tradiert wurden.

Die folgende wurde im neunzehnten Jahrhundert in der Schweiz aufgenommen:

»Westlich am Säckenberge im Frickthale standen im Mooswalde drei große Eichen nahe bei einander; diese Bäume sind jetzt gefällt, allein um ihren alten Standpunkt zieht sich ein jetzt noch sichtbarer großer Ring, der frei von Gras und Gestrüppe ist, während beides innen und außen reichlich hier aufwächst.

Er heißt Hexentanz, und man scheut sich noch hinzugehen oder gar in ihn hinein zu treten. Vielmals haben die Weidbuben, die des Nachts draußen bei dem Vieh übernachten mußten, zugesehen, wie die Hexen an den drei Eichen zusammen kamen, zechten und schmausten und dann im Kreise, eine der andern nach, um die Bäume tanzten.«

Auch bei ihren Zaubereien sollten Eichen den Hexen von Nutzen sein. Beispielsweise hieß es, um Wind zu machen, bräuchten sie lediglich ein Männerhemd mit Eichenlaub zu füllen und in einen Baum zu hängen. Brachten sie Eichenblätter aber in einem Topf zum Sieden, stellten sich angeblich sofort Sturm und Hagel ein.

Mehr darüber: Wagler 1891

Endor, Hexe von

Endor hieß eine Stadt in Israel, südlich des Tabor, unweit des heutigen En Dor. Nach Josua 17,11 gehörte sie dem Stamm Manasse und wurde um 1100 v. Chr. von Israel erobert. Bekannt aber ist Endor hauptsächlich wegen seiner Hexe, die, wie es in 1. Samuel 28,7ff. heißt, dem von den Philistern bedrängten König Saul ein Unglück prophezeite.

Saul, der sich vor dem Heer der Philister fürchtete, befragte zunächst Gott den Herrn, der ihm aber nicht antwortete. »Da sprach Saul zu seinen Getreuen: Sucht mir ein Weib, das Tote beschwören kann, daß ich zu ihr gehe und sie befrage. Seine Männer sprachen zu ihm: Siehe, in Endor ist ein Weib, das kann Tote beschwören. Und Saul machte sich unkenntlich und zog andere Kleider an und ging hin und zwei Männer mit ihm, und sie kamen bei Nacht zu dem Weibe. Und Saul sprach: Wahrsage mir, weil du Geister beschwören kannst, und hole mir heraus, wen ich dir nenne.«

Die Hexe weigerte sich zunächst, weil Saul ihresgleichen zu verfolgen und auszurotten pflegte. Der verkleidete König aber sicherte ihr zu, sie werde keine Schuld treffen, und verlangte, daß sie den Geist Samuels heraufbeschwor, der zuvor gestorben war.

Samuel prophezeite ihm den Sieg der Philister über Israel. »Da stürzte Saul zur Erde, so lang er war, und geriet in große Furcht über die Worte Samuels.« Die um seine Gesundheit besorgte Hexe schlachtete daraufhin ein Kalb, backte Brot und gab dem König und seinen Männern zu essen. »Und als sie gegessen hatten, standen sie auf und gingen fort noch in der Nacht.«

Die Prophezeiung von Samuels Geist aber traf ein wie vorausgesagt.

Entenfuß

Wie in früheren Zeiten von den Feen oder Elben – und natürlich vom Teufel –, sagte man mancherorts auch von den Hexen, sie hätten einen tierischen Körperteil. Neben der Ansicht, sie hätten einen Schwanz, hörte man vor allem, sie hätten einen Gänse- oder Entenfuß.

Nach dem Prinzip, Gleiches mit Gleichem zu bekämpfen, hielt man es für ein sicheres Mittel, Hexen von seinem Haus fernzuhalten, indem man einen Drudenfuß über die Eingangstür oder auf die Schwelle zeichnete; das → Pentagramm, so erklärte man nämlich früher, gleiche dem Abdruck eines Entenfußes.

Die Zigeuner in Siebenbürgen hielten weniger von derlei stilisierten Darstellungen und verließen sich lieber auf das »Original«: Sie pflegten am ersten Pfingsttag in der unmittelbaren Nähe des Hauses einen echten abgeschnittenen Entenfuß zu vergraben. Sie sagten, der linke Fuß einer jeden Hexe sei ein großer Entenfuß, den ihr der oberste Hexenmeister, der Teufel, verleihe, indem er diesen Fuß bei ihrem ersten Jahresfest küsse. Wenn sie also einen Entenfuß vergrüben, seien sie das ganze Jahr vor Übergriffen von Hexen sicher.

Erbsilber

Als eines der ganz wenigen und dabei nach weitverbreitetem Glauben unfehlbaren Mittel, unheimliche Wesen, allen voran in Tiere verwandelte Hexen, unschädlich zu machen, galt das sogenannte Erbsilber. Hierbei konnte es sich um Knöpfe, Messer, Schnallen, Schmuck oder Geschirr handeln – es spielte keine Rolle, was es war, Hauptsache, man hatte das Silberstück geerbt. Zu einer Kugel geschmolzen und mit einer Flinte abgeschossen, ging solches Silber unweigerlich ins Ziel und brachte das betreffende Zaubertier zur Strecke – sei es den dreibeinigen → Hasen, der einen schon so lange zum Narren hielt, oder den → Werwolf, der in manchen Nächten sein Unwesen trieb.

Außerdem war man fest davon überzeugt, solch ererbtes Silber schütze vor jeglichem bösen Zauber einer Hexe. Daher trugen vor allem Schiffer ererbte silberne Ringe am Finger und im Ohr. Auch glaubte man noch bis vor kurzer Zeit, man könne eine angehexte Krankheit dadurch wieder loswerden, daß man Flitter von solchem Erbsilber in ein Getränk mischte und hinunterschluckte.

Erkennen der Hexen

Die im Mittelalter geschürte Angst vor Hexen führte dazu, daß die verschiedensten Methoden ersonnen und ausprobiert wurden, wie man angeblich erkennen konnte, wer unter den geschätzten Nachbarn eine Hexe oder ein Hexenmeister war. Sicherlich wurden aufgrund des Ergebnisses nicht wenige vermeintliche Hexen vor der Obrigkeit denunziert und auf dem Scheiterhaufen verbrannt. Der hauptsächliche Zweck der Übung aber dürfte gewesen sein, den jeweiligen Personen fortan aus dem Weg zu gehen, sie nicht ins Haus hineinzulassen, ihnen nichts zu borgen und sich überhaupt in jeder nur möglichen Weise vor ihnen zu schützen.

Zunächst einmal galten bestimmte äußere Merkmale (→ Aussehen der Hexen) als sicheres Indiz – insbesondere rote Triefaugen und zusammengewachsene Augenbrauen. Auch hieß es, eine Hexe könne einen nicht fest anschauen, sondern blinzele andauernd. Sah man ihr dagegen ins Auge, erschien das eigene Spiegelbild, so die Schlesier und Schwaben, darin verkehrt herum. Auf der Straße sollten sie laut vor sich hin sprechen und in einem seltsamen Entengang gehen; daß sie am Samstagabend zu spinnen pflegten und nicht weinen konnten, waren weitere charakteristische Hexenmerkmale.

In Tirol grüßte man eine verdächtige Person mit den Worten: »Gelobt sei Jesus Christ.« Antwortete sie hierauf nicht, wußte man sofort, mit wem man es zu tun hatte. Außerdem glaubte man nicht nur in Deutschland, daß Hexen nicht imstande seien, über einen – und erst recht nicht über zwei kreuzweise übereinandergelegte – Besen zu steigen. Hatte man also einen bestimmten Verdacht, probierte man es bei der betreffenden Person gern mit dieser Methode. Schließlich konnte man sich auch einfach auf

*Sog. Waldhexe des Petrarca-Meisters,
Stich aus einer Ausgabe von Petrarcas ›Trostspiegel in Glück und Unglück‹ aus dem 16. Jahrhundert*

einen → Kreuzweg stellen, sich einen Grassoden auf den Kopf legen und warten. Der erste Mensch, der daraufhin des Weges kam, war angeblich eine Hexe.

Seltsamerweise scheuten sich die vermeintlichen Hexen nicht, die Kirche zu besuchen; allerdings gingen sie nach Aussage vieler Autoritäten schon vor dem Segen wieder nach Hause. Im schlesischen Georgenberg wußte man weiterhin: »Eine Hexe ist jede Frau, die bei der Auferstehungsprozession nicht dreimal um die Kirche herumgeht, sondern schon nach ein- oder zweimaligem Umgange wieder hineingeht.«

In Pommern steckten sich Jungfrauen an → Walpurgis ein Sträußchen → Gundermann an die Brust oder legten sich solch einen Blumenkranz auf den Kopf. Damit konnten sie, wie es hieß, in die Kirche unter den Anwesenden die Hexen ausmachen. Eine ähnliche Wirkung hatte angeblich ein vier- oder fünfblättriges Kleeblatt oder ein am Ostermorgen gelegtes Ei, das man jemandem unbemerkt zusteckte, bevor er die Kirche betrat. Auch konnte man einen am Barbaratag gebrochenen Zweig, sobald er blühte, mit zum Gottesdienst nehmen, zu einem Kreis biegen und hindurchschauen.

Auf die Frage, woran denn nun in einem solchen Fall die Hexen zu erkennen seien, antwortete man in Pommern und Schlesien, daß sie anstatt Hauben Butterfässer oder ähnlich seltsame Geräte auf dem Kopf trügen und mit dem Rücken zum Altar säßen. Ein Bericht aus Bayern, der um die Mitte des neunzehnten Jahrhunderts aufgezeichnet wurde, nennt eine weitere Variante:

»Es war vor 84 jahren, als der sohn des schullehrers in Schöngeising während der Christmette in der kirche, nahe dem eingange, auf einem stühlchen von neunerlei holz kniete, um die hexen zu erkennen. Als das zeichen zur wandlung gegeben wurde, sah er in den vorderen reihen neun hexen. sie kehrten dem altare den rücken zu und hatten, statt hauben, hühnernester auf dem kopf, d.i. unbrauchbare bienenstöcke, in welchen die hühner brüten. sieben waren schon vorher allgemein als hexen bekannt;

von zweien wußte man aber noch nichts, und das waren noch dazu wirthinen. als die wandlung vorüber war, stürzten die hexen auf ihn los; nur durch eilige flucht zur kirchenthüre hinaus, über den gottesacker, in das nahe gelegene bauernhaus, wo er diente, entging er ihrer rache.«

Angesichts all dieser haarsträubenden Methoden, mit denen »untrüglich« eine Hexe als solche erkannt werden konnte, mutet folgende Behauptung – sie findet sich in einem Anfang des zwanzigsten Jahrhunderts (!) erschienenen, sehr bekannten volkskundlichen Werk – geradezu hanebüchen an: »Es ist wohl ziemlich sicher zu behaupten, daß die meisten von denen, die dem Volke als Hexen gelten, einige Schuld daran tragen; wirklich sittlich unbescholtene und christlich fromme Personen haben nur selten das Unglück, in solchen Ruf zu kommen.«

Eule

Als Nachtvögel wurden alle Eulenarten ebenso eng mit den Hexen assoziiert wie die Katze. Die Lautlosigkeit ihres Fluges, das bizarre Gesicht der Schleiereule und der unheimliche Ruf trugen sicherlich zu dieser Ansicht bei. Überall galten sie als schlechte Vorboten, ihr Schrei vor dem Fenster eines Hauses sollte gar den Tod eines Bewohners ankündigen – weshalb sie auch »Totenhühner« genannt wurden.

Man glaubte dabei, daß böse Geister – und später dann natürlich die Hexen – nach Belieben in die Gestalt dieses

Vogels schlüpften, wenn sie Angst und Schrecken verbreiten wollten. Vielerorts wußte man, daß sie so nachts die Kinder aufsuchten, sie kratzten, ihnen das Haar zerzausten und sogar das Blut aussaugten. Daneben bedienten sich die Hexen dieser Vögel angeblich besonders gern als Boten oder für sonstige Dienstleistungen. Auch sollten Eulen nach allgemeiner Vorstellung das »tutende« → Wilde Heer begleiten, weshalb sie in Schwaben auch »Tut-Urschel« genannt wurden.

Die Zigeuner, die ja von jeher als Hexen und Hexenmeister verschrien waren, kannten den Brauch, am Ostersonntag ein Eulennest auszuheben. Die Eier vergruben sie unter einem Haselstrauch. Nach sieben Jahren gruben sie die Eier wieder aus, denn dann sollten sie einen kleinen Glückswurm enthalten, der seinen Besitzer reich und glücklich machte.

Obwohl die Eule also ein echtes Hexentier ist, diente sie den Menschen auch als Schutz vor den Hexen. Noch heute werden in ländlichen Gegenden Deutschlands, der Schweiz und Frankreichs tote Eulen an die Scheunentüren genagelt, um böse Geister, Hexen und den bösen Blick bestimmter Personen abzuwehren. Weit verbreitet war der Brauch, eine Eule unter der Türschwelle zu vergraben. In der Oberpfalz nähte man zu demselben Zweck der Braut eine Eulenfeder in das Hemd ein, und als Talisman trug man vielerorts eine solche ständig bei sich.

Schließlich ist an die sogenannte »Ulenflucht« zu erinnern: ein Loch in der Giebelwand, das früher die meisten

Häuser aufwiesen und das ausdrücklich dem Zweck diente, Eulen Unterschlupf und eine Nistmöglichkeit zu bieten. Auf diese Weise hoffte man, die Geister, die mit diesem unheimlichen Besucher im Bunde stehen sollten, freundlich zu stimmen und »auf seine Seite zu ziehen«.

F

Fackelmachen

In bayrischen Hexenprozessen ist immer wieder vom sogenannten »Fackel-[Ferkel]machen« die Rede. So wie in anderen Regionen Mäuse »gemacht« (→ Mäusemachen), also gezaubert wurden, waren es hier mit Vorliebe Schweine (die ja ohnehin als Hexentiere galten). Sogar Kinder, die gestanden, diese Zauberei ausgeführt zu haben, endeten mancherorts auf dem Scheiterhaufen.

Farn

Warum ausgerechnet der Farn, und zwar vornehmlich der Wurmfarn (*Aspidium filix mas*) – eine unscheinbare Pflanze, die überall in unseren Wäldern wächst – in den Ruf kam, eine Zauberpflanze zu sein, wird wohl für immer eines der vielen ungelösten Rätsel im Bereich des Volksglaubens bleiben.

Der Farn spielte in ganz Europa bei einer Vielzahl von Zaubereien eine zentrale Rolle, in einem Pflanzenbuch des sechzehnten Jahrhunderts heißt es über ihn gar: »Kein kraut ist da meer hexenwerck / und teuffels gespenst mit getriben würt.«

Wesentlich bei den meisten Zaubereien mit dem Farn war der Glaube, daß er einmal im Jahr blühe, und zwar entweder in der → Johannis- oder in der Weihnachtsnacht. Wie man diese »Blüten« beziehungsweise Samen (Sporen) am besten sammelt, beschrieb der im Jahre 1650 der Hexerei angeklagte Schwabe Michael Pusper:

»Man nehme eine Haselstockwurzel, ziehe mit dieser auf einem Kreuzweg einen Ring, in diesen Ring bringt man einen weißen Wegwartsstock, all des Nachts zwischen 11 und 12 Uhr, dabei darf man aber nichts reden. Jezt werden sich allerlei Erscheinungen: Vater, Mutter und andere Personen, Hunde und dgl. mehr zeigen. Um 12 Uhr muß man nun an den Wegwartsstock, unter den man ein Thierfell gebreitet, schlagen, es ist unterdessen aus demselben ein Stengel hervorgewachsen, und sogleich fällt der Same auf das Fell. Diesen Fahrsamen faßt man dann in ein Federröhrlein auf, verschließt das mittelst eines Hölzleins, und nun ist man im Besitz des glücklichmachenden Fahrsamens.«

Daß in diesem Fall die Aussage nicht ausschließlich auf das Konto der Folter ging, zeigen die zahlreichen anderen Berichte über das Farnsamenholen, die diesem durchaus ähneln. Oft wird in diesem Zusammenhang auch der Teufel erwähnt, Kreidekreise, in die man sich stellen müsse, und zuweilen ist Nacktheit eine Bedingung.

Wie verbreitet dieser Glaube an den rundum glücklich, unsichtbar und reich machenden Farnsamen war, beweist ein Landgebot des Herzogs Maximilian von Bayern aus dem Jahr 1611. Hierin droht er, der diesen Brauch für abergläubischen groben Unfug erachtete, ausdrücklich all denjenigen schwere Strafen an, die »den fahrnsamen holen«.

Viel Erfolg hatte er allerdings mit diesem Erlaß nicht, denn bis weit ins letzte, ja zum Teil bis in unser Jahrhundert hinein wurde in Bayern ebenso wie in Schwaben, in Mecklenburg und in Polen nach dem kostbaren Gut gesucht. Und neben dem bereits erwähnten Michael Pusper starb noch manch eine »Hexe« unter anderem wegen des Glaubens an die Wunderkraft des Farnsamens, den Brunfels, der Autor des »Kreuterbuches« aus dem sechzehnten Jahrhundert, für »lauter Gauckelwerk« hielt.

Faust

Wie es einem Menschen ergeht, der einen Bund mit dem Teufel schließt, führt wohl kaum ein literarisches Werk so nachdrücklich vor Augen wie Goethes ›Faust‹. Die Tragödie entstand zu einer Zeit, da die Hexenverfolgungen zwar allmählich abklangen, der Hexenglaube im Bewußtsein der Menschen aber noch durchaus lebendig war.

Und so finden sich im ›Faust‹ auch sehr viele Charakteristika, um nicht zu sagen Klischees wieder, die den Hexen bereits seit langer Zeit zugeschrieben wurden: Sie führen eine unflätige, obszöne Sprache, bezeigen ihrem Herrn und Meister, Mephistopheles, äußerste Unterwürfigkeit, kochen absonderliche Zaubertränke und fliegen in der Walpurgisnacht (→ Walpurgis) zum Hexensabbat auf den → Blocksberg.

Um dorthin zu gelangen, können die Hexen, sobald sie sich mit ihrer Salbe eingerieben haben, jedes beliebige »Fluggerät« benutzen:

> Die Salbe gibt den Hexen Mut,
> Ein Lumpen ist zum Segel gut,
> Ein gutes Schiff ist jeder Trog.
> Der flieget nie, der heut nicht flog.

Auf dem Sabbat treiben sich die jungen Hexen natürlich nackt herum, die anderen verhüllt, und dann geht der allgemeine Trubel los: »Man tanzt, man schwatzt, man kocht, man trinkt, man liebt.« Auf den letzteren Punkt wäre Goethe eigentlich gern etwas ausführlicher eingegangen, verzichtete aber schließlich mit Rücksicht auf sein empfindsames Publikum darauf. Dafür gibt er seiner Walpurgisnacht leicht karnevalistische Züge, denn es erscheinen beispielsweise ein Minister, ein General, ein Parvenü und schließlich eine »Trödelhexe«, die auf dem Blocksberg ihre zweifelhafte Ware zum Kauf anbietet:

> Kein Dolch ist hier, von dem nicht Blut geflossen,
> Kein Kelch, aus dem sich nicht in ganz gesunden Leib
> Verzehrend heißes Gift ergossen,
> Kein Schmuck, der nicht ein liebenswürdig Weib
> Verführt, kein Schwert, das nicht den Bund gebrochen,
> Nicht etwa hinterrücks den Gegenmann durchstochen.

Es fehlen weder der Pferdefuß, noch die Irrlichter, Molche und Käuzchen – und auch nicht die Maus, die einer Hexe aus dem Mund springt. Wiewohl viele der genannten Details durchaus auch im Volksglauben mit Hexen in Verbindung gebracht wurden, wirkt ihre Konzentration und Art der Darstellung im ›Faust‹ eher grotesk.
Mehr darüber: Schöne 1993.

Federkranz
Als sichtbares Zeichen, daß jemand über Nacht verhext worden war, betrachtete man in früheren Zeiten vor allem in Norddeutschland und Holland, aber auch in Italien, den sogenannten Federkranz. Hierunter verstand man kreisförmig zusammengeklumpte Federn im Kopfkissen. Die Hexe, so wußte man, kam des Nachts in Gestalt einer schwarzen Katze durch den Rauchfang, stellte sich vor dem Bett auf, in dem ihr Opfer nichtsahnend schlief, und fixierte es eine Weile mit ihren glühenden Augen. Daraufhin krümmten sich die Federn des Kopfkissens zu kleinen Kreisen oder Knoten und bildeten binnen weniger Stunden einen richtigen Ring.

Wer auf solch einem Kissen schlief, bekam Kopfschmerzen, fühlte sich schlapp und matt und wurde, falls er nicht rechtzeitig die Bezauberung aufhob, zuletzt ernstlich krank. Eine Methode der Entzauberung sollte darin bestehen, den Kranz eine Zeitlang in Wasser zu sieden. Im niederländischen Drenthe sagte man, die Mutter oder der

Vater des geschädigten Kindes solle sich spät abends das linke Bein mit 580 oder 850 Roggenhalmen umwinden, dreimal um das Haus herum laufen und an jeder Ecke rufen: »Wer hat mein Kind behext?« Dann müsse sich die Hexe einstellen.

Von einer anderen, weniger zeitaufwendigen Maßnahme erzählt ein holländischer Bericht aus dem Jahr 1892: »Vor einiger Zeit erkrankte im nahen Nunspeet, einem ansehnlichen Dorfe auf der Veluwe, Gelderland, das Kind des Bauern N. schwer, wie die Nachbarn sagten, in Folge ›Bezauberung‹. Richtig fand sich auch bei näherer Untersuchung im Kopfkissen des kleinen Patienten der bekannte Federnkranz. Nun wurde dem Vater, um die Hexe ausfindig machen zu können, angeraten, eine schwarze Henne in einen Topf mit siedendem Wasser zu stecken und gar kochen zu lassen, während dieser Prozedur müsse die Zauberin unbedingt am Fenster erscheinen oder ins Zimmer treten.«

Tatsächlich kam gerade zu diesem Zeitpunkt eine alte Frau auf einer Krücke zur Tür hereingehumpelt, von der man allgemein sagte, sie sei eine Hexe. Der Bauer ging auf sie los und zwang sie unter Todesdrohungen, ihre Hände auf sein Kind zu legen und es zu segnen. Die alte Frau reichte Klage gegen den Bauern ein, und er wurde zu zwei Monaten Gefängnis verurteilt.

Feldfrüchte

Wie für so vieles andere mußten die Hexen auch als Sündenbock für sämtliche Schäden an Obst, Gemüse und Getreide herhalten. Ob es nun Maikäfer waren, die massenhaft in die Bäume einfielen und sie kahlfraßen, oder Ratten, die das Getreide in den Scheunen vertilgten, eine ungewöhnliche Dürre oder sintflutartiger Regen, der Obst und Korn vernichtete – alles wurde den Hexen und ihren bösen Machenschaften angelastet. Ja, sie sollen, wie es in der Steiermark im sechzehnten Jahrhundert hieß, sogar Quecksilber in den Weinbergen vergraben haben, damit die Reben nur noch ein Viertel ihrer sonstigen Menge an Trauben trugen.

Damit nicht genug; wenn Hexen in einer Bachmulde badeten und mit dem Badewasser anschließend die Weinstöcke besprengten, war die Folge, daß an jeder Pflanze zwei Augen verdarben.

Ein anderer Zauber, mit dem sie dem Getreide schadeten, bestand angeblich darin, am Weihnachtsabend auf einem → Kreuzweg mit einer Haselrute auf einen Maiskolben einzuschlagen. Daraufhin sprangen, so der Bericht, drei Körner heraus, aus denen Pflanzen gezogen wurden. Mit den Früchten dieser Pflanzen buk die Hexe dann ein Brot, das am Georgstag (23. April) zu Stein wurde. Im selben Augenblick aber verdarb auch das Getreide, auf das sie es abgesehen hatte.

Solch komplizierte und langwierige Prozeduren waren nach Meinung des Volkes allerdings eher die Ausnahme;

weit häufiger sind schlichte, dafür aber mit schön gruseligen Zutaten ausgeführte Zaubereien. So heißt es etwa, es genüge, am Dreikönigstag Totengebeine zu zerstoßen und damit die Felder oder Weingärten zu bestreuen, um zu bewirken, daß sieben Jahre lang nichts mehr darauf gedeiht!

Festmachen

Der Wunsch nach Unverwundbarkeit dürfte beinahe so alt sein wie die Menschheit. Seit frühester Zeit findet sich seine zauberische Erfüllung immer wieder und wieder in Sagen, Märchen und Erzählungen dargestellt. Da das Drachenblut, das Siegfried »hürnen« machte, für gewöhnliche Menschen nicht eben leicht zu haben war, griff man zumal in Kriegszeiten nur zu gern nach allem, was bestimmte Spezialisten wie fahrende Schüler, Zigeuner, Schwarzkünstler und natürlich Hexen in dieser Hinsicht anzubieten hatten. Manche Interessenten wollten unüberwindbar bei Raufereien sein, andere gegen »Hieb und Stich« oder gegen Schüsse gefeit sein.

Von jemandem, dem dies gelang, hieß es in manchen Gegenden Deutschlands, er sei »gefroren«, und dementsprechend wurden die Hexen oder Hexenmeister, die dazu dienliche Präparate oder Zauber anboten, wenigstens im Allgäu, »Gfrörer« genannt.

Besonders im siebzehnten Jahrhundert blühte der Glaube an das Festmachen, und noch 1724 wird alle diesbezügliche Zauberei in den preußischen Kriegsartikeln verboten – ohne durchschlagenden Erfolg allerdings, denn selbst noch im Ersten Weltkrieg war die auf magische Weise erworbene Unverwundbarkeit Sehnsucht und Ziel vieler Soldaten.

»Festgemacht« werden konnte man vor allem durch das Tragen von Amuletten, die bestimmte ungewöhnliche oder magische Substanzen enthielten. Die Kräuter, die in diesem Zusammenhang genannt werden, sind gerade solche, von denen man stets auch in Verbindung mit Hexen hört: → Johanniskraut, → Bilsenkraut, Alraunen und »Hexenkraut«. Ebenfalls höchst magische Zutaten, die sich für diesen Zweck bestens eignen sollten, waren Fledermausköpfe, Maulwurfsherzen oder gar Moos, das auf der Hirnschale eines Gehenkten gewachsen war; als sehr wirksam galten weiterhin Donnerkeile und versteinerte Seeigel.

Eine große Rolle spielten darüber hinaus die Zaubersprüche, die in das Amulett eingenäht wurden, sowie die Zeit, in der die Hexe es herstellte. Oft wird berichtet, daß der glückliche Besitzer eines solchen Wunderwerks versucht war, es erst einmal einem Tier oder einer anderen Person umzuhängen und dann einen Probeschuß abzugeben – wobei die Sache, wie sich denken läßt, für die Testperson mitunter eher unerfreulich ausging.

Fledermaus

Wie Eule und Katze galt die Fledermaus als typisches Hexentier, als zauberisches und in höchstem Maße unheimliches Wesen, um das man besser einen großen Bogen machte. Hexen, so glaubte man allgemein, nahmen nachts gern die Gestalt dieser Wesen an, um Mensch oder Tier zu schaden. Um ihr Eindringen zu verhindern, pflegte man tote Fledermäuse an die Türen von Haus und Ställen zu nageln – ein Brauch, der in ländlichen Gegenden Frankreichs noch heutzutage geübt wird. Wie im Falle des Hufeisens ging die eigentliche Bedeutung dieser Handlung im Laufe der Zeit verloren. So wußte man in Schlesien gegen Ende des neunzehnten Jahrhunderts nur, daß die an die Tür genagelte Fledermaus dem Haus »Glück bringe«.

Fluch

Zwischen Verfluchen und → Besprechen ist allenfalls ein gradueller Unterschied zu machen – denn beides ist letztlich die Anwendung eines Zauberspruchs mit negativer Wirkung. Während Flüche aber nach landläufiger Vorstellung im allgemeinen laut und deutlich, zumeist im Zorn und vor Zeugen ausgesprochen wurden und werden, erfolgte das Besprechen eher im Geheimen. Und: Man mußte nicht unbedingt eine Hexe sein, um jemanden zu verfluchen. Fälle, in denen ein Vater seinen Sohn verfluchte, sind seit der Bibel zur Genüge bekannt.

Für Flüche, die großen Schaden anrichteten, wurden jedoch vor allem überirdische Wesen wie Feen und Elben verantwortlich gemacht – oder eben die Hexen. Berichte von jahrhundertelang nachwirkenden Hexenflüchen finden sich in ganz Europa und beziehen sich oft auf dürre oder unfruchtbare Felder oder auch einen geringen Tierbestand in einer bestimmten Gegend.

Ein Pfarrer aus der Oberpfalz berichtete in einem volkskundlichen Werk Mitte des neunzehnten Jahrhunderts folgendes von einem Zauberweiher:

»Einst liessen die fischer den Zauberweiher zu Brückelsdorf ab, um die fische herauszuholen, da kam ein fremdes weib mit gelben wangen und rothen augen, trat, ohne gruss, in den schlamm, und nahm den grössten fisch heraus. der fischer rief zornig: ›lass du hex meine fische, und hole die vom teufel aus der höl, wenn du deren nöthig hast!‹ bey dieser rede schwol das weib durch zorn wie eine kröte, und sprach im hinweggehen, mit ihren rothen augen nach dem fischer schielend: ›das ist euer letzter fang, von nun an gehört der weiher mein; keinen fisch werdet ihr je wieder herausnehmen.‹ seitdem ruht der fluch auf dem Zauberweiher; denn man sieht wohl fische schwimmen, wie aber das wasser zum fischen abgelassen wird, ist's auf dem grund ganz leer.«

Flug → Ritt

Freimaurer

In den meisten Volksberichten, die von Hexen handeln, begegnen einem früher oder später auch die Freimaurer. Vielleicht mit Ausnahme der Kräuterweiblein wurde in jüngerer Zeit keine Personengruppe so konsequent und intensiv mit Hexerei in Verbindung gebracht wie sie. Jeder »wußte«, daß die Freimaurer mit dem Teufel im Bunde standen, daß sie natürlich allesamt in der Hölle endeten und, wie die Schlesier glaubten, immer dann einer von ihnen vom Teufel geholt wird, wenn es draußen heftig stürmt.

Wie aus den Aufzeichnungen eines Lehrers hervorgeht, gab noch 1905 ein Mädchen im Religionsunterricht auf die Frage, wer kein christliches Begräbnis erhalte, die rasche Antwort: »Die Selbstmörder und die Freimaurer!«

Angesichts solcher Äußerungen könnte man glauben, bei den Freimaurern handle es sich um eine gefährliche Sekte. Dabei ist es eine Bewegung mit humanitären Zielen, bei der Toleranz, Brüderlichkeit, Hilfsbereitschaft, Streben nach Wahrheit und Menschenliebe an erster Stelle stehen. Im vierzehnten Jahrhundert schlossen sich Maurer in England zu sogenannten *lodges* (Hütten) zusammen, in deren Rahmen sie gemeinsam an einem Bauvorhaben arbeiteten. Später wurden auch Angehörige anderer Berufszweige aufgenommen. Diese »Logen« entwickelten ein eigenes Brauchtum, sie hatten bestimmte Erkennungszeichen und komplizierte Aufnahmerituale. Zu Anfang des achtzehnten

Jahrhunderts wurden dann auch in Deutschland Logen gegründet, und welchen Zulauf die Freimaurer bald hatten, zeigen die vielen berühmten Namen, die sich unter ihren Mitgliedern finden – angefangen bei Friedrich dem Großen, über Lessing, Goethe, Mozart, Haydn und Liszt bis hin zu Kurt Tucholsky.

Der katholischen Kirche allerdings waren die Freimaurer so sehr ein Dorn im Auge, daß ein Papst nach dem anderen Verdammungsurteile gegen sie erließ und Freimaurer generell exkommuniziert wurden. Der starke Einfluß der Kirche in Verbindung mit den »unheimlichen« Ritualen der Freimaurer dürfte der Grund für die Verteufelung dieser Vereinigung durch das einfache Volk gewesen sein.

Welcher Art die Gerüchte über die Freimaurer waren, die man sich hinter vorgehaltener Hand zumunkelte, mag folgende Aussage veranschaulichen, die Ende des neunzehnten Jahrhunderts in Pommern von einem Volkskundler aufgezeichnet wurde:

»Die Freimaurer stehen mit dem Teufel im Bunde. Sie haben ein ganz schwarz ausgeschlagenes Gemach, darin steht ein Sarg, und in dem Sarg liegt eine schwarze Katze. Früher mußte der Teufel jedem Freimaurer eine bestimmte Zeit dienen, nach deren Verlauf derselbe seiner Macht verfallen war. Das dauerte dem Bösen jedoch auf die Dauer zu lange; und er läßt die Freimaurer deshalb jetzt jedes Jahr losen. Wen das Los trifft, den nimmt er mit sich, und er gewinnt auf diese Weise alle Jahre eine Seele. Aber auch dage-

gen wissen manche Freimaurer Rat, sie kaufen sich einen Stellvertreter, der dann statt ihrer von dem Teufel geholt wird.«
Mehr darüber: Olbrich 1930; Reinalter 1983

Fuß
Seltsam weit verbreitet war der Glaube, eine Hexe oder ein Hexenmeister könne eine beliebige andere Person an ihren Zaubereien teilhaben und das sehen lassen, was sie beziehungsweise er selbst sehe. Hierzu brauche man nur den linken Fuß auf den rechten der Hexe zu stellen. Bereits in einem mittelhochdeutschen Gedicht ist von dieser besonderen Form von Zauberei die Rede, und von Korsika über die Schweiz und Frankreich bis hinauf nach Schleswig und Jütland wird immer wieder davon erzählt.

Oft heißt es, auf diese Weise könne man Geister oder die Seelen Verstorbener, Leichenzüge oder verborgene Schätze sehen. Es soll also möglich sein, sowohl in die Zukunft als auch in die Vergangenheit sowie in die Welt der Geister zu blicken. Ja, bretonischen Geschichten zufolge vermag jemand auf diese Weise sogar in die Hölle zu schauen.

Aus Wales wird berichtet, daß man mit dieser Methode imstande sei, das Volk der Elfen zu sehen und ihre lieblichen Gesänge zu vernehmen – ein Vergnügen, das Sterblichen sonst im allgemeinen vorenthalten bleibt.

G

Gabel

Als Tischgerät ist die Gabel verhältnismäßig jungen Datums, denn noch im dreizehnten Jahrhundert galt ihre Benutzung bei Tisch als Luxus. In der Küche dagegen wurde die dreizinkige Gabel schon weit länger verwendet, woraus sich vermutlich die zahlreichen abergläubischen Vorstellungen erklären, die sich mit ihr verbinden.

Ein Fieberkranker beispielsweise nahm eine solche dreizinkige Gabel, ging damit zu einem → Kreuzweg und steckte sie dort in die Erde. Außerdem mitgebracht hatte er eine Handvoll Salz, mit der er jetzt dreimal die Gabel umrundete. Dazu grüßte er und sagte in einem Zauberspruch, daß er hier sein Fieber brächte. Die Folge war angeblich, daß er umgehend gesundete.

Daß ein solch magisches Ding, in die Erde gesteckt, dazu diente, böse Geister, ja sogar Drachen abzuwehren, an deren Existenz früher felsenfest geglaubt wurde, nimmt nicht wunder. Doch benutzten Hexen oder Hexenmeister die Gabel auch dazu, sympathetische Magie mit ihr zu treiben.

Aus Thüringen wurde noch zu Anfang des zwanzigsten Jahrhunderts berichtet, wie ein Bauer, dem 200 Taler gestohlen worden waren, sich in seiner Not an einen Hexenmeister wandte. »Derselbe kam auch, liess sich alles erzählen, dann nahm er ein Blatt Papier und machte Zeichen darauf, die aber niemand verstehen konnte. Darauf zog er eine kleine Gabel aus der Tasche. Mit dieser Gabel stiess er fortwährend auf das Papier los, welches er an eine Ecke des Tisches gelegt hatte. Kaum war dies geschehen, als sich draussen vor dem Hause eine Stimme vernehmen liess, indem ein Mann rief: ›Nachbar, Nachbar helft mir, ich sterbe.‹

Als der Bauer das Fenster öffnete, sah er einen Mann, der sich vor Schmerzen auf der Erde wälzte. Er hieß den Hexenmeister aufzuhören, und der Mann vor dem Fenster gestand seinen Diebstahl ein.«

Geweihte Gegenstände

In vorchristlicher Zeit wurden Geister und Dämonen mit »heidnischen« Mitteln vertrieben oder zumindest von Haus und Hof ferngehalten. Hierzu benutzte man vor allen Dingen besondere Pflanzen, Tiere oder deren Federn, Klauen, Krallen oder Zähne; daneben Donnerkeile, durchlöcherte Steine (→ Trudenstein), versteinerte Seeigel und andere außergewöhnliche Dinge. Sobald das Christentum an Einfluß gewann, ging man mehr und mehr dazu über, zur Abwehr von bösen Geistern, besonders aber von Hexen, neben diesen traditionellen Hilfsmitteln auch in der Kirche geweihte Gegenstände einzusetzen.

Hier sind an erster Stelle natürlich Weihrauch und Weihwasser zu nennen. Mit Weihrauch wurden vor allem am gefährlichsten Tag der Zwölften (25. Dezember–6. Januar),

Dreikönig, die Stuben geräuchert, und Weihwasser wurde im Haus versprengt, damit einem die Hexen, die an diesem Tag – ebenso wie an Walpurgis – umherschweifen sollten, nichts anhaben konnten.

Ganz wesentlich zur → Abwehr von Hexen diente auch Wachs einer geweihten Kerze. Die bevorzugten Tage für eine solche Weihe waren Lichtmeß (2. Februar) und Ostern. Fiel der 2. Februar gar noch auf einen Sonntag, war man davon überzeugt, die Kraft des Wachses und der Kerze verzehnfache sich. Aus dem Wachs formte man beispielsweise kleine Kreuze, die an strategischen Stellen des Hauses befestigt wurden. An besonders hexen- und geistergefährdeten Tagen wurde ein wenig Wachs auf jedes Haustier getropft. Um sich selbst zu schützen, trug man außerdem etwas davon in Form eines Amuletts dicht am Körper.

Auch fromme Christen gaben derlei »abergläubische Bräuche« nicht ganz auf – doch ließen sie sie gewissermaßen von der Kirche sanktionieren. Die früheren heidnischen Kräutersträuße etwa, die an → Johanni (24. Juni) oder in den Frauendreißigern (15.8.–13.9.) gesammelt werden sollten, ließ man jetzt durch den Priester weihen, bevor man sie auf den Dachboden oder über die Tür hängte. Erst dadurch, so hieß es auf einmal, erhielten sie ihre wirkliche Kraft und besäßen tatsächlich die Macht, Hexen und bösen Geistern den Eintritt in das Haus zu verwehren.

Glocke

Die unabdingbar zur christlichen Kirche gehörende Glocke ersetzte in früheren Zeiten den Menschen die Uhr und regelte ihren Tagesablauf, ja begleitete sie auf ihrem ganzen Leben von der Geburt bis zum Tod. Dem Volksglauben zufolge sollte sie durch ihr Läuten aber auch Hexen und böse Geister vom Dorf und seinen Bewohnern fernhalten. Lärm vertrugen diese Unholde angeblich überhaupt nicht, und das Läuten geweihter Glocken hielt man für besonders abschreckend. In vielen Sagen und Volksballaden ist davon die Rede, daß Hexen diese ihnen »feindlichen« Glocken als bellende Hunde bezeichnen:

Hört ihr! wie es in den Lüften schellt,
der große Hund von Marbach bellt.
Die bösen Geister, sie schreien alle,
Und der große Hund verjaget alle.

Beim Läuten der Glocken, so die allgemeine Volksmeinung, verlieren diese unheimlichen Wesen, seien es nun Zwerge, Mittags- oder Sturmgeister, Hexen oder Zauberer, ihre Macht, und darum fürchten und fliehen sie es. Aus diesem Grund übrigens hängte man ursprünglich dem Vieh Glocken um den Hals; erst in zweiter Linie diente diese Maßnahme dazu, die Tiere in unübersichtlichem Gelände »im Ohr zu behalten«!

Der Glaube an die Wirkkraft der Glocke ist uralt und weit

verbreitet. In den Jahrhunderten des Hexenwahns wurden an den besonderen Hexentagen wie → Walpurgis (30. April) und → Johanni (24. Juni) in bestimmten Gegenden fast ununterbrochen die Glocken geläutet, bis dieser Brauch zu unterschiedlichen Zeiten per Erlaß verboten wurde.
Mehr darüber: Sartori 1897

Goldmachen
Das Goldmachen gehört nicht eigentlich zu den Fähigkeiten, die – zumal weiblichen – Hexen im allgemeinen nachgesagt wurden. Es wird eher im Zusammenhang mit »größeren« Magiern und Zauberern erwähnt, die sich vor allem mit Alchimie befaßten.

Dennoch wurde im Volk zuweilen davon gemunkelt, diese oder jene Hexe verstünde sich auch auf diese Kunst – wie die folgende Anfang des zwanzigsten Jahrhunderts aufgenommene Aussage eines Bauern aus Hohenwiesen an der Isar belegt:

»Die Durl-Hex von Hohenwiesen, die bei meinem Nachbarn, dem Bachmair, gehaust hat, die hat Gold machen können. Beim Bachmair sieht man noch den Riss in der Mauer, der entstanden ist, wie's die Hex' derwischt haben. Mit einem rundscheibigen, feichtenen [aus Fichte hergestellten], alten Tisch haben sie's in dem Winkel, wo sie hinterm Tisch gesessen ist, gegen die Mauer 'neindruckt. Wenn aber der Tisch nicht aus einerlei Holz gewesen wäre, hätten's die Hex nicht derwischen können.«

Grandier, Urbain → Loudun, Hexenmeister von

Gundermann

Der Gundermann oder die Gundelrebe (*Glechoma hederacea*) ist eine unscheinbare, anspruchslose kleine Pflanze mit violetten Blüten, die bei uns überall zu finden ist und höchstens als Unkraut beachtet wird. Niemand käme heutzutage auf die Idee, ihr besondere magische Qualitäten zuzuschreiben – und doch war sie eine der Pflanzen, mit deren Hilfe man angeblich Hexen erkennen konnte.

Johannes → Prätorius schrieb über sie im Jahre 1672: »Wenn man Gundermann auf Walpurgisabend (30. April) sammelt und hernach mitten in der Nacht einen Kranz daraus macht und solchen am folgenden Tag auf den Kopf setzt, so kann man alsdann die Hexen erkennen, da eine auf ihrem Kopf wird haben einen Schemel oder Kutschebank, die andere eine Malte [großes Schaff] oder Kelte [Kübel].«

Von einem Dienstmädchen aus Sachsen, das dieses »Rezept« ebenfalls kannte, wird berichtet, daß es sich am Sonntag nach → Walpurgis einen solchen Kranz aufsetzte und damit zur Kirche ging. Da sah es dann die Hexen des Dorfes versammelt und später auf Besenstielen und Ofengabeln aus der Kirche reiten. Als die Hexen aber den Kranz auf dem Kopf der Magd bemerkten, fielen sie über sie her »und zerschlugen sie so jämmerlich, daß sie am nächsten Tag starb«.

H

Haar

Für wie zauberkräftig Haar früher galt, wissen heutzutage bei uns höchstens noch die älteren Leute. Die jüngeren kennen allenfalls das Märchen vom ›Teufel mit den drei goldenen Haaren‹, aus dem zumindest die immense Bedeutung *solcher* Haare hervorgeht. Tatsächlich aber glaubte man selbst Ende des neunzehnten Jahrhunderts, daß Men-

Der Teufel nimmt eine Hexe mit in die Hölle, Illustration zu Olaus Magnus: ›Historiae de gentibus septentrionalibus‹, 1555

schen, die sich aufs »Hexen« verstünden, mit dem Haar anderer Personen üble Zaubereien vollführen könnten. Daher hielt man sich streng daran, abgeschnittene Haare (und übrigens auch Fingernägel) niemals irgendwo offen liegenzulassen, sondern sie möglichst zu verbrennen oder ansonsten heimlich zu vergraben.

Die Vorstellung, die Lebenskraft eines Menschen sei in seinen Haaren verborgen, ist uralt und uns vor allem aus der Geschichte von Simson und Delila bekannt. Handelt es sich um einen »bösen« Menschen, wird auch diese Kraft als negativ angesehen, und so war die Obrigkeit zur Zeit der Hexenprozesse dermaßen davon überzeugt, in den Haaren von Hexen stecke eine teuflische Zauberkraft, daß man die Angeklagten grundsätzlich kahlschor, um sie ihrer Macht zu berauben. Diese Überzeugung ging sogar so weit, daß es beispielsweise in Posen hieß, der Teufel könne sich nur an langhaarigen Menschen vergreifen – weshalb die meisten Hexen Frauen seien.

Aus demselben Grund hüteten sich noch vor gar nicht allzulanger Zeit Mädchen in Schwaben, nachts mit offenen Haaren aus dem Haus zu gehen. Sie fürchteten nämlich, der Teufel oder eine Hexe könne über sie Gewalt erlangen.

Hagel → Wetterhexe

Hartlieb, Johannes

Johannes Hartlieb wurde vor 1410 wahrscheinlich in Neuburg an der Donau geboren. Er studierte in Wien die »natürlichen Künste« und erwarb den Titel eines »Doktors der Arznei«. Später war er als Schriftsteller und Gelehrter tätig, der Texte aus den unterschiedlichsten Wissensgebieten sammelte, bearbeitete und übersetzte; aus seiner eigenen Feder stammen unter anderem ein Werk über Chiromantie (›Buch der Hand‹) und ein Kräuterbuch. Darüber hinaus war er Leibarzt und Diplomat an verschiedenen europäischen Höfen.

Bis auf den heutigen Tag bekannt ist er vor allem durch sein ›Buch aller verbotenen Künste‹, in dem er dem Markgrafen Johann von Brandenburg-Kulmbach, dem er das Werk widmete, die abergläubischen Vorstellungen seiner Epoche ausführlich schilderte.

Darunter finden sich vollkommen harmlose Beispiele wie etwa die mit dem Niesen verbundenen Omina, die auch heute noch manchorts üblichen Weissagungen aus dem Brustbein von Gänsen oder das Käsesegnen, um einen Dieb aufzufinden. Alle diese und eine Reihe weiterer Bräuche sind aber Hartlieb zufolge letztlich vom »bösen Teufel« verursacht, der die Menschen dazu verleitet, und »wer das tut, begeht stets eine Todsünde, und es ist Aberglauben«.

Ausführlich geht Hartlieb auch auf die teuflischen Künste der Chiromantie, der Pyromantie und der → Nekromantie ein und erzählt von seinen eigenen Erfahrungen mit

Wahrsagerinnen und Zauberern. Dabei drängt sich beim Lesen der Eindruck auf, daß er selbst nicht wenig an diesen Dingen interessiert, als guter Christ aber gehalten war, alles nach Kräften zu verteufeln. Dementsprechend empfiehlt er dem Grafen nachdrücklich, gegen derlei »böse, nichtswürdige und abergläubische« Menschen vorzugehen und sie möglichst hart zu bestrafen.

Damit ist Hartliebs Buch ein Vorläufer des ›Hexenhammers‹, da es überwiegend harmlose abergläubische Bräuche anprangert und sie mit »Unholden«, also Zauberern und Hexen, und natürlich dem Teufel in Verbindung bringt. Einen kleinen Eindruck vom Hartliebschen Werk mag der folgende Absatz vermitteln:

»Auch erzählte man sich, daß so manche alte Frauen einen Mann auf Kälbern und Böcken fortlocken könnten. Wenn dem so ist, dann sei sicher, daß es der Teufel tut, und zwar nur zu dem einen Zweck, um die Menschen zu verführen und irrezuleiten. Euer Gnaden wird fragen, warum so etwas eher alte Frauen als alte Männer tun. Darauf antworten die Gelehrten, daß die Frauen im allgemeinen in Gemüt und Glauben ungefestigter sind. Darum sucht sie der Teufel öfter heim als die Männer.«

Mehr darüber: Fuerbeth 1992; Hartlieb 1998

Hase

Weit verbreitet war die Ansicht, der Hase sei ein Hexentier. Vielleicht aus diesem Grund galt sein Angang (d.h. ihm als allererstes am Morgen zu begegnen) fast durchweg als negatives Zeichen. In Frankreich war man sogar der Ansicht, ein den Weg kreuzender Hase habe immer ein Unglück zur Folge. Wie bei Hexen- oder Geistertieren aber oft der Fall, sollte andererseits seine bildliche Darstellung, am Giebel befestigt, alles Unheil von Haus und Bewohnern fernhalten. In der Türkei ist man noch heute der Ansicht, der (echte oder nachgebildete) Hasenkopf über der Tür wehre den bösen Blick ab, und die Araber tragen Hasenknochen als Amulett um den Hals. – In weiten Teilen Deutschlands glaubte man seit alten Zeiten, daß bestimmte Geistwesen eng mit Hasen verbunden seien. Die Feengestalt Holda soll beispielsweise von Hasen begleitet werden, die ihr des Nachts mit Laternen leuchten. Später waren es dann die Hexen, die eine enge Beziehung zu den Hasen unterhalten und auch mit Vorliebe deren Gestalt annehmen sollten.

In Schwaben erzählte man gegen Ende des neunzehnten Jahrhunderts, eine im Dorf Stadion wohnende Frau namens Bethe habe sich des öfteren in einen Hasen verwandelt und in dieser Gestalt verhindert, daß der Jäger andere Hasen schoß. »Mal traf er den verdächtigen Hasen wieder und sagte, während er abdrückte: ›Wart, ich will dir helfen!‹ Er bekam den Hasen nicht: lag aber, als er heim kam, eine bekannte Weibsperson von Stadion im Bett und hatte böse Füße.«

Erkennen konnte man solche Hexenhasen an verschiedenen Merkmalen. Allgemein hieß es, sie verrieten sich durch ungewöhnliches Verhalten, etwa indem sie außerordentlich geschickt den Jäger zum Besten hielten oder aber Rundtänze aufführten. Außerdem sollten sie nur drei Läufe haben.

In Mecklenburg berichtete ebenfalls Ende des neunzehnten Jahrhunderts ein Lehrer aus Waren, bei Lütz habe ein Ehepaar gewohnt, von dem bekannt gewesen sei, daß sie in Nachbargärten Kohl stahlen. »Wurden sie überrascht, so verwandelten sie sich in Hasen, denen der rechte Hinterlauf fehlte. Verletzte jemand einen dieser Hasen, so starb er allemal am dritten Tage eines qualvollen Todes.« Zu Leibe rücken konnte man solchen Tieren nach weit verbreiteter Ansicht nur mit Kugeln, die aus → Erbsilber gegossen waren.

Genau diesen Rat gab eine alte Frau, als man auf dem Mecklenburger Gut Gülzow, in der Nähe von Schwerin, Probleme mit solch einem Hasen hatte. »Es wurde nun ein vom Vater auf den Sohn vererbter silberner Knopf in die Flinte geladen. Das gespenstige Tier verschwand, aber ein auf dem Hofe zu Gülzow beschäftigter Drescher, von dem es hieß, er könne hexen, stürzte plötzlich blutend auf der Scheunendiele nieder. In der Wunde fand man das Erbsilber.«

Hasel

Jahrtausendelang wurde der Haselstrauch (*Corylus avellana*) neben, vor und um die Häuser der Menschen angepflanzt. Natürlich hing dies auch damit zusammen, daß seine Nüsse eine beliebte, energiereiche Nahrung darstellten, doch war ein anderer Grund mindestens ebenso wichtig: Die Hasel hält nämlich nach alter Ansicht böse Geister und Hexen vom Haus fern. Neben dem Wacholder und dem Holunder galt sie als die in dieser Hinsicht wirksamste Pflanze. Deswegen pflegte man an den gefährlichsten Tagen des Jahres, in der → Walpurgis- (30. April) und der → Johannisnacht (24. Juni), ihre Zweige über Türen, an Fenstern und den Ställen zu befestigen, ja sogar alle Ritzen damit zu verstopfen.

Wie dies bei allen hexenwehrenden Pflanzen der Fall ist, wurde die Hasel umgekehrt dazu benutzt, bestimmte Zaubereien auszuführen – und zwar sowohl von Hexen und Magiern wie von ganz normalen Menschen. In erster Linie wurde die Haselrute als → Zauberstab benutzt, doch konnte man mit ihr, wenn sie an einem Karfreitag mit drei Schnitten abgetrennt worden war, auch jemanden per »Fernwirkung« verprügeln – vorausgesetzt, man war im Besitz eines seiner Kleidungsstücke. Eine verhexte Kuh wiederum brauchte nur mit einem solchen Stab leicht geschlagen zu werden, und schon war sie, wie es hieß, wieder gesund.

Manche Bauern in Mecklenburg behaupteten sogar, die Blüten, d.h. die Kätzchen, der Hasel hätten die gleiche Wirkung, Tiere vor Hexerei zu schützen oder von schon zugefügtem Schadzauber zu erlösen, wenn man sie ins Futter

streue. Allerdings müsse dies unbedingt vor Sonnenaufgang geschehen, denn danach verstärke sich die Wirkung der Hexerei.
Mehr darüber: Weinhold 1901

Hecketaler
Viele Geschichten aus ganz Europa ranken sich um Geld, das von Hexen oder Hexenmeistern auf zauberischem Weg beschafft werden konnte. Die einen sagten dazu »Hecketaler«, die anderen »Wechseltaler«, und in Osteuropa nannte man solches Zaubergeld, das gewöhnlich ein Pfennig oder auch ein Silbergulden war, einen »Inklus«. Man sagte, wenn man mit einem solchen Inklus etwas bezahle, kehre die Münze nicht allein wieder zu einem zurück, sie bringe ihrem Besitzer auch immer sämtliches Geld, mit dem sie in der Zwischenzeit in Berührung gekommen sei.

Damit der Inklus oder Hecketaler aber funktioniere, müsse man demjenigen, der damit bezahlt werden solle, beim Verkauf sanft auf den linken Fuß treten und ihm das Geldstück mit der linken Hand reichen. Denn alles Linke ist nach alter Vorstellung mit dem Bösen, den Hexen und dem Teufel verbunden.

Verständlicherweise interessierte solches Zaubergeld jeden, der nicht gerade mit Reichtümern gesegnet war, brennend. Daher versuchte man, die einschlägigen Rezepte in Erfahrung zu bringen und selbst auszuprobieren – allerdings in der Regel vergeblich.

Manche Bauern beauftragten dorfbekannte Hexen oder Hexenmeister damit, ihnen den Hecketaler zu besorgen, und gaben dafür oft genug ihre letzte Kuh her, nur um anschließend mit einer Ausrede abgespeist zu werden.

Wie aber nun eine Hexe zu solchem Geld kam, berichtet folgende polnische Geschichte aus der Mitte des neunzehnten Jahrhunderts: »Die Hexe Martianne zündete ein grosses Feuer im Kamin an und stellte darüber einen Kessel mit Wasser, in welches sie die Wurzeln von Baldrian und vielen anderen Kräutern hineingelegt. Als sie zu Brei gekocht waren, goss sie alles in eine Schüssel und fing an, die Katzen zu rufen, die sich wirklich jämmerlich murrend in einer grossen Menge rings um sie her stellten.«

Martianne verjagte sie alle und wartete geduldig, bis endlich ein schwarzer Kater mit weißem Schwanz erschien. Diesen ergriff sie und steckte ihn in einen Sack. Dann sperrte sie ihn bis Silvester auf dem Dachboden ein und gab ihm regelmäßig zu fressen. In der Neujahrsnacht nun ging sie mit dem Kater schweigend zu einem Kreuzweg und machte hier mit der Pfote des Katers auf dem Schnee einen großen Kreis.

Sobald es von dem nahen Kirchturm zwölf zu schlagen begann, erschien plötzlich ein häßlicher Mann. Er drückte der Martianne einen Taler in die Hand, nahm ihr den schwarzen Kater ab und verschwand, wie er gekommen war. Schweigend kehrte die Frau nach Hause zurück. »Martiannes Wunsch war in Erfüllung gegangen, sie bekam einen Inklus, das heisst einen Taler, der das Geld an sich heranzieht. Seit dieser Zeit an gab es im Hause sehr viel Geld, und hatten sie zufällig auch den Inklus ausgegeben, so kehrte er immer bald darauf zu ihnen zurück.«

Allerdings sollte solches Hexengeld zwar Reichtum, aber nicht eigentlich Glück bringen, weshalb sein Besitzer, wie man es sich auch vom Geist in der Flasche erzählte, nach nicht allzulanger Zeit heilfroh war, es schließlich wieder loszuwerden. Ende des neunzehnten Jahrhunderts berichtete ein Mann, er sei durch einen Hecketaler zwar reich geworden, doch habe er angefangen zu trinken und damit seine Wirtschaft und seine Familie ins Elend gebracht, bis ihm endlich Freunde geraten hätten, das Hexengeld dort wieder hinzulegen, wo er es gefunden habe.

Hekate → Diana

Heuberg

Einer der bekanntesten Hexentanzplätze in Schwaben ist vielen alten Erzählungen zufolge der in der Nähe von Tuttlingen gelegene Heuberg. Hier sollten sich jede Freitagnacht – und natürlich erst recht an → Walpurgis (30. April) – die Hexen unter einem großen Apfelbaum versammeln, der das »Hexenbäumle« genannt wurde. Der »Hexenturm« aber, der sich auf dem Gipfel des Berges erhebt, soll der Wohnort des »Heuberger Hexleins« gewesen sein – einer, wie die Sage weiß, untersetzten Frau »mit großem Kopf, wie der Mond am Himmel, und mit kleinen, kleinen Füßlein. Alle Hexen wurden von ihm bewillkommt. Da ging's an ein Tanzen und nach dem Tanz fing das Hexlein an zu prophezeien, ob die Weiber noch lange ihre Männer haben, oder sie bald verlieren und welche sie dann bekommen.«

Als Hexentreffpunkt aktenkundig ist der Heuberg seit dem Jahr 1509; eine etwas jüngere schwäbische Chronik berichtet, nicht wenige Frauen seien verbrannt worden, nachdem sie unter der Folter bekannt hätten, auf einer Sau oder einer grauen Katze dort hingeritten zu sein und zusammen mit anderen Hexen und Teufeln getanzt zu haben. Wozu der Verfasser anmerkt: »Daher kommt es auch, daß die gemeinen Leute die Gespenster und Luftgesichte, die auf diesem Berge häufig gesehen werden, für Zauberei von den Hexen und Teufeln halten.«

Hexe

Das Wort »Hexe« geht auf das althochdeutsche *hagzissa* zurück, in dem zumindest der Wortbestandteil *hag* »Zaun« eindeutig zu bestimmen ist. *Zissa* könnte mit dem norwegischen *tysja* »Elfe« zusammenhängen. Gemeint wäre also ein Wesen, das sich in Hecken oder auf Zäunen aufhält, wobei letzteres im übertragenen Sinn zu verstehen ist.

Der Zaun umhegt das Reich der Menschen und bildet somit die Grenze zwischen der geordneten, wohlbehüteten Welt und der chaotischen Wildnis, dem Reich der Geister und dämonischen Wesen. Anders als gewöhnliche Menschen stand die Hexe – ebenso wie übrigens die → Schamanen – mit beiden Welten in Verbindung, denn für ihre Zaubereien benötigte sie die Hilfe der Geister und Pflanzen, die außerhalb der Gärten wuchsen.

In manchen Teilen des deutschsprachigen Raums wurde der Begriff »Hexe« nie volkstümlich. Beispielsweise in Österreich sprach man weiterhin von der → Trude, der Drut, der Unholdin oder den Unholden –, wie Elben und böse weibliche Geister früher in weiten Teilen Deutschlands auch genannt wurden. Woanders blieb man bei »Zauberin« oder »Weidlerin«.

Insgesamt aber setzte sich seit dem dreizehnten Jahrhundert die Bezeichnung »Hexe« vor allem im süddeutschen Raum mehr und mehr durch und konnte zur Hochzeit der Hexenverfolgungen (fünfzehntes bis siebzehntes Jahrhundert) schließlich grundsätzlich auf jede Person angewandt werden, die angeblich ihre Zauberkünste zum Schaden ihrer Mitmenschen ausübte.

Wie noch in einer Schrift aus dem Jahr 1757 klar gesagt wird, war das aber noch nicht alles, denn eine wirkliche Hexe war erst »eine solche Person, die mit dem Teufel, der ihr in sichtbarer Gestalt erschienen ist, ein Bündniß, auch wol gar vermittelst einer Unterschrift mit ihrem eignen Blut gemacht hat«.

Früher hatte fast jedes Dorf seine »Hexe« besessen, seine → Zauberfrau, die sich hervorragend mit Pflanzen und

›Die vier Hexen‹, Kupferstich von Albrecht Dürer

deren Wirkungen auskannte, die Hebammendienste verrichtete und Mensch wie Tier zu heilen verstand – und es ist nicht auszuschließen, daß manch eine von ihnen sich auch auf negative Zaubereien einließ. Hierin glich sie den sibirischen Schamanen und den afrikanischen Zauberern, von denen es ja auch »weiße« und »schwarze« gab – und teilweise heute noch gibt. Wie diese, schwebte die »Dorfhexe« ständig in Gefahr, im Falle eines Versagens allermindestens fortan scheel angesehen zu werden.

Traf ein Mißgeschick das Dorf, sei es in Gestalt einer Mißernte, einer Überschwemmung, einer Seuche, eines Brandes, fiel der Verdacht natürlich als erstes auf das (zumeist weibliche) Mitglied der Gemeinschaft, das zu »zaubern« verstand. Sie hätte das Unglück schließlich vorhersehen und abwenden können – falls sie es nicht überhaupt selbst inszeniert hatte! Die »Dorfhexe« wurde daher zwar benötigt, stand aber selten in gutem Ruf, und so war der Schritt nicht weit, sie, von weltlicher und geistlicher Obrigkeit dazu aufgehetzt, als Ketzerin zu verleumden und damit dem Scheiterhaufen preiszugeben.

Darüber, welche → Künste Hexen beherrschten, bestanden spätestens seit Erscheinen des → ›Hexenhammer‹ keine Zweifel mehr. Fortan wurden ihnen eine ganze Reihe von Zaubereien in die Schuhe geschoben, die früher beispielsweise den Elben zugeschrieben worden waren. Ganz besonders galt dies für das Vertauschen von Kindern mit sogenannten → Wechselbälgern.

Wie viele ursprünglich verschiedene Wesen schließlich in der Gestalt der Hexe zusammengeflossen waren, zeigt folgende Aussage, die Ende des neunzehnten Jahrhunderts im südslawischen Raum aufgenommen wurde: »Man glaubt, ehe ein Frauenzimmer eine Hexe wird, übe sie sich ledigerweise jahrelang als Mahr oder Trut im Blutabzapfen, nach ihrem Ableben aber kehre sie wieder als Vampir, wozu sie sich bei Lebzeiten als Hexe durch Verwandlungen in einen Wehrwolf vorbereitet habe.«

Hexenauspatschen

Zu den zahlreichen urheidnischen Bräuchen, die im Laufe der Jahrhunderte auf Hexen übertragen wurden, zählt das je nach Region variierende, weit verbreitete Hexenauspatschen, -auspeitschen oder -ausblasen. Es fand bis in jüngste Zeit am Vorabend von → Walpurgis (30. April), am 1. Mai oder auch schon früher im Jahr, etwa am 1. April statt.

Dabei bewaffneten sich die jungen Männer mit Weidenzweigen, Peitschen oder ähnlichem, liefen laut schreiend und knallend durch das ganze Dorf und riefen: »Hexen raus! Hexen raus!« Mancherorts waren es auch Musikinstrumente wie Schalmeien und Zimbeln, mit denen man nach Kräften Lärm vollführte.

Die Küchlein, die von den Frauen an diesen Tagen gebacken wurden, sollten in möglichst viel Schmalz brutzeln, damit den Hexen, wie man sagte, die Augen ausgebrannt wurden.

Beim »Auspatschen« handelt es sich ursprünglich um einen typischen Frühjahrsbrauch, der ausgeführt wurde, bevor das Vieh zum ersten Mal wieder auf die Weide durfte. Dabei mußte man sicher sein, daß die bösen Geister den Tieren fernblieben und der Austrieb also gesegnet war. Und da Geister sich nach universalem Glauben vor Lärm fürchten, machte man möglichst viel Krawall, um sie zu verscheuchen. Die Küchlein aber dienten als symbolische Opfergabe, um ebendiese Geister oder andere eventuell neidischen Mächte zu beschwichtigen, damit sie die »Lärmbehandlung« nicht allzu übel nahmen und sich bei nächster Gelegenheit an den Menschen oder deren Vieh rächten.

Hexenbanner

Früher gab es in vielen Dörfern sogenannte Hexenbanner. Sie waren sehr gesucht und wurden in großen Ehren gehalten, denn ihre Aufgabe bestand darin, jeglichen Mensch oder Tier von Hexen und bösen Geistern zugefügten Schadzauber unwirksam zu machen. Diese Personen waren also in Zauberdingen gut bewandert, setzten ihre übernatürlichen Fähigkeiten aber nicht zu negativen, sondern zu guten Zwecken ein, weshalb sie auch als »weise Frauen« oder »Männer« bezeichnet wurden.

Wie man glaubte, erlernten diese »guten Hexen« ihre Kunst von einem anderen guten zauberkundigen Menschen jeweils entgegengesetzten Geschlechts. Nie mehr als eine Person auf einmal durfte die Kunst erlernen, und oft hieß es, der Lehrling müsse auf jeden Fall jünger als der Lehrmeister selbst sein.

Wie gesagt, wurden die Hexenbanner bei allen Geschehnissen hinzugezogen, die man für das Werk von Hexen oder bösen Geistern hielt. Dies war früher vor allem dann der Fall, wenn das Vieh aus einem unerklärlichen Grund erkrankte. Um die Mitte des neunzehnten Jahrhunderts wurde von einem Tübinger Bauern berichtet, er habe immer Pech mit rotbunten Kühen gehabt. Sobald sie bei ihm im Stall standen, magerten sie ab, und er mußte sie zu geringem Preis verkaufen. »Da ließ der Mann endlich seinen Kuhstall auf 70 Jahre gegen Hexen versichern, und das gieng so zu: Ein Hexenbanner vergrub unter allerlei Aussprüchen einen Hund, der noch geschloßne Augen haben mußte, hinter der Thürschwelle des Stalles und bedeckte die Stelle mit einem Brett. Ferner wurde ein beschriebenes Stück Papier im Stalle befestigt. Sodann rieth er dem Hausherrn, der größeren Sicherheit wegen, immer nur ganz schwarze Kühe zu nehmen und daneben auch einen schwarzen Bock, dessen Geruch den Hexen zuwider ist, zu halten, und seitdem er das gethan, da geht's.«

Eine Hexenbannerin aus Pommern heilte dagegen das Schwein eines Bauern, dem ein böser Mann in das Maul gespuckt hatte, wie folgt: Sie ging am Donnerstag nach Sonnenuntergang in den Stall, nahm ein Taschentuch und strich damit dem kranken Schwein dreimal über den Rücken. Gleichzeitig zeichnete sie mit der Hand drei

Kreuze. Dazu sagte sie: »Dat is uptacht. Dat is inslacht. Du Schwein sollst wieder gesund werden, so wahr das hier ein Taschentuch is.« Am andern Morgen, als sie nachsehen kam, hatte das Schwein schon wieder zu fressen angefangen. Sie wiederholte die Zeremonie und sagte diesmal: »Diesem Schwein soll niemand etwas anhaben können, bevor nicht die Fäden dieses Tuches gezählt sind.«

Ihr Zauber war so wirksam, daß sie, wie es heißt, die Beschwörung kein drittes Mal durchzuführen brauchte, weil das Schwein bereits vollkommen genesen war.

Hexengesang

Wenn sich die Hexen in der → Walpurgisnacht auf dem Blocksberg oder einem anderen Berg versammelten, soll es lustig hergegangen sein, Musikanten sollen aufgespielt und die Hexen mit dem Teufel dazu getanzt und gesungen haben. Der – etwas einfältige – Text eines ihrer Lieder ist spätestens aus dem siebzehnten Jahrhundert aus einem Hexenprozeß der Stadt Dieburg bei Darmstadt überliefert. Noch zu Ende des neunzehnten Jahrhunderts wußte ein Fremdenführer im Harz das Verschen aufzusagen. Es lautete:

> Trümpfig ist das Hündelein;
> Trümpfig ist der Hund;
> Trümpfig geht's zum Fenster aus und ein;
> Trümpfig ist das Hündelein;
> Trümpfig ist der Hund.

Dieses Liedchen soll der Teufel höchstpersönlich einem von den Hexen auf den → Blocksberg entführten Musikanten vorgesungen haben, als dieser anläßlich des Hexensabbats aufspielen sollte und fragte, was er denn geigen sollte. Also fiedelte der Mann dieses Lied ohne Unterlaß, und die ganze Versammlung hüpfte und tanzte dazu, »als ob sie toll und thöricht wären«.

Hexenhammer

Im Jahre 1487 erschien in Straßburg erstmals der ›Malleus maleficarum‹, zu deutsch ›Hexenhammer‹, dessen Verfasser die Inquisitoren Heinrich Institoris und Jakob Sprenger waren. Papst Innozenz VIII. hatte sie beauftragt, »die Zauberer und Hexen auszuspähen, zu bestrafen und auszurotten«, und die Autoren gaben als Motiv für die Veröffentlichung des Werkes die Sorge um das Wohl der Menschheit an. Sie bemühten sich, ihm mit Hilfe von echten und gefälschten Universitätsgutachten das Siegel eines wissenschaftlich ernstzunehmenden Opus zu verschaffen. Damit hatten sie einen so großen Erfolg, daß ihr Buch nicht nur bis zum Jahr 1669 noch 28mal wiederaufgelegt wurde, sondern auch zu einem regelrechten Gesetzbuch in Hexendingen avancierte.

Es diente in den späteren Hexenprozessen als Strafkodex für die Richter aller Konfessionen und sorgte dafür, daß die Hexenverfolgung zu einem offiziellen Anliegen erhoben wurde. Heinrich Institoris selbst ließ binnen kurzer Zeit 48

Frauen verbrennen, und bald überschwemmte eine wahre Woge fanatischer Hexensuche das ganze Land.

Der ›Hexenhammer‹ gliedert sich in drei Teile: Zunächst wird die Hexerei im allgemeinen behandelt, dann werden die verschiedenen Arten von Hexerei besprochen, und der dritte Teil schließlich befaßt sich ausführlich mit dem Gerichtsverfahren. Hier wird erklärt, welche Maßnahmen die Inquisitoren wann anwenden und welche Fragen sie stellen sollten und wie sie die Angeklagten mittels gezielt eingesetzter Folter zum Sprechen bringen konnten. Dabei machten die beiden Autoren in vielen Passagen deutlich, daß Hexen im wesentlichen weiblichen Geschlechts seien, und führten dafür die verschiedensten Argumente an, wobei sie nicht davor zurückschreckten, ihre Ausführungen mit Bibelzitaten vermeintlich zu untermauern.

Ein von ihnen aufgezählter Grund etwa lautet: »Daß ihre Zunge schlüpfrig ist, und sie das, was sie durch schlechte Kunst erfahren, ihren Genossinnen kaum verheimlichen können und sich heimlich, da sie keine Kräfte haben, leicht durch Hexenwerke zu rächen suchen; daher der Prediger wie oben: ›Mit einem Löwen oder Drachen zusammen zu sein wird besser sein als zu wohnen bei einem nichtsnutzigen Weibe.‹«

Man kann sich leicht vorstellen, wie sich eine derartige über Seiten und Seiten ausgedehnte negative Propaganda auf die Meinung der Inquisitoren auswirkte – und daß in

der Folge die meisten Hexen tatsächlich weiblichen Geschlechts waren!
Mehr darüber: Sprenger/Institoris 1982

Hexenkräuter
Eine ganze Reihe von in neuerer Zeit erschienenen Büchern beschäftigt sich mit den sogenannten Hexenkräutern, wobei der Begriff »Hexe« sich gemäß den New-Age-Anschauungen ausschließlich auf die Frauen bezieht, die man früher allgemein als Kräuterweiblein bezeichnete: Frauen also, die sich mit Heilkräutern bestens auskannten und damit Hebamme und Ärztin in einem waren.

Viele der in diesen Büchern vorkommenden Pflanzen, wie etwa Kamille, Thymian und Pfefferminze, sind altbekannte Heilpflanzen, die kaum zu »Hexereien« verwendet wurden. Hexenkräuter im eigentlichen Sinn, also Kräuter, die vor allem dazu dienten, bestimmte Zaubereien auszuführen, enthalten hingegen meist giftige und/oder halluzinogene Bestandteile und sind daher durchaus nicht immer so harmlos wie etwa die Kamille. Zu nennen wären hier vor allem das → Bilsenkraut, der gefleckte Schierling, die → Tollkirsche, der Schwarze → Nachtschatten, der → Stechapfel und der Schlafmohn.

Interessant scheint zu sein, daß alle diese genannten Pflanzen, mit Ausnahme des Schierlings und des Nachtschattens, Pflanzen des Südens sind und teilweise, wie man glaubt, mit den Zigeunern zu uns gelangten. Diese Pflanzen

Bad mit magischen Kräutern

waren angeblich nicht nur Bestandteil der berühmten Hexensalbe (→ Salbe), sie wurden auch zu allen möglichen anderen Zaubern verwendet: das Bilsenkraut etwa zum Wettermachen, die Tollkirsche für Liebeszauber und Stechapfelsamen zum → Wahrsagen. Viele von ihnen wurden im Volksmund als »Hexenkraut« bezeichnet. Seltsamerweise steht die einzige Pflanze, die noch heute offiziell den Namen »Hexenkraut« trägt (*Circaea lutetiana*), in keinerlei überliefertem Zusammenhang mit Hexen oder Geistern.

Zu den Hexenkräutern wurden volkstümlich allerdings auch Pflanzen gerechnet, die ursprünglich nicht mit den Hexen, sondern mit Geistern und Feen beziehungsweise Elben in Verbindung gebracht worden waren. Hierzu zählen vor allem → Johanniskraut, → Hasel, Baldrian, → Dost, → Dill, Weißdorn, Wacholder und Holunder. Während gerade die beiden letztgenannten als Wohn- oder Aufenthaltsort der Geister von den Menschen früherer Zeiten respektiert, wenn nicht gar verehrt wurden, hängte man ihre Zweige später vor Türen und Fenster, um ebendiese Geister von Haus und Hof *fernzuhalten*.

Diese Abwehrfunktion wurde dann ab dem Mittelalter auch auf Hexen übertragen – auch sie sollten jetzt durch diese Pflanzen abgewehrt werden können. Und da die Hexen bezeichnenderweise in genau denselben Nächten umherschweifen sollen wie die Geister, also vor allem in der Walpurgisnacht (30. April), der Johannisnacht (24. Juni), an Halloween (1. November) und Dreikönige, suchte man sich gerade an diesen Tagen mit Hilfe der Pflanzen und einer Reihe weiterer Maßnahmen vor ihnen allen zu schützen. Denn –

> Baldrian, Dost und Dill
> Kann die Hex nit, wie sie will.

Schließlich bezeichnete man auch solche Pflanzen als Hexenkräuter, mit deren Hilfe es einem gelingen sollte, Hexen zu erkennen (→ Erkennen der Hexen). Legte man sie sich etwa an Weihnachten oder einem anderen besonderen Tag beim Kirchgang in den Schuh oder flocht man etwa → Gundermann in einen Kranz, den man auf dem Kopf trug, würde man angeblich imstande sein, unter den Anwesenden die Hexen auszumachen!

Mehr darüber: Beckmann 1998; Marzell 1963; Schöpf 1992

Hexenmal

Mit dem Begriff der Hexe untrennbar verbunden ist die Vorstellung des Mals, das ihr der Teufel im Rahmen ihrer »Weihe« aufdrückt oder einbrennt. Johannes → Prätorius weiß hierüber: »Etliche tragen das Zeichen zwischen den Lefzen, etliche unter den Augenbrauen, andere sonst an wüsten und geheimen Enden, gemeiniglich aber auf der rechten Achsel, auf dem Arschbacken oder an der Scham.«

Auf dieses sogenannte *stigma diabolicum* (»teuflisches Mal«) hin wurde jede mutmaßliche Hexe untersucht, bevor man ihr den Prozeß machte. Fand man irgendwo am Körper ein Muttermal oder eine Warze, so stach man mit einer Nadel hinein. Zeigte die so behandelte Person keinen Schmerz, konnte man sicher sein, daß es sich bei ihr um eine Hexe handelte. (Zeigte sie Schmerz, behauptete man in der Regel, sie simuliere.)

Noch Ende des neunzehnten Jahrhunderts glaubte man in Tirol, der Teufel brenne der Hexe dieses Mal – erst nach längerer Probezeit – mit seinem Bockfuß ins Kreuz, wie folgendes in einem volkskundlichen Bericht angeführte Zitat zeigt:

»Das wußte auch der Grünhäusler von Hall, ein berühmter Wunderdoktor, der wie der Pfarrer von Fliess alle Hexen weit in der Runde kannte. Einmal war er mit einer Hexe in Streit geraten und diese verklagte ihn vor Gericht. Doch der Grünhäusler war nicht verlegen; er erklärte, daß das Weib eine Hexe sei und forderte den Richter auf, selbst nachzuschauen, ob sie nicht das Teufelssiegel auf dem Kreuze habe. Die Weibsperson wollte davon absolut nichts wissen; es half ihr aber kein Sträuben, sie wurde untersucht und richtig, da war das Zeichen ganz deutlich zu sehen und der Grünhäusler wurde freigesprochen.«

Hexenmesser

Sogenannte »Hexen-«, »Truden-« oder »Drudenmesser« waren bis vor kurzer Zeit eine allgemein gebräuchliche und weit verbreitete Schutzmaßnahme gegen Hexen. Schon ganz gewöhnliche Messer erfüllten, wie man glaubte, diesen Zweck, da sie aus Eisen bestehen – einem Material, vor dem sich Geister und Unholde ohnehin fürchteten. Doch nach dem Prinzip »Doppelt gemoppelt hält besser« versah man manche Messer, um ihre Schutzwirkung zu erhöhen, mit besonderen magischen Zeichen, wie vor allem Kreuzen und → Pentagrammen. Der Griff bestand nicht selten aus Horn: einer weiteren magischen, dämonenwehrenden Substanz.

Solche Messer wurden häufig zum Schutz kleiner Kinder eingesetzt. Mitte des neunzehnten Jahrhunderts erzählte man sich in Wurmlingen (Schwaben), wie ein kleiner Junge immer mehr abmagerte, weil ihn seine Großmutter, eine Hexe, nachts »ritt« und quälte. »Da rieth man dem Knaben, er solle ein sogenanntes ›Hexenmeßer‹ oder ›Schreckselesmeßer‹, d.i. ein Meßer, auf dem drei Kreuze eingehauen sind, mit sich ins Bett nehmen, das Meßer mit beiden Händen fest über der Brust halten, aber so, daß die Spitze in die Höhe gerichtet sei.«

Unnötig zu sagen, daß die Angelegenheit für die Hexe übel ausging! Mag diese Geschichte vielleicht auch der Phantasie entsprungen sein, steht dennoch fest, daß kleinen Kindern solche Messer tatsächlich oft in die Wiege oder das Bettchen gelegt wurden, weil man sie für besonders gefährdet hielt. Weit verbreitet war auch der Brauch, das Trudenmesser in den Haustürbalken zu rammen. Hier erfüllte es dann die gleiche Funktion wie etwa das noch heute bekannte Hufeisen.

Hexenprobe

Um herauszufinden, ob jemand eine Hexe war, bedienten sich die Behörden und auch das Volk in glücklicherweise vergangenen Jahrhunderten verschiedener Methoden, die angeblich untrüglich die Wahrheit ans Licht bringen sollten und sie damit vor aller Augen ins Recht setzten, mit demjenigen, der die Probe nicht bestand, nach Belieben zu verfahren.

Bereits Plinius berichtet von einem am Schwarzen Meer lebenden Volksstamm, bei dem es hieß, Zauberer würden, ins Wasser geworfen, nicht untergehen. Genau dasselbe Verfahren wandte man dann mit Vorliebe bei mutmaßlichen Hexen an. Dabei war diese Art von Ordal (Gottesurteil) bei der weltlichen und geistlichen Obrigkeit selbst zu Zeiten der Hexenverfolgung durchaus umstritten und wurde beispielsweise in Frankreich 1601 verboten.

Hinzu kam, daß man sich keineswegs darüber einig war, ob eine Frau nun eine Hexe war, wenn sie schwamm oder wenn sie unterging. Während die einen sagten, das Wasser nähme nur die »Reinen«, also Unschuldigen auf und eine Hexe sei somit diejenige, die nicht unterginge, behaupteten andere das Gegenteil.

Im allgemeinen wurden die Verdächtigen an Händen und Füßen gebunden und zwar, wie es in einem Augenzeugenbericht von 1583 heißt, folgendermaßen: »Die rechte Hand war an den linken großen Zeh und wiederum die linke Hand an den rechten geknüpft, so daß sie sich am ganzen Leib nicht regen konnten. Darauf im Beisein etlicher tausend Menschen, hat man sie ins Wasser geworfen. Eine jede dreimal, aber gleich wie ein Holz oder Block sind sie oben geschwommen, und keine ist untergegangen.«

Wasserprobe, Lithographie, 1848
(Foto: © Archiv für Kunst und Geschichte Berlin)

Während man dieses Ergebnis als Beweis dafür wertete, daß die Beschuldigten tatsächlich Hexen waren, wurde in einem anderen Verfahren gerade gegenteilig geurteilt. Hier stürzte sich eine Frau freiwillig bei Kassel in die Fulda, um ihre Unschuld zu beweisen. Da sie aber einen Pelzmantel trug, ging sie natürlich unter. Man zog sie aus dem Wasser und richtete sie hin.

Noch Mitte des neunzehnten Jahrhunderts ist von solchen Bräuchen zu hören. In Rumänien wurden mehrere Frauen und Männer verleumdet, den »Regen gesperrt« zu haben, deshalb nackt ausgezogen, am ganzen Körper nach Hexenmalen untersucht und anschließend ins Wasser geworfen. Alle bis auf die zwei Männer wurden für Hexen erklärt, weil sie nicht untergingen. »Als hierauf der Untersuchungsrichter von den Beteiligten die Erklärung abverlangte, ›was eine Hexe sei‹, da wußte es keiner zu sagen. Auf die Frage aber, warum sie also diese Leute ins Wasser geworfen hätten, gaben sie zur Antwort: Weil es lange nicht geregnet hatte, und sie hoffen, durch das Tauchen Regen zu erhalten.« Wie üblich diese Art von Hexenprobe gewesen ist, zeigen überlieferte Namen von Gewässern, wie etwa »Trudekämpel«.

Eine weitere – für sich genommen durchaus komisch anmutende – Hexenprobe war das Wiegen. Da man der Ansicht war, Hexen seien leichter als gewöhnliche Menschen, pflegte man sie mancherorts gegen Bibeln aufzuwiegen. Karl V. verlieh der südholländischen Stadt Oudewater das

Privileg, die Stadtwaage offiziell zu einem solchen Zweck zu benutzen. Jeder, der unter Beweis stellen wollte, daß sie beziehungsweise er keine Hexe oder Hexenmeister sei, konnte sich dort gegen die 50 Pfund, die der Waage beigemessen wurden, aufwiegen lassen.

Zu dem Zweck mußte man sich bis aufs Hemd ausziehen, sich untersuchen lassen, ob man nicht vielleicht irgendwo ein Gewicht verborgen habe, und die Haare lösen (damit man sah, daß auch darin keine Gewichte versteckt waren). Alle, die mehr als 50 Pfund auf die Waage brachten, ließen sich im Anschluß an die Probe vom Stadtschreiber ein Zertifikat aushändigen, das ihnen bescheinigte, keine Hexe zu sein!

Auf dem Land kannte man bis vor kurzer Zeit eine Reihe weiterer Hexenproben, mit deren Hilfe man verdächtige Personen »überprüfte«. Die folgende Geschichte wurde Ende des neunzehnten Jahrhunderts von einem Lehrer aus der Gegend um Braunschweig aufgezeichnet – doch war die beschriebene Methode auch sonst weit verbreitet:

»Auf einem Hofe zu Gr.-Denkte war eine alte Frau, von der die Nachbarn munkelten, sie sei eine Hexe. Eines Tages, als sie in der Leutestube saß, sagten die Knechte: Heute wollen wir einmal sehen, ob die Alte eine Hexe ist oder nicht. Sie gehen also hinaus und legen drei Besen kreuzweis vor die Thüre. Als nun die Frau auch fort will, bleibt sie auf dem Süll stehen und sagt zu den Knechten, die auf der Diele sind und zugucken: Nehmt doch die Besen da weg! Aber einer erwidert ihr: Ach was, das ist ja nichts, da kann ein jeder leicht hinübertreten! Die Frau sagt dagegen: Alte Leute können schlecht fußen, ich könnte darüber fallen! Die Knechte sträubten sich aber, und wirklich konnte die Frau nicht eher aus der Gesindestube kommen, bis die Besen weggenommen waren. Daran haben die Leute erkannt, daß es eine Hexe war.«

Hexenring
Allgemein bekannt ist das Phänomen der sogenannten Hexenringe, womit zum einen Pilze bezeichnet werden, die in Kreisform wachsen, zum anderen die – zunächst kahlen – runden Stellen im Gras, die vom absterbenden Myzel bestimmter Blätterpilze verursacht werden. Diese Stellen können bis zu zehn Meter im Durchmesser betragen und wurden in früheren Zeiten damit erklärt, daß hier die Feen beziehungsweise Elben des nachts ihre Tänze abhielten – weshalb sie Feenringe hießen.

In späteren Jahrhunderten wurden für die einstigen Feenringe, wie für so vieles andere, die Hexen verantwortlich gemacht. Als Hexenringe bezeichnete man übrigens auch die plattgewalzten kreisförmigen Stellen in Kornfeldern, die erst vor wenigen Jahren wieder von sich reden machten – diesmal allerdings zeitgemäß in der Boulevardpresse zum Werk von außerirdischen Wesen erklärt wurden.

Um diese Hexenringe rankten sich aber noch andere abergläubische Vorstellungen. So wird aus Pommern zu

Anfang des zwanzigsten Jahrhunderts berichtet, bei Schwanenbeck zeige sich an einer bestimmten Stelle um Mittag des Johannistages eine hübsche Prinzessin. »Sie bewacht einen Schatz, welcher in einem sogenannten ›Hexenringe‹ von 2 Meter Durchmesser unten im Wiesengrunde des Bauern Nebuk verborgen liegt, und kann durch einen Kuß erlöst werden. Dieser Hexenring ist im Sommer ganz trocken und im Winter grün, während es rundum auf der Wiese umgekehrt ist.«

Hexenschuß

Anders als etwa eine Grippe, eine Erkältung oder ein verrenkter Fuß scheint der Hexenschuß »aus dem Nichts« zu kommen und ist somit für den einfachen Menschen unerklärlich. Man ist so plötzlich bewegungsunfähig, daß es – wie jeder, der davon einmal geplagt gewesen ist, weiß – so wirkt, als sei man von einem Geschoß getroffen und buchstäblich lahmgelegt worden.

Nichts lag den Menschen früherer Zeiten daher näher, als in der Tat unsichtbare Pfeile dafür verantwortlich zu machen, die von ebenso unsichtbaren Wesen wie Feen oder Elben als Strafe für irgendein Vergehen abgeschossen worden waren. Von Schottland über Irland und Deutschland bis nach Osteuropa war man fest vom übernatürlichen Ursprung dieses Leidens überzeugt. Man wußte, daß man es, wie unbeabsichtigt auch immer, letztlich selbst verschuldet hatte, und versuchte, seine Tat durch ein

Hexenschuß, Illustration zu Ulrich Molitor: ›Von den Unholden oder Hexen‹, 1489

Opfer an die Geister zu sühnen, um sie wieder wohlwollend zu stimmen.

In späteren Jahrhunderten aber schob man den »Elbenschuß« den Hexen in die Schuhe, nannte ihn fortan folglich

»Hexenschuß« und faßte ihn nicht mehr als Strafe auf, sondern schrieb ihn allein der Bösartigkeit dieser Wesen zu. Wie sie die Sache angeblich bewerkstelligten, ist aus Sachsen überliefert:

»Am 17. November 1615 wurde die ›Mühllene‹ in Leisnig mit ihren Töchtern als Hexen verbrannt. Sie hatten unter anderem verschiedenen Personen den ›Hexenschuß‹ beigebracht. Sie nahmen dazu entweder weißen Dornbusch und drei gelbe Stecknadeln, oder sie brauchten dazu Werg, Hadern und Haare, auch eine Gänsefeder und Stecknadel, das sie alles in ein ›schwarz Lederlein‹ banden und mit den Worten: ›Du hast mich geschossen, ich schieße dich wieder in dieses und jenes Namen‹ vor die Haustüren der Leute warfen.«

Die Schlesier dagegen wußten, daß die Geschosse aus abgeschnittenen Haaren, Flachsabfällen und Nägelschnipseln bestanden. Aus ihnen formten die Hexen eine Kugel und schossen sie aus dem hohlen Stiel eines Tiegels auf ihr Opfer. Zwar flogen die Kugeln durch die Luft, doch bevorzugten sie, wie es hieß, Wagengeleise als »Bahn«. Daher sollte man grundsätzlich vermeiden, auf unbefestigten Straßen in solchen Furchen zu gehen!

Hexenstich

Mädchen lernen ihn im Handarbeitsunterricht, und doch dürfte kaum noch eine Lehrerin wissen, warum er so heißt – der Hexenstich. Sein besonderes Muster war, so glaubte man früher, hexenwidrig. Deshalb nahm man zumeist rotes Garn dafür und verwendete diesen oben und unten verschlungenen Stich vor allem für Kleider von besonders gefährdeten Personen, wie Kindern, Bräuten und Wöchnerinnen. Wesentlich waren an seinem Muster die Schlingen und die in ihnen versteckte Kreuzform. Die gleiche Wirkung wurde übrigens dem Kreuzstich nachgesagt.

Hexentanzplatz

Zu bestimmten Zeiten des Jahres, vor allem in der → Walpurgisnacht (30. April), an → Johanni (24. Juni), Weihnachten, Neujahr und Dreikönige, daneben aber auch, wie es hieß, jede Freitagnacht, pflegten sich die Hexen an bestimmten Orten zu treffen. Die Versammlungsplätze lagen häufig auf den Gipfeln bestimmter Berge. In ganz Deutschland denkt man hier natürlich zuerst an den → Blocksberg im Harz, doch sind auch andere Hexenberge bekannt. In Schwaben ist es der → Heuberg, im Breisgau der Kandel, in Franken der Staffelstein, im Samland der Butzeberg, an der Weser der Köterberg, in der Steiermark der Hochstradnerkogel, in Tirol der Schlern, in der Schweiz der Pilatusberg, um nur einige wenige zu nennen; denn wie der weitverbreitete Name »Hexenbuckel« oder »Hexenbühel« zeigt, wurden auch viele andere Hügel oder Berge als Hexentreffpunkte angesehen. Als weitere beliebte Versammlungsplätze galten → Kreuzwege und die sogenannten → Hexenringe, in deren Innerem dem Volksglauben zufolge Hexen wie Elben sich vergnügen sollten. Auch wurden oft bestimmte Bäume, allen voran alte oder an besonderen Stellen wachsende Eichen und Linden, ebenso wie Richtstätten genannt.

So soll einmal vor alten Zeiten in Schwaben der Geiger von Bühl noch spät abends nach Hause gegangen sein. »Als er an den Ort kam, jetzt Galgenbruck geheißen, wo früher das Hochgericht war, sah er ein großes wunderschön leuchtendes Haus da stehen.« Er wurde eingeladen, einzutreten und mit seiner Geige die anderen Musikanten zu unterstützen, die einer munteren Gesellschaft zum Tanz aufspielten. Als er aber bemerkte, um wen es sich bei den Tanzenden handelte, sang er zu seiner Geige den Spruch: »Jesus ist ein süßer Mann, den man nicht gnug loben kann«, und mit einem Mal war das Haus verschwunden, und er selbst fand sich oben auf dem Balken eines Galgens wieder.

Hexenverfolgungen

Zu allen Zeiten und überall liefen Zauberer, Magier und Schamanen beiderlei Geschlechts Gefahr, vor allem im Falle des Mißlingens einer Heilung oder sonstigen wichtigen Handlung, von ihren Stammesgenossen verachtet, mißhandelt, vertrieben oder gar getötet zu werden. Von einer systematischen Verfolgung konnte allerdings nirgendwo die Rede sein. Und obgleich die heidnischen Sachsen Hexen verbrannten oder gemäß Lex Salica, dem Volksrecht der salischen Franken, einer Hexe, die Menschen aufaß, nicht weniger als 200 Solidi (entspricht 3,3 Kilogramm Silber) Strafe drohten, waren die Verhältnisse hierzulande bis etwa zum dreizehnten Jahrhundert vergleichsweise harmlos. Vertreter der christlichen Kirche wie etwa Agobard von Lyon (820) und Burkard von Worms (1020) brachten ihre Zweifel am Hexenglauben zum Ausdruck, und Johannes von Salisbury (gestorben 1181) erklärte, der Glaube an nächtliche Hexenversammlungen sei eine Täuschung der armen Frauen durch Dämonen.

Im dreizehnten Jahrhundert aber änderte sich diese tolerante Einstellung, als unter anderem von Thomas von Aquin postuliert wurde, jede zauberische Handlung bedinge einen Pakt mit dem Teufel, der durch schändliche Buhlschaft besiegelt werde. Damit wurde die Hexerei (*maleficium*) konkret und faßbar, und – da die Teufelsbuhlschaft natürlich einen Abfall vom Christentum bedeutete – als Ketzerei etwas, mit dem sich nun die Inquisitionsgerichte zu befassen hatten.

So war der Prozeß der systematischen Verfolgung und Ausrottung der Hexen in Gang gesetzt, und die – soweit bekannt – erste Unglückliche, die den Feuertod erleiden mußte, war eine Frau in Mont Aimé, der man im Jahre 1239 eine Gemeinschaft mit dem Teufel und Hexerei vorwarf.

Dennoch konnte von einem eigentlichen Hexenwahn noch nicht gesprochen werden – und es wäre durchaus möglich gewesen, daß die Hexenverfolgungen allmählich im Sand verlaufen wären, wenn nicht Ende des fünfzehnten Jahrhunderts Papst Innozenz VIII. zwei Dominikanern befohlen hätte, mit äußerster Strenge gegen Hexen und Zauberer vorzugehen. Um diese Aufgabe zu erfüllen, verfaßten die beiden den berühmt-berüchtigten → ›Hexenhammer‹, dessen Publikation die Hexenverfolgungen erst richtig in Gang brachte.

Von nun an war niemand mehr seines Lebens sicher – jeder lief Gefahr, von seinem Nachbarn verleumdet und von der Obrigkeit gefangengesetzt, gefoltert und anschließend verbrannt zu werden. Überall hatten geistliche und weltliche Gerichte ihre Späher, die nur darauf lauerten, neue Opfer dingfest und unschädlich zu machen.

Zwar waren die Hauptanklagepunkte der Verkehr mit dem Teufel, die Hexenfahrt (→ Ritt) und der → Sabbat, doch dürften die Verleumdungen zumeist persönlicher Natur gewesen sein. Unerklärliche Vorkommnisse wie plötzlicher Tod oder Krankheit eines Tieres oder Menschen oder auch schlichtweg Neid standen häufig hinter den Denunziationen.

Manch eine Frau wurde, wie die Akten zeigen, auch nur darum als Hexe angeklagt, weil man irgendwo in ihrem Haus ein paar unbekannte Kräuter oder einen Tiegel mit undefinierbarem Inhalt gefunden hatte, oder weil in ihrem Garten die Blumen schöner und üppiger gediehen und blühten als in denen ihrer Nachbarinnen!

Gegen Ende des sechzehnten Jahrhunderts hatte das Hexentreiben, geschürt von Hungersnöten und Pestepidemien, solche Ausmaße angenommen, daß ein einzelner Richter, Remigius, in Lothringen 800 Hexen zum Scheiterhaufen verurteilte. Anfang des siebzehnten Jahrhunderts heißt es vom – ansonsten sehr aufgeklärten – protestantischen Herzog Johann Kasimir: »Seine fürstlichen Gnaden hätten sich endlich entschlossen, die Hexen und Drutten, beides hier uf'n Lande, so viel möglich, exterminiren, ausrotten und zu gebührlicher, wohlverdienter Straf, die Reichen mit den Armen und die Alten mit den Jungen, nehmen zu lassen, maßen der Anfang bereits darzu gemacht worden.«

In England erhielt ein Mann namens Hopkins, der im Jahre 1644 durch sämtliche Provinzen des Landes reiste, um Hexen aufzuspüren, 20 Schilling für jede Hexe, die er entdeckte. Über seine Erfahrungen, die er mit diesem einträglichen Geschäft machte, schrieb er ein Buch, das die Kunst des Hexenaufspürens zum Gegenstand hatte und auf dessen Titelblatt er als »Hopkins, der Hexenfinder« zeichnete.

Obwohl es auch zuvor schon nicht an Stimmen gefehlt hatte, die sich entschieden gegen die Hexenverfolgungen wandten (→ Weyer, → Spee von Langenfeld, → Thomasius), konnten sich erst im achtzehnten Jahrhundert genügend aufgeklärte Männer Gehör verschaffen. Sie fanden Unterstützung in Friedrich Wilhelm I. von Preußen, doch sollte es bis zum Jahr 1775 dauern, bis die wohl letzte Hexe in Deutschland zum Tod verurteilt wurde (→ Schwägelin).

Der Glaube an Hexen war damit im Volk allerdings längst nicht ausgestorben, und in abgelegenen Gegenden wurden verdächtige Personen bis weit in das neunzehnte Jahrhundert hinein durchaus noch der Wasserprobe (→ Hexenprobe) unterzogen. Aus dem Jahr 1836 ist ein Fall überliefert, bei dem eine angebliche Hexe von Fischern der Halbinsel Hela bei Danzig in dieser Weise »geprüft« und, als sie nicht untergehen wollte, kurzerhand ertränkt wurde.

Auch Hexenprozesse wurden weiterhin geführt, allerdings endeten sie nun glücklicherweise nicht mehr mit dem Tod der Angeklagten – vielmehr waren es zumeist die Kläger, die anschließend zu Geldstrafen verurteilt wurden. Tätliche Angriffe gegen vermeintliche Hexen kamen indes weiterhin vor, und die Dunkelziffer, was solch private Racheakte angeht, dürfte gerade in abgelegenen ländlichen Gegenden nicht unbedingt niedrig gewesen sein.

Wie Untersuchungen aus den fünfziger Jahren des zwanzigsten Jahrhunderts erwiesen, ist der Glaube an Hexen auch heutzutage noch nicht völlig ausgestorben, und verdächtige Personen werden nach wie vor von der dörflichen Gemeinschaft geächtet, ausgestoßen und nicht selten regelrecht verfolgt.

Mehr darüber: Wolf 1994, 1998; Levack 1995; Kruse 1951

Huhn

Noch heute werden schwarze Hühner im westindischen Voodoo-Zauber und in Gegenden, in denen diese alten Traditionen nach wie vor lebendig sind, wie etwa in Schwarzafrika, bei den unterschiedlichsten magischen Handlungen geopfert. Auch bei uns wußte man früher, daß schwarze Hühner – ebenso wie rote Hähne – kein gewöhnliches Federvieh, sondern Zaubertiere waren, deren sich Hexen und Teufel bei ihren Machenschaften bedienten.

Hexen oder Zauberern, die sich dem Teufel mit ihrem Blut verschrieben hatten, brachte der Höllenfürst nach Ansicht der Schlesier jede Menge Geld. Er fuhr entweder als rotglühender oder blaufarbener Drachen oder aber als Besen mit nachziehendem Feuerschweif durch den Schornstein und nahm, wenn er sich im Haus aufhielt, die Gestalt eines schwarzen Huhnes an. Dort fütterte ihn die Hexe mit Milch, Hirse und sonstigen Leckereien.

Noch zu Anfang des zwanzigsten Jahrhunderts waren die Schlesier und Polen so sehr von dieser Vorstellung überzeugt, daß ein zufällig umherirrendes schwarzes Huhn stets fortgescheucht oder gar getötet wurde. Denn »es speit Getreide, es ist ein Drache, und derjenige, der solch einen Drachen hegt, muß sich Satanas zu eigen verschreiben«.

Die Zigeuner dagegen glaubten, daß eine Hexe, die sich nicht standesgemäß verhielt, zur Strafe dazu verdammt wurde, eine Zeitlang, manchmal sogar für mehrere Jahre, in Gestalt eines roten Hahns den anderen Hexen zu dienen.

Da man also nicht sicher sein konnte, ob ein roter Hahn nicht vielleicht in Wirklichkeit solch eine in Ungnade gefallene Hexe war, hielt man am besten überhaupt keine rotfarbigen Hähne. Diese Ansicht war so weit verbreitet und so stark, daß noch um die Jahrhundertwende die Zigeuner Rumäniens und Südungarns niemals einen Hof betraten, auf dem sie einen roten Hahn bemerkten. Sie schlossen aus ihrer Beobachtung, dort lebe eine Hexe, deren Diener der Vogel sei.

I

Incubus

Das Gegenstück zum → Succubus ist der Incubus. Er ist nach mittelalterlicher Vorstellung ein männliches dämonisches Wesen, das sich an schlafenden Frauen vergeht. Gelehrtengenerationen ereiferten sich jahrhundertelang über die Details solchen Beischlafes; über die Frage, ob der Incubus die Beschlafene tatsächlich schwängere oder aber ihr seine Brut erst bei späterer Gelegenheit in Form eines → Wechselbalgs unterschiebe, stritten sie ebensowie über die Natur und die Stofflichkeit dieser Wesen.

Von hier bis zum Pakt mit dem Teufel, der selbstverständlich nach früherer Ansicht im Falle weiblicher Hexen auch sexuellen Verkehr mit ihm implizierte, war es nur ein kleiner Schritt. Im Jahre 1545 gestand die Äbtissin eines spanischen Klosters Papst Paul III., sie habe seit ihrem zwölften Lebensjahr mit dem Teufel ein Verhältnis gehabt, der ihr in Gestalt eines Mohren erschienen sei. Und die Akten der Hexenprozesse bieten hier jede Menge weiteres Material.

Die Grenzen zwischen der eigentlichen Buhlschaft mit dem Satan und der Heimsuchung durch niederere dämonische Wesen, die eigentlichen Incubi, war fließend geworden, und da der Teufel bekanntlich jede beliebige Gestalt annehmen kann, wurden allenfalls in der Theorie noch feine Unterschiede gemacht – für Inquisitoren wie für das einfache Volk war das eine wie das andere verdammenswert.

Institoris, Heinrich → Hexenhammer

J

Jaberg bei Hilden

Wie der Blocksberg galt auch der Jaberg bei Hilden, ein auffälliger Sandhügel, der weithin die Rheinebene beherrscht, noch Ende des neunzehnten Jahrhunderts als Treffpunkt der Hexen. Örtlichen Sagen zufolge soll man in der Nähe des Jaberges Hünengräber gefunden haben, und damit übereinstimmend heißt es, die Heiden hätten früher oben auf dem Gipfel ihren Göttern Opfer dargebracht. Später hielten dann die Hexen hier angeblich ihre Sabbatzusammenkünfte ab. Als im Winter 1874 ein besonders starkes Elmsfeuer (elektrische Lufterscheinung) auf dem Jaberg erschien, waren die Bewohner der Umgegend davon überzeugt, es fände dort gerade eine besonders ausgelassene Hexenfeier statt.

Jeanne d'Arc

Bevor sie zur französischen Nationalheldin erhoben wurde, galt Jeanne, die sich selbst *la pucelle*, »die Jungfrau«, nannte, eine Zeitlang als Hexe. Sie wurde um das Jahr 1412 als Tochter einer wohlhabenden Bauersfamilie in den Vogesen geboren. Seit ihrem vierzehnten Lebensjahr glaubte sie, eine Abgesandte Gottes zu sein, dazu berufen, Frankreich von den Engländern zu befreien, die damals den ganzen

Norden des Landes besetzt hielten, und die Krönung König Karls VII. in Reims zu ermöglichen.

Zwei Edelleute führten sie bei Hof ein, wo es ihr gelang, Karl VII. von ihrer Sendung zu überzeugen. Er vertraute ihr ein kleines Heer an, mit dem sic, als Mann verkleidet, in das damals englische Orleans eindrang und die Engländer schließlich zum Abzug bewegen konnte. Nach weiteren kleineren Siegen und der Erfüllung ihres zweiten Wunsches, Karl VII. gekrönt zu sehen, wurde sie in den Adelsstand erhoben.

Ein paar Mißerfolge, vor allem aber die Mißgunst der Höflinge reichten dann allerdings, damit sich das Blatt für sie wandte; ihr Ansehen bei den Soldaten schwand, man ließ sie bei einigen wichtigen Aktionen im Stich, und schließlich wurde sie von den Burgundern gefangengenommen. Im Dezember 1430 klagte man sie endlich der Ketzerei und Zauberei an.

Es wurden ihr die unmöglichsten Vergehen, wie unter anderem die Anbetung des Teufels und der Besitz zweier magischer Ringe, zur Last gelegt. Auch eine Mandragora oder Alraune sollte sie besitzen. Dazu erklärte die Jungfrau: »Ich habe keine Mandragora und nie eine besessen. Ich habe sagen hören, daß es in der Nähe meines Dorfes eine gibt, aber ich habe sie nie gesehen, ich habe gehört, daß es gefährlich und übel ist, sie zu behalten. Ich weiß außerdem auch nicht, wozu sie gut sein soll.«

So bestritt sie einen Anklagepunkt nach dem anderen, bis man sie schließlich mit der Aussicht auf den Scheiterhaufen konfrontierte; erst da unterzeichnete sie – mit einem Kreuz – eine Abschwörungsformel. Diese widerrief sie jedoch kurz darauf, und so wurde sie 1431 in Rouen verbrannt.

Knapp zwanzig Jahre später ließ Karl VII. in einer Revision des Prozesses ihre Unschuld feststellen; sie wurde öffentlich geehrt und schließlich 1909 selig- und 1920 heiliggesprochen.

Mehr darüber: Duby 1985; Sackville-West 1992

Johanni

Der Johannistag (24. Juni) – und vor allem die Nacht davor – gilt seit alten Zeiten als besonders gefährlich für Mensch und Tier. An diesem Tag nämlich führen die Geister das Regiment. Sie verlassen ihre Behausungen, schweifen umher, tanzen und machen die Gegend unsicher.

Vielen Überlieferungen zufolge werden nachts um zwölf die Wohnungen der Elben und Feen ebenso für Menschen sichtbar wie diese Wesen selbst, und so können sie bei ihrem ausgelassenen Treiben beobachtet werden. Die Schätze »blühen« am Johannistag und können gehoben werden; die Heilkräuter werden durch den Einfluß der Geister »aufgeladen« und sollten folglich jetzt gesammelt werden – und zwar am besten vor Sonnenaufgang oder in der Mittagsstunde.

Ebenso wie Geister, Feen und Elben sollen auch die Hexen an Johanni ausfahren – und zwar nicht wie jene, um sich im wesentlichen mit sich selbst zu vergnügen, sondern hauptsächlich, um den Menschen Schaden zuzufügen. So sehr wurden sie früher und noch bis vor kurzem gefürchtet, daß man in manchen Gegenden von frühmorgens bis in den Abend hinein die Glocken läutete – ein Brauch, der erst vor gar nicht so langer Zeit als abergläubisch untersagt wurde. Man hoffte, mit dem Läuten Hexen und böse Geister vom Dorf fernzuhalten.

In Schwaben verstopfte man zur Sicherheit alle Luftlöcher und Ritzen des Hauses, weil man trotz Glocken ein Eindringen fürchtete. Als zusätzlichen Schutz behängte man vor allem die Ställe, Eingangstüren und Fenster mit Sträußen aus siebener- oder neunerlei Zauberpflanzen – meist Johanniskraut, Eisenkraut, Beifuß, wildem Majoran, Holunder, Hasel, Weißdorn, Klee und Wacholder.

Auch der heute wieder geübte Brauch, Johannisfeuer anzuzünden, diente in erster Linie der Abwehr der Geister und Hexen, die, wie es hieß, den Rauch nicht vertragen können und einen großen Bogen um ihn machen. Daher mußten die Feuer möglichst groß sein, damit ihr Rauch Haus, Stallungen und Felder mit einem schützenden Schleier überzog.

Sicher spielten daneben in weiter zurückliegenden Zeiten auch andere Gründe und Vorstellungen wie Sommersonnenwende, Feuerkultus und Erneuerung eine wesentliche Rolle. Jedenfalls war der Wunsch nach Feuern so groß, daß sogar in geschlossenen Ortschaften welche angezündet wurden und so manche Stadtverwaltung sich, »zumal bei Windeszeiten«, genötigt sah, dagegen einzuschreiten; Goethe schrieb in seinem Johannistagsgedicht vom Jahr 1804:

Johannisfeuer sei unverwehrt,
die Freude nie verloren!
Besen werden immer stumpf gekehrt
Und Jungens immer geboren.

Ab dem Mittelalter aber verdrängte der Hexenglaube die meisten alten Motive, aus denen die Johannisfeuer ehemals angezündet worden waren. Die Furcht vor Behexung war so stark, daß die Menschen nicht nur selbst über das Feuer sprangen, um von dessen dämonen- und hexenwehrendem Rauch umhüllt zu sein, sondern, sobald es weit genug niedergebrannt war, auch das Vieh hindurchtrieben, damit es gleichfalls gegen alles Übel gefeit sei. Und ebenso wie an Fastnacht der Winter verbrannt wurde, war es vielerorts bis in moderne Zeiten Brauch, »die Hexen auszubrennen«. Hierzu formte man aus Stroh eine Puppe, kleidete sie an und warf sie dann unter entsprechenden Zeremonien ins Feuer.
Mehr darüber: Boyke 1926; Fehrle 1924

Johanniskraut
Neben dem Holunder dürfte das Johanniskraut (*Hypericum perforatum*) die sowohl im Zusammenhang mit Zau-

berei als auch mit Abwehr von allem Bösen und mit Heilung von Krankheiten am häufigsten genannte Pflanze sein. Dabei ist sie mit ihren kleinen gelben Blüten und unauffälligen Blättchen eher unscheinbar. Sie wächst auf sonnigen Hängen ebenso wie an Bahngleisen, Straßen und Wegen und kommt ausgesprochen häufig vor.

In der sogenannten ›Rockenphilosophie‹, einer Sammlung von abergläubischen Sprüchen, Sitten und Bräuchen aus dem sechzehnten Jahrhundert, wird eine Eigentümlichkeit des Johanniskrautes wie folgt erklärt: »Sanct Johanniskraut ist von so großer Krafft / den Teufel und die Hexen zu vertreiben / dahero auch der Teufel aus Boßheit / dieses Krautes Blätter mit Nadeln durchsticht.«

Allgemein wurde behauptet, man müsse die Pflanze am Johannistag (24. Juni) vor Sonnenaufgang oder aber in der Mittagsstunde sammeln, weil sie nur dann mit echter Zauberkraft aufgeladen sei. Früher benutzte man sie, um sie zusammen mit weiteren sechs oder acht Kräutern in einen Kranz zu flechten oder zu einem Strauß zu binden, der dann über der Tür aufgehängt wurde. Er sollte, wie oben erklärt, böse Geister und Hexen vom Haus und seinen Bewohnern fernhalten.

Noch Anfang des zwanzigsten Jahrhunderts steckte man die Pflanze in Bayern am Johannistag kreuzweise an die Fenster. Weil sie so wirksam gegen Geister, Teufel und Hexen sein sollte, nannte man sie auch »Elfenblut«, »Hexenkraut« und – wie aus der folgenden Passage eines Kräuterbuchs des sechzehnten Jahrhunderts zu entnehmen – »Teufelsflucht«: »Von etlichen auch Fuga demonum [Teufelsflucht] genent, darumb / daz man meynet / wo solichs kraut behalten würt / da kum der teuffel nicht hyn / mög auch kein gespenst bleiben / und darumb bereuchert man in ettlichen landen die kindtbetterin damit.«

Im Saarland erzählte man sich Anfang des zwanzigsten Jahrhunderts von einem Mädchen, das mit dem Teufel einen Bund geschlossen hatte. Eines schönen Tages nun lief der Teufel hinter ihr her, um sie ganz in seine Gewalt zu bringen. »In ihrer Herzensangst erblickte die arme Sünderin am Wegrande ein Hartna [Johanniskraut]. Sie setzte sich auf die gelbe Blume, und der Teufel ward machtlos. Da rief er zornig aus:

Hartna, du verfluchtes Kraut,
du hast mir entführt mein' Braut.

Mehr darüber: Szabó 1998

K

Katze

Die Katze (beiderlei Geschlechts) galt, vor allem dann, wenn sie schwarz war, als typisches Hexentier. Betont wurde in diesem Zusammenhang oft, sie müsse erst ein bestimmtes Alter erreicht haben, ehe sie ihren dämonischen Charakter entfalte. Genannt werden sieben, neun oder gar zwanzig Jahre. Dann sollte man sie nicht mehr im Haus halten, weil sie sonst, wie es hieß, den Bewohnern schaden konnte.

Um die Mitte des neunzehnten Jahrhunderts ist aus Böhmen überliefert, daß eine alte Frau eine schwarze Katze besaß, die sie sehr liebte. Als das Tier sieben Jahre alt wurde, begann es ab und an für längere Zeit zu verschwinden, und als es eines Tages überhaupt nicht mehr zurückkam, zog die Frau los und machte sich auf die Suche. Zuletzt fand sie ihre Katze tief im Wald, in einer Hütte, wo sie sich zusammen mit einigen Artgenossinnen beim Tanzen amüsierte. Als sie endlich wieder nach Hause kam, wollte die Frau sie durchprügeln, da setzte sich die Katze auf ihre Schulter und schlug sie solange mit ihren Pfoten ins Gesicht, bis sie starb. »Hierauf sprang die Katze ins Freie und ward nicht mehr gesehen. Es ist eine Hexe aus ihr geworden, sagten die Nachbarinnen.«

In weiten Teilen Deutschlands hielt man es für geraten, kleine Kinder überhaupt nicht mit einer Katze – gleich welchen Alters – allein zu lassen. Besonders schlimm sollte es sein, wenn jemand aus Versehen Katzenhaare verschluckte, denn dann, so glaubte man, würden Schwindsucht oder Auszehrung nicht lange auf sich warten lassen.

Eine allgemein bekannte Hexenkunst (→ Künste der Hexen) bestand darin, daß sie sich in Tiere – allen voran in Katzen – verwandeln konnten. Die Häufigkeit, mit der diese Aussage in Hexenprozessen erscheint, läßt auf einen alten, im Volk tief verwurzelten Glauben schließen. Bei Tag sollten die Hexenkatzen ungefährlich sein, aber nach Anbruch der Dämmerung konnte man ihnen nicht mehr trauen. In Schwaben sagte man: »Bei Nacht soll man auf keine Katze werfen, es gibt sich sonst gern, daß urplötzlich eine ganze Menge den Thäter umstellt und ihn nicht mehr von der Stelle läßt. Man erkennt die falschen Katzen (Hexen) an ihren sehr langen und dicken Wedeln.«

Aus ganz Europa sind Berichte überliefert, in denen es hieß, eine Katze sei bei Nacht verwundet worden, und am nächsten Morgen habe ein Mensch, zumeist eine Frau, die entsprechende Verletzung aufgewiesen – woran man natürlich prompt die Hexe beziehungsweise den Hexenmeister erkannte.

Eine Geschichte aus Pommern handelt von einer Müllersfrau und ihren Verwandlungskünsten. Eines Abends ging der Geselle auf den Hof, um Holz zu holen. »Eben

Nackte Hexen tragen einen Kater (Illustration zu Ulrich Molitor: ›Von den Unholden oder Hexen‹, 1489)

wollte er einige Scheiter von dem Holzstoß herunter nehmen, als er einer Katze ansichtig wurde, die ihre Pfoten auf das Holz legte und ihn dadurch hinderte, davon zu nehmen. ›Halte die Pfoten weg‹, rief er dem Tier zu; aber die Katze folgte nicht. Da hieb er mit seinem scharfen Beile zu und schlug ihr die eine Pfote ab. Im nämlichen Augenblicke war die Katze verschwunden, anstatt der Pfote lag aber ein Finger auf dem Boden, auf dem steckte ein Trauring, und der Name darin war kein anderer als der Name der Müllerin.«

Aber Hexen *verwandelten* sich nicht nur in Katzen, sie bedienten sich dieser Tiere angeblich auch, um zu ihren Versammlungen zu reiten. Wegen der außerordentlichen Anstrengung, der eine solche Katze ausgesetzt war, wurde sie in der Regel krank und mager. Um sie von diesem Fluch zu erlösen, sollte der Hausvater ihr ein kleines Stück vom Ohr oder vom Schwanz abschneiden, dann wurde sie, wie es heißt, »untauglich zu dem Ritte« und erholte sich nach und nach wieder.

Kepler, Katharina

Bei der »Leonberger Hexe« Katharina Kepler (1547-1622) handelte es sich um niemand anders als die Mutter des berühmten Astronomen Johannes Kepler. Sie soll hart, zänkisch und streitlustig und im Alter zahnlos und schwatzhaft gewesen sein. Als ihr Mann sie nach fast zwanzigjähriger Ehe, in der sie ihm sieben Kinder geboren hatte, verließ, versuchte sie ihren Lebensunterhalt mit der Krankenpflege sowie mit dem Besprechen von kranken Tieren und Menschen zu fristen.

Einer ihrer eigenen Söhne erklärte daraufhin, sie sei eine Hexe und er würde sie selbst als solche anzeigen – allerdings starb er, bevor er seinen löblichen Vorsatz ausführen konnte. Doch sprang für ihn eine – übel beleumundete – Frau in die Bresche, die von Katharina Kepler einmal einen »Hexentrank« erhalten hatte, der ihr nicht bekommen war.

Diese Frau bezichtigte die Keplerin also der Hexerei und Giftmischerei. Dadurch ermutigt, meldete sich auch eine andere Familie zu Wort und behauptete, Katharina sei daran schuld, daß ihr Sohn ein Krüppel geblieben sei. Eines Abends, so sagte die Mutter vor Gericht aus, »sei ein schwarzer Vogel mit schrecklichem Brausen und Sausen in die Stube gekommen, habe sich auf die Schultern des Kindes gesetzt und sie, als sie vom Holzschneiden heimgekommen, mit grossen Augen angesehen«.

An diesem Punkt hielten es die Familienangehörigen von Katharina Kepler für geraten, ihre Mutter in Sicherheit zu bringen, was ihr allerdings als Eingeständnis ihrer Schuld ausgelegt wurde. Als sie schließlich wieder nach Leonberg zurückkehrte, wurde sie unter anderem mit der Begründung verhaftet, sie habe ein Mädchen das Hexenwerk lehren wollen, den Schulmeister durch einen Hexentrunk »beschädigt« und allerlei Vieh verhext.

Wie liebe Nachbarn in damaligen Zeiten aus unschuldigen Frauen Hexen machten, zeigen drei Beispiele. Zum einen behauptete der Sattler, die Keplerin sei an seinen Schweinen vorbeigegangen, da hätten die Tiere im Stall angefangen zu jammern und »eines sei darüber gestorben«.

Zum anderen erklärte der Metzger, er habe plötzlich Schmerzen am Schenkel verspürt, und zwar genau in dem Augenblick, als die Keplerin an seinem Laden vorbeigekommen sei, und es sei ihm wie Nebel vor den Augen erschienen. Die Pfarrerstochter schließlich sagte aus, sie habe einen heftigen Stoß erhalten und, als sie sich umdrehte, die Keplerin über den Schloßplatz gehen sehen, »von der sie wußte, daß sie im bösen Verdachte stehe«. Der angehexte Schmerz aber komme immer bei Neu- und bei Vollmond wieder.

Katharina Kepler entging dem Tod durch Verbrennen nur durch die Hilfe ihres Sohnes Johannes, der zu wiederholten Malen vor Gericht für sie eintrat, Bittgesuche schrieb und, obgleich auch er nicht ohne Feinde war, all seinen Einfluß in die Waagschale warf.

Im April des Jahres 1622, ein halbes Jahr nach ihrer Haftentlassung, starb Katharina Kepler eines natürlichen Todes – einer der wenigen historisch belegten Fälle, in denen eine der Hexerei angeklagte Frau einigermaßen glimpflich davonkam.

Mehr darüber: Sutter 1984; Caspar 1958

Kirke

Die wohl älteste »literarische« Hexe oder Zauberin dürfte Kirke sein, die Tochter des griechischen Sonnengottes Helios. Wie in Homers ›Odyssee‹ geschildert, wohnte sie auf der Insel Aiaia und pflegte alle Fremden mit Hilfe eines → Zaubertranks und ihres → Zauberstabs in Tiere zu verwandeln.

Als der weitgereiste Odysseus auf der Insel landete, verfuhr sie auf ebendiese Weise mit einem Teil seiner Begleiter, die nun als Schweine herumlaufen mußten. Als Odysseus sich aufmachte, um seine Gefährten zu rächen, erschien Hermes, der Götterbote, und gab ihm ein Zauberkraut, Moly genannt, das ihn vor den Hexenkünsten der Kirke schützen sollte. Hermes wies Odysseus an:

Wann dich Kirke darauf mit der langen Rute berühret,
Siehe, dann reiße du schnell das geschliffene Schwert von der Hüfte,
Spring auf die Zauberin los und drohe sie gleich zu erwürgen.
Diese wird in der Angst zu ihrem Lager dich rufen,
Und nun weigre dich nicht und besteige das Lager der Göttin,
Daß sie deine Gefährten erlös' und dich selber bewirte.

Odysseus tat wie geheißen; Kirke konnte wegen des Zauberkrauts nichts gegen den Helden ausrichten und verliebte sich in ihn. Sie erlaubte seinen Gefährten, wieder ihre natürliche Gestalt anzunehmen, und alle blieben ein ganzes Jahr auf der Insel, bis es sie endlich drängte, die unterbrochene Fahrt nach ihrer Heimat wieder aufzunehmen. Kirke erteilte Odysseus Auskunft über die Gefahren, die ihm auf der weiteren Reise begegnen würden, erklärte ihm, wie er sie überwinden könne, und sandte dem Scheidenden zum Abschied einen günstigen Fahrtwind.
Mehr darüber: Kottaridou 1991

Klee

Der Klee (*Trifolium*) war eine der sieben oder neun zauberwidrigen Pflanzen, die man früher zur → Abwehr von Hexen und bösen Geistern in Kränze band und vor die Tür hängte. Für ganz besonders wirksam hielt man das vierblättrige Kleeblatt. Von ihm hieß es, der Träger sei imstande, Feen und Elben – in England und Irland *fairies* – zu sehen.

In diesem Zusammenhang wird in verschiedenen Variationen immer wieder von Mägden berichtet, die zusammen mit frisch geschnittenem Gras auch ein vierblättriges Kleeblatt in den Stall trugen und auf einmal die Hauskobolde sehen konnten, die aus den Eutern der Kühe frische Milch tranken.

In späteren Zeiten – und vor allem in Deutschland – sollten es dann die Hexen sein, die man, wenn man ein vierblättriges Kleeblatt bei sich trug, unter anderen Menschen erkennen konnte. In Pommern sagte man dagegen, es müsse ein fünfblättriges Kleeblatt sein, und es müsse einem unvermerkt zugesteckt werden, dann könne man beim Kirchgang die Hexen sehen. Allerdings durfte man anschließend niemandem etwas davon sagen, weil sonst die Rache der durchschauten Unholden fürchterlich sein würde.

Gleichzeitig aber diente das vierblättrige Kleeblatt angeblich den Hexen und anderen böswilligen Menschen dazu, bestimmte Schadzauber auszuführen. Aus Böhmen ist überliefert, man könne mit Hilfe eines zufällig gefundenen vierblättrigen Kleeblattes, das aber nicht mit der Hand gepflückt sein dürfe, bewirken, daß jemand »thöricht werde«. Dazu brauche man nur den Klee unbemerkt in das Haus des Betreffenden zu bringen und diesem in sein

Trinkgefäß zu legen: So werde man »seinen Zweck prompt erreichen«.

Kleine Hexe

Wer kennt sie nicht, Otfried Preußlers ›Kleine Hexe‹ – welches Kind hat nicht atemlos offenen Mundes gelauscht, wenn seine Mutter ihm das Buch vorlas, und um ein weiteres Kapitel gebettelt!

Preußlers kleine Hexe ist eine der wenigen »guten« literarischen Hexen. Sie ist mit allem ausgestattet, was landläufig den Hexen nachgesagt wurde: Sie besitzt selbstverständlich einen Besen, ein Zauberbuch, aus dem sie ihre Weisheiten bezieht, und den sprechenden Raben Abraxas. Sie sieht auch aus wie eine Hexe, denn sie trägt zerlumpte, absonderliche Kleider, hat eine lange Nase und wohnt natürlich in einem Hexenhaus. Sie fliegt in der Walpurgisnacht zum Hexensabbat, und auch der Kreuzweg fehlt nicht, auf dem sie ihre Prüfung ablegen soll.

Aber im Gegensatz zu ihren »Mithexen«, wie etwa der Muhme Rumpumpel, setzt sie ihre Kräfte zu guten Zwekken ein – und schließlich hext sie den großen Hexen gar das Hexen ab. Da sie auch deren Hexenbücher verbrennt, »waren sie außerstande, es jemals wieder zu lernen«. Und die kleine Hexe umtanzt mit ihrem Raben allein das Hexenfeuer auf dem Blocksberg.

Die düsteren Jahrhunderte der Hexenverfolgungen – die Zeiten, da unschuldige Frauen ihres von der Norm abweichenden Aussehens oder Verhaltens wegen als Hexen gefangengenommen und verbrannt wurden – sind glücklicherweise vorbei, dennoch kann es gewiß nicht schaden, Kindern anhand dieses liebenswerten Buches etwas über die Hexenproblematik zu erzählen. Und trotz der vielen bösen Wind-, Kräuter- und Wetterhexen, die schließlich auch in seinem Buch vorkommen, und trotz der vielen Hexenklischees hat Otfried Preußler mit seiner kleinen Hexe doch einen großen Schritt in Richtung auf eine differenziertere Betrachtungsweise der »weisen Frauen« getan.

Knoblauch

Der Knoblauch, der wie allgemein bekannt gegen Vampire und dergleichen Gelichter schützt, ist ein weiteres gutes Beispiel dafür, wie Maßnahmen zur Abwehr böser Geister in späteren Jahrhunderten auf die Hexen übertragen wurden. Die Zigeuner, die ursprünglich nicht an Hexen geglaubt hatten, sondern alles Üble auf dämonische Wesen zurückführten, schworen andererseits noch Ende des neunzehnten Jahrhunderts auf die hexenwehrende Wirkung des Knoblauchs.

Als in Siebenbürgen einmal ein Mann »wußte«, daß ihm eine Hexe das Herz anfraß, machte er dem Zauber dadurch ein Ende, daß er jede Nacht vor dem Schlafengehen Knoblauch aß und obendrein mit einer Knolle seinen Oberkörper abrieb. Und bekam jemand die Krätze, so glaubten die Zigeuner, er habe dort gelegen, wo kurze Zeit zuvor eine Hexe gesessen hatte. Man hieß ihn, sich die kranken Körperstellen mit Knoblauch einzureiben und dazu zu sagen:

Schlechte Frau, gute Frau kamen auf neun Wegen
Neunerlei Krätze geh' zur schlechten Frau
Reine Frau bleibe rein und küsse du mich rein
Krätze in die Erde geh!

Knoten

Eine wirksame Form des Schadzaubers, den Hexen verübten, bestand nach landläufiger, weit über Europa hinaus verbreiteter Ansicht darin, eine Krankheit oder etwas anderes Böses in einen Knoten zu »knüpfen«. Auf denjenigen, der diesen Knoten dann löste, ging das hineingezauberte Schlechte über. Daher hütete man sich früher wohlweislich, verknotete Schnüre, Stricke oder Bänder von der Straße aufzuheben. Im schlesischen Lauban hieß es, die Hexe verknüpfe einen Strohhalm oder ein Tuch und bewirke damit, daß die Eingeweide desjenigen, den sie verhexen wolle, sich gleichfalls »verknüpfen«.

Wie lebendig dieser Glaube mancherorts noch heutzutage ist, zeigt ein Erlebnis, das ein Freund von uns im Herbst 1998 in Pakistan hatte. Sein kleiner Sohn hob während eines Spaziergangs einen merkwürdigen aus zwei Weidenzweigen gefertigten Knoten auf und gab ihn seinem Vater, der ihn einsteckte und mitnahm.

An den zwei darauffolgenden Tagen hatte unser Freund zwei seltsame kleinere Unfälle, und wenige Tage später zog er sich außerdem eine Lungenentzündung zu. Seine einheimischen Bekannten, die er nach dem seltsamen Fund befragte, erklärten ihm, es handle sich mit Sicherheit um einen magischen Knoten, der zu dem Zweck geknüpft worden sei, jemand anderem zu schaden. Wenn er ihm auch nicht wirklich etwas anhaben könne, zumal er ihn ja nicht aufgeknüpft hatte, könne er doch, wie sich gezeigt habe, manches Ungemach über ihn bringen.

Aufknüpfen sollte man nach Ansicht der Schlesier lediglich solche Knoten, die eine Hexe aus Bosheit in ein Strohseil knüpfte und in den Dünger ihres Opfer legte. »Kommt ein solcher Knoten«, so heißt es in einem Bericht Ende des neunzehnten Jahrhunderts, »im Dünger mit auf das Feld, so tut er auch der Erde weh; er drückt sie; der Acker trauert dann sieben Jahre. Darum ist es, wenn man einen gefundenen Strohseilknoten öffnet, ebensoviel wert, wie wenn man ein Geldstück gefunden hätte.« Warum dieser Knoten allerdings demjenigen, der ihn aufknüpft, keinen Schaden zufügt, wird nicht gesagt.

Krähe → Rabe

Krankheit
Viele → Künste wurden den Hexen zugeschrieben, doch an keine wurde so fest geglaubt wie an ihre Fähigkeit, anderen

Menschen Krankheiten anzuzaubern. Bis vor wenigen Jahrzehnten, ja, in manchen entlegenen Teilen Deutschlands und in vielen Ländern der Welt heute noch, war man auf dem Land felsenfest davon überzeugt, plötzliche ungewöhnliche Leiden seien auf die Einwirkung einer Hexe zurückzuführen, der man entweder absichtlich, weit eher aber unabsichtlich Anlaß zu einem solchen Racheakt gegeben hatte.

Ein solcher Grund konnte etwa darin bestehen, daß man einer Bettlerin, vor allem einer Zigeunerin, eine Gabe abgeschlagen oder sie gar vom Hof gejagt hatte, daß man überhaupt eine Hilfe verweigert oder sich in irgendeiner Weise über die Hexe lustig gemacht und damit ihre Eitelkeit verletzt und ihren Zorn erregt hatte.

Ein weiterer häufig angeführter Grund für derlei Racheakte war der Neid – Neid auf den Wohlstand, die Kinder, das Haus, die Gattin oder das Vieh eines Nachbarn oder anderen Dorfbewohners.

Daher ergriff man jede erdenkliche Maßnahme, um möglichem Schadzauber vorzubeugen. Einer abgewiesenen Bettlerin warf man also vorsichtshalber Salz hinterher, befestigte am und auf dem Haus bestimmte Gegenstände, die den → bösen Blick beschwichtigen oder ablenken sollten, behängte die Fenster mit Zauberpflanzen, stellte einen → Besen hinter oder neben die Türe, schützte die Ställe mit Hufeisen und Drudenfüßen (→ Pentagramm) und behängte sich selbst mit den verschiedensten Amuletten.

Dennoch fanden die Hexen immer wieder Mittel und Wege, ihre Krankheiten an den Mann zu bringen. So schickten sie sie ihrem Opfer beispielsweise in Gestalt von Schmetterlingen, Mäusen oder Ratten ins Haus. Sie verwandelten sich selbst in Heimchen, in Fledermäuse oder andere unheimliche Tiere und drangen in dieser Gestalt dort ein, wo sie Unheil stiften wollten. Sie schossen, den Elben und *fairies* vergleichbar, mit unsichtbaren Pfeilen und verursachten damit den → Hexenschuß oder andere rheumatische Leiden.

Anfang des zwanzigsten Jahrhunderts wurde die Geschichte der »Apeln« aufgezeichnet, einer alten Geflügelhändlerin aus Salza (Thüringen), die als Hexe verschrien gewesen war. Da die Kinder sie immer damit neckten, daß sie die Stimmen der Hühner und Gänse nachahmten, habe sie angefangen, die Kinder zu behexen. Zunächst gab sie sich freundlich, sprach mit ihnen und schenkte ihnen wohl auch ein wenig Geld. »Alsdann stellte sie drei Fragen und richtete sie so ein, daß die Kinder auf jede Frage mit ›Ja‹ antworten mußten. Hatten die Kinder das gethan, so hatte die alte Apeln die Macht der Übertragung einer Krankheit auf die Kinder. Eines Tages fand man die alte Apeln erschlagen im Sethebache bei Salza liegen. Der Mörder ist nicht ermittelt worden.«

Sehr häufig heißt es, es sei für eine Hexe dann besonders einfach gewesen, jemandem eine Krankheit anzuzaubern, wenn sie von ihrem Opfer einen persönlichen Gegenstand, wie etwa ein Kleidungsstück, Haar oder Fingernägel, in ihren Besitz bringen konnte. Auch pflegten die Hexen, wie behauptet wurde, in einen Faden oder in Strohhalme unter Hersagung bestimmter Zaubersprüche einen oder mehrere Knoten zu binden (→ Nestelknüpfen) und irgendwo im Bett oder an der Kleidung des Opfers anzubringen.

Wie ein solcher Schadzauber erkannt und neutralisiert werden konnte, erklärte eine Mecklenburgerin Ende des neunzehnten Jahrhunderts mit folgenden Worten: »Kranke, die an einem langwierigen oder räthselhaften Uebel leiden, sind gewöhnlich verhext. Dies zu erforschen, durchsucht man die Kleidungsstücke, die Betten, besonders aber das Bettstroh des Kranken. Ist Hexerei vorgekommen, so findet man bei diesem Nachsuchen irgendwo einen langen Faden oder ein Band, vielfach ineinander gewirrt und verknüpft. Dann muß sorgfältig diese Verwirrung sammt allen Knoten gelöst werden. In demselben Verhältnisse, wie dies geschieht, verliert sich die Krankheit.«

Die Südslawen verließen sich in einem solchen Fall lieber auf eine professionelle Beschwörerin; sie beräucherte den Kranken mit besonderen Kräutern, maß ihn mit einem Faden aus und sprach dazu allerlei magische Formeln – wie etwa die folgende:

> Anzaubereien entfleucht! Entfleucht von diesem getauften Leibe hinters Gebirglein, wo die Sonne aufgeht, wo kein getaufter Leib hingelangt, wo man zu

> Gott nicht betet. Fahrt sowohl auf den Teufel, als auf die Teufelsthüre, als auch auf jenen hin, der euch hierher gesendet.

In Sachsen wurde noch um die Jahrhundertwende ein Prozeß darum geführt, daß ein Ehepaar eine Frau der Hexerei bezichtigt hatte. Sie sollte dafür verantwortlich gewesen sein, daß die Kinder des Paares mit Aussatz behaftet waren und daß bei ihnen im Haus Brot und Butter immer so rasch zur Neige gingen. Anders als in weniger aufgeklärten Jahrhunderten endete diese Verhandlung damit, daß die Kläger bestraft wurden; früher war eine solche Anschuldigung praktisch gleichbedeutend mit einem Todesurteil für die Angeklagte gewesen.

Zuweilen waren es Mägde, die wegen des einen oder anderen Vorkommnisses einen Groll gegen ihre Herrin hegten und sie bei der erstbesten Gelegenheit verleumdeten. Aus dem Elsaß beispielsweise sind mehrere derartige Berichte überliefert. In einem Fall machte eine Bäuerin einer Magd Vorhaltungen, weil sie unerlaubt Birnen gegessen hatte, und als das Mädchen einige Tage später erkrankte, wurde die Bäurin als Hexe angeklagt – und kurz darauf hingerichtet.

Mehr darüber: Schade 1983

Kreuzdorn

Der Kreuzdorn (*Rhamnus catharticus*) ist ein verhältnismäßig unscheinbarer Dornenstrauch, der im Herbst giftige schwarze Beeren trägt. Warum gerade er in den Ruf kam, gegen Hexen wirksam zu sein, läßt sich ebensowenig mit Sicherheit sagen wie bei vielen anderen Pflanzen. Zum einen könnte hier natürlich sein Name angeführt werden, da Kreuze bekanntlich als zauberwehrend galten – zum anderen der Umstand, daß er dornig ist.

In vielen Teilen Deutschlands hieß es, wer Kreuzdorn in einem Amulett bei sich trage, dem könnten die Hexen nichts anhaben. Noch im neunzehnten Jahrhundert soll im Dörfchen Benz (bei Wismar) eine so mächtige Hexe gelebt haben, daß sämtliche Dorfbewohner Kreuzdorn in ihren Kleidern eingenäht trugen, um sich vor ihr zu schützen.

Und von einer Hexe aus Cammin in Mecklenburg wurde erzählt, daß sie sogar noch auf dem Weg zum Scheiterhaufen allen, an denen sie vorbeikam, Schaden zufügte – bis auf einen Knecht. Dem konnte sie nichts anhaben, »das machte, er hatte einen Kreuzdornstecken in seinem Pfluge, der ihn dagegen geschützt und worüber sie sehr geklagt haben soll«.

Kreuzweg

Praktisch auf der ganzen Welt wurden und werden Kreuzwege – nicht anders als Friedhöfe – als unheimliche Orte betrachtet, auf denen, vor allem in besonderen Nächten des

Jahres – → Johanni (24. Juni), Weihnachten, → Walpurgis (30. April), Allerheiligen (1. November) – sich die Geister tummeln sollen.

Viele Zaubereien sollen gerade deshalb auf Kreuzwegen durchgeführt werden – und in den Jahrhunderten, da die Hexen die Phantasie der Menschen beherrschten, waren es nicht mehr die Geister, sondern sie, die sich hier angeblich versammelten. Hier schlossen manche von ihnen ihren Pakt mit dem Teufel; dann konnten sie sich von ihm alles wünschen, was sie wollten.

In Bayern erzählte man einem Volkskundler Mitte des neunzehnten Jahrhunderts: »Jäger wünschten sich [anläßlich eines solchermaßen geschlossenen Paktes] den freischuß, d.i. daß man alles trifft, die meisten den wechselthaler, welcher, so oft er auch ausgegeben wurde, immer wieder in die tasche zurückkehrte.« Im darauffolgenden Jahr legte man diesen Wechsel- oder → Hecketaler in einen auf demselben Kreuzweg gezogenen Kreis hinein und der Böse mußte ihn wieder mitnehmen. Starb der Mann aber im selben Jahr, so war seine Seele, wie man glaubte, dem Teufel verfallen.

Wer es aber nicht auf Zauberei abgesehen hatte und es partout nicht vermeiden konnte, nachts einen Kreuzweg zu überqueren, tat, so dachte man, daher besser daran, sich durch ein → Amulett oder durch in das Innere des Hutes gemalte Kreidekreuze zu schützen.

Kröte

Kröten sind nach landläufiger und bis in die Antike zurückreichender Ansicht nicht nur häßlich, sondern auch äußerst giftig – und zwar so sehr, daß schlimme Geschwüre die Folge sind, wenn sie einen Menschen auch nur »anpusten«.

Tatsächlich sondern Kröten (und ebenso andere Amphibien) bei Berührung ein giftiges Drüsensekret ab, das bei besonders empfindlichen Personen Hautreizungen bewirken kann; ernstere Folgen sind allerdings nicht zu befürchten. So dürfte denn spätestens seit dem Mittelalter eher ein anderer Grund für die fest verwurzelte Abscheu vor Kröten verantwortlich gewesen sein: Es war nämlich allgemeiner Glaube, daß Hexen sich mit Vorliebe in Kröten verwandelten, in dieser Gestalt den Kühen die Milch aussaugten, ihnen und den Menschen Krankheiten brachten und das Blut abzapften.

Aus der Oberpfalz wird berichtet, daß eine Bäuerin behauptete, wenn ihr Nachbar mit dem Mistwagen aufs Feld fahre, folge sie ihm in Gestalt einer Kröte, nehme drei Mundvoll Dung und trage sie auf ihren eigenen Misthaufen. So wurde ihr »der Nutzen des Nachbarn zuteil« und sie steinreich, während er es zu nichts brachte.

Kein Wunder also, daß man in der Schweiz den Anblick einer Kröte an einem ungewöhnlichen Ort für ein außerordentlich schlechtes Vorzeichen nahm. Gleichzeitig hütete man sich aber, sie zu entfernen oder gar zu töten, weil man die mögliche Rache einer Hexe fürchtete. Während die

Die Hexe füttert ihre Katze und ihre Kröten, Holzschnitt

Schwaben lediglich von Kreuzweh oder Bauchschmerzen als Folgeerscheinung wußten, ging man andernorts von weit schlimmeren Strafen aus, und im Erzgebirge war man sogar davon überzeugt, in einem solchen Falle brenne einem die Hexe das Haus ab.

So hielt man es für besser, sich mit diesem Hexentier gut zu stellen, zumal man glaubte, daß es einem zu Geld, Wohlstand oder allgemein Erfolg verhelfen könne: Um 1700 heißt es in einer Handschrift, jemandes Schwert erhalte eine wunderbare friedenschaffende Kraft, wenn er damit einmal einer Kröte zu Hilfe komme: »Wan du dartzu kömbst das eyne krötte und eyne schlange oder natter mytteynander streitten, so zyhe dein schwerdt aus. und thue der krötten eynen bystandt, und erschlage die natter, und dis schwerdt behaldt alsdan.«

Hexen verwandelten sich nicht nur in Kröten, sie bedienten sich dieser Lurche auch für die verschiedensten Zaubereien. In Böhmen war bekannt, daß eine Hexe einen Mann dazu bringen konnte, ihretwegen seine Familie zu verlassen, indem sie unter seiner Türschwelle eine Kröte vergrub. Sobald der Mann die Schwelle überschritt, verfiel er der Hexe in unstillbarer Liebe, die so lange hielt, bis seine Frau die Kröte fand und verbrannte.

Daneben konnten Hexen Kröten einem bestimmten Menschen als Alpdruck ins Haus schicken oder einem Reichen mit Hilfe dieses Tieres seine Schätze stehlen.

Aus Schwaben schließlich wird von einem weiteren, etwas seltsamen Verwendungszweck des Tierchens erzählt: »Ein altes Weib verkaufte immer Eier und hatte doch keine Hennen. Da paßte der Nachbar ab und sah durch eine Spalte des Fensterladens, daß die Alte auf ihrem Tisch ein Krötlein liegen hatte, das sie mit einem Rütlein schlug. Bei jedem Schlag ließ die Kröte ein Ei fallen.«

Trotz der insgesamt eher negativen Eigenschaften, die den Kröten wegen ihrer engen Beziehung zu den Hexen nachgesagt wurden, benutzte man sie andererseits gern zum Heilen der unterschiedlichsten Krankheiten. Wie die vielen an Wallfahrtskirchen angebrachten silbernen, wächsernen oder eisernen Votivgaben in Form einer Kröte zeigen, waren es vor allem Unterleibsleiden, die man mit Hilfe dieses Tieres (das man ohnehin allgemein als Verkörperung der Gebärmutter ansah) zu heilen hoffte.

Ursprünglich glaubte man, die Hexe habe dem Kranken einen bösen Geist in Gestalt einer Kröte in den Körper geschickt, und so versuchte man, das Tier mit Hilfe bestimmter Segensformeln wieder herauszulocken und in einen Krötenfetisch zu bannen. Später war man dann vor allem in Süddeutschland der Ansicht, die Gebärmutter selbst sei eine lebendige Kröte, die je nach Behandlung kratze, beiße oder im Leib herumwandere.

Obwohl zur Heilung einer Reihe von Krankheiten allen Warnungen zum Trotz Kröten getötet werden sollten, hielt man es insgesamt doch für geboten, den unheimlichen Wesen besser aus dem Weg zu gehen und sie im Falle eines Falles allenfalls zum freiweilligen »Umziehen« zu bewegen. Hierzu bediente man sich eines Krötensegens, der da etwa lautete: »Thu mir nichts, so will ich dir auch nichts thun.«

Mehr darüber: Hirschberg 1988

Künste der Hexen

Die meisten Informationen darüber, was Hexen an Zauberkünsten beherrschten, erhalten wir natürlich durch die zahlreichen Akten der Hexenprozesse, in denen die gefolterten Frauen und Männer ausführlich über ihre angeblichen Untaten berichteten. Es ist klar, daß diese Aussagen – die oft hanebüchene Ausmaße erreichten – zum größten Teil zusammenphantasiert worden waren, weil die unmenschlich Gequälten hofften, durch ihr Geständnis weiteren Torturen zu entgehen.

Gleichwohl ist nicht anzunehmen, daß jemand, der in einem mittelalterlichen Kerker saß und obendrein barbarisch gefoltert wurde, genug Kraft und Muße gehabt haben sollte, sich vollkommen neue Geschichten und ausführliche Zauberrezepte auszudenken. Vielmehr dürfte es so gewesen sein, daß zu damaliger Zeit nahezu jeder Landbewohner (und wohl auch manch ein Städter) eine ganze Reihe von Praktiken kannte, die im weitesten Sinn als Zauberei bezeichnet werden können. Zudem wußten weit mehr Menschen als heutzutage über die wichtigsten Heil- und Zauberpflanzen und deren Wirkungen Bescheid. Man sammelte sie zu bestimmten Zeiten, flocht sie in Kränze und benutzte sie zu den unterschiedlichsten – mehr oder weniger abergläubischen – Zwecken. Geschichten von Dämonen, Geistern und anderen übernatürlichen Wesen aber wurden zur Genüge an langen Winterabenden vor dem Kamin oder in den Spinnstuben erzählt.

Damit also dürften sich die auffallenden Übereinstimmungen, die viele Verhörprotokolle im Hinblick auf die angeblichen Untaten und Fähigkeiten der jeweiligen Hexe aufweisen, zumindest teilweise erklären lassen. Am häufigsten genannt werden in diesem Zusammenhang das Wettermachen (→ Wetterhexe), das Verhexen von → Butter und Milch (→ Milchhexe), das → Mäusemachen, das Anfertigen der Hexensalbe (→ Salbe), der → Ritt, die → Tierverwandlung, das → Festmachen und das Krankmachen von Mensch und Tier (→ Krankheit).

In einem Text aus der Mitte des achtzehnten Jahrhunderts heißt es, Hexen und Zauberer seien imstande, »sich in Katzen, Hunde, Haasen, Wölfe und andere Creaturen zu verwandeln, auf Ziegenböcken, Beesen und Ofengabeln durch die Luft zu fliegen, Mäuse zu machen, einen Wind, Ungewitter oder Donnerwetter zu erregen, einem Menschen Nadeln, Haare, Waschlappen, Messer, Schnallen, Leder und dergleichen in den Leib zu bringen, auch wol durch bloßes Anschauen Menschen und Vieh zu beschädigen oder gar zu tödten, und dergleichen übernatürliche Dinge und Wunderwercke zu verrichten. Der Teufel bringet ihnen auch Geld genug, und sie können sich selbst was machen oder verschaffen.«

Die meisten dieser Künste, allen voran das Krankmachen, waren in früheren Zeiten, d.h. also vor den Jahrhunderten der Hexenverfolgung, böswilligen Geistern zugeschrieben worden. Diese Wesen waren es auch, die nach

Belieben Tiergestalt annehmen konnten, um in die Häuser der Menschen einzudringen und ihnen zu schaden – sei es aus Rache, sei es aus reiner Boshaftigkeit. Die Elben, die *fairies*, die Alfe oder *rusalki*, das Wilde Heer, die Perchta oder wie immer sie in den verschiedenen Ländern und Regionen genannt wurden, waren es, die wie die Hexen in Wirbelwinden reisten, Sturm und Regen aufkommen lassen konnten und Menschen, die ihnen etwas getan hatten, die unterschiedlichsten Krankheiten anzauberten.

Noch heute glaubt man in vielen Ländern der Welt, daß bestimmte Menschen (→ Schamanen) zu Geistern in engem Kontakt stehen sollen und von diesen nicht wenige ihrer Künste erlernen. Immer wieder genannt wird hier etwa die Fähigkeit, sich in Tiere zu verwandeln, diejenige, an einen anderen Ort, ja in eine andere Welt zu fliegen und sowohl Heil- als auch Schadzauber auszuführen. Die Frage, ob und wenn inwieweit diese Zauberer die genannten Fähigkeiten tatsächlich besitzen, läßt sich – wie im Falle der sibirischen Schamanen – sicher nicht pauschal beantworten und wird letztlich wohl immer eine Glaubensfrage bleiben.

L

Loudun, Hexenmeister von

In den dreißiger Jahren des siebzehnten Jahrhunderts geriet das französische Städtchen Loudun in helle Aufregung: Mehrere Nonnen seines Ursulinenklosters waren, wie sie selbst behaupteten, vom Teufel besessen! Die Obrigkeit beschuldigte den Ortsgeistlichen Urbain Grandier, die Nonnen und ihre Äbtissin verhext zu haben. Ja, die Verleumder des Geistlichen fälschten sogar einen Pakt mit dem Teufel, den Urbain geschrieben haben sollte, und präsentierten das Antwortschreiben des Teufels. Es lautete folgendermaßen:

> Wir, der mächtige Luzifer, bestärkt durch Satan, Beelzebub, Leviathan, Elimi, Astaroth und andere, haben heute den Pakt mit Urbain Grandier geschlossen, der nun auf unserer Seite steht. Und wir versprechen ihm die Liebe der Frauen, die Reinheit der Jungfrauen, die Keuschheit der Nonnen, weltliche Ehre. Lust und Reichtümer. Huren soll er alle drei Tage; der Rausch soll ihm gut Freund sein. Einmal im Jahr soll er uns Tribut erstatten, der mit seinem Blut gezeichnet ist; er soll die Sakramente der Kirche mit Füßen treten, und er soll seine Gebete zu uns verrichten. Kraft dieses Paktes soll er zwanzig Jahre lang glücklich unter den

> Menschen auf Erden leben und am Ende zu uns kommen und Gott verfluchen. Ausgefertigt in der Hölle, im Rat der Teufel.

Diese zwanzig Jahre waren Grandier allerdings nicht mehr vergönnt; denn obgleich er selbst unter der Folter nicht von seinen hartnäckigen Unschuldsbeteuerungen abwich, wurde er nach dem üblichen Prozeß zum Tode verurteilt und hingerichtet. Bevor er allerdings starb, soll er seinem Henker durch die Flammen des Scheiterhaufens zugerufen haben, daß es noch einen Gott im Himmel gebe und er (der Henker) binnen Monatsfrist vor ihm stehen werde. Tatsächlich starb dieser etwa einen Monat, nachdem Grandier verbrannt worden war.

Wahrer Hintergrund dieser üblen Affäre soll die unerwiderte Liebe und Eifersucht der Äbtissin und einiger Nonnen des Klosters gewesen sein, die Grandier verleumdeten und sich so stellten, als ob dieser sie mit Hilfe seiner magischen Hexenkräfte nachts besuche und sexuell belästige.

Da Grandier ein gutaussehender Mann war, flogen ihm die Herzen der Frauen zu, womit er sich natürlich den Haß der Männer einhandelte. Nur allzugern waren sie bereit, gegen ihn Front zu machen – und ihn, triumphierend, nach schrecklichen Qualen auf dem Scheiterhaufen enden zu sehen.

Mehr darüber: Aubin 1981

M

Macbeth

In dieser neben ›Hamlet‹ und ›Romeo und Julia‹ wohl bekanntesten Tragödie William Shakespeares spielen drei Frauen, die *weird sisters* eine wesentliche Rolle. In der deutschen Übersetzung von Dorothea Tieck werden sie zu Recht als Hexen bezeichnet, denn ihre Eigenschaften und Handlungen sind genau diejenigen, die früher allgemein den »Unholden« zugeschrieben wurden.

Schon rein äußerlich entsprechen sie dem Bild einer Hexe, denn sie sind häßlich, ja sie werden gar als eingeschrumpfte »garst'ge Vetteln« mit faltigem Mund beschrieben. Darüber hinaus können sie Wetter machen: Um einem Seemann zu schaden, beschwören sie einen Sturm herauf, denn, wie die erste Hexe sagt:

> Kann ich nicht sein Schiff zerschmettern,
> Sei es doch umstürmt von Wettern!

Ihre Hauptaufgabe besteht darin, Macbeth, den Anführer des königlichen Heeres, durch Prophezeiungen vom rechten Weg abkommen zu lassen. Bis dahin treuer Vasall des schottischen Königs Duncan, wird er durch die Weissagung der Hexen, ihm selbst sei es bestimmt, König zu werden, dazu verleitet, den König zu ermorden und die schottische Krone an sich zu reißen. Um seine Tyrannei zu sichern, schreckt er auch vor weiteren Morden nicht zurück, doch da er sich von Feinden umgeben weiß, sucht er schließlich die drei Schwestern wieder auf, denn »gespannt bin ich, das Schlimmst' auf schlimmstem Weg zu wissen«.

Die Hexen sind gerade dabei, einen → Zaubertrank zu brauen, und dieses Mal fällt ihre Antwort auf die Frage nach Macbeths Zukunft sehr sibyllinisch aus. Durch sie heraufbeschworene Geister erklären ihm, daß keiner ihm schaden wird, »den ein Weib geboren«, und daß er so lange nicht besiegt werden könne, bis der Wald von Birnam sich auf sein Schloß zu bewege.

Diese Aussagen, die Macbeth zunächst beruhigen, erweisen sich als trügerisch, denn als die Engländer die Festung Dunsinan belagern, in der sich Macbeth verschanzt hat, verbergen sich die Krieger hinter gehauenen Bäumchen des Birnam-Waldes und können dank dieser List unbemerkt vorrücken. Und bei der Entscheidungsschlacht wird Macbeth vom schottischen Adligen Macduff, der vor seiner Geburt aus dem Mutterleib »geschnitten ward«, besiegt und getötet.

Die Zauberschwestern – die »secret, black, and midnight hags«, die »geheimen, schwarzen Nachtunholde«, wie Shakespeare sie nennt – haben in dieser Tragödie ausschließlich negative Züge. Obgleich sie Macbeth nur im übertragenen Sinne »behexen« und auch sonst nicht durch irgendwelche Zauberhandlungen in den Gang der Handlung eingreifen, sind sie durch ihre »Offenbarungen« oder Einflüsterungen letztlich doch für alles Unheil verantwortlich, das über Schottland hereinbricht. Hierin erinnern sie allerdings, zumal in ihrer Dreizahl, weniger an »echte« Hexen als vielmehr an die römischen Parzen beziehungsweise die griechischen Moiren.

Magie → Zauberei

Mahr/Mahrt
Das hauptsächlich im norddeutschen Raum verwendete Wort »Mahr« steckt auch in unserem immer noch gebräuchlichen »Nachtmahr«, dem englischen *nightmare* und dem französischen *cauchemar* (»Alptraum«). Daraus wird deutlich, worum es sich bei dem Mahr beziehungsweise der Mahrt handelte: um ein Nachtgespenst. Von ihm nahm man früher an, daß es mit Vorliebe in die Gestalt eines Marders (französisch *martre*) schlüpfe. Andere bringen den Namen dieses Wesens allerdings eher mit »Mähre« in Zusammenhang, weil die Mahrt ihre Opfer zuweilen in Gestalt eines gespenstischen weißen Pferdes anfallen soll.

Nach pommerschem Glauben nahm die Mahrt auch gern das Aussehen eines Strohhalms an. Und dann, so erzählte man Ende des neunzehnten Jahrhunderts, »muß man es machen wie jener Schäferknecht, der nahm den Strohhalm, steckte sein Ende in das andere und hängte ihn auf einen Nagel. Des Morgens hing da ein häßliches Weib, das hatte den Kopf im – na, du weißt ja.« In Sachsen kannte man die »Drückermahrten« und die »Klettermahrten«, anderswo auch die »Bocksmahrte«. In einer alten schwedischen Sage wird König Vanlandi von einer *mara* zu Tode gedrückt.

Die Mahrt, die ureigentlich also ein Gespenst war, wurde in der Blütezeit des Hexenglaubens buchstäblich »verhext«. Von da an nämlich wurden ihre Eigenschaften – wie dies auch im Falle der → Trude, der Elben und der Feen geschah – den Hexen zugeschrieben.

Ein häufiges Motiv in Geschichten, die von der meist als weiblich gedachten Mahrt handeln, ist, daß sie sich, wenn sie mit irgendeinem Trick gefangen wird, als schöne junge Frau entpuppt. Häufig geht sie dann mit ihrem Kerkermeister eine Ehe ein – aber (und dies hat sie mit den Feen und Nixen gemeinsam) sobald sich ihr eine Möglichkeit dazu bietet, verschwindet sie auf Nimmerwiedersehn.

Für Hexen(meister) sind derlei Verhaltensweisen untypisch, und doch sind sie im Bewußtsein des Volkes mit der Zeit so in die Rolle der Mahrten geschlüpft, daß die beiden Gestalten, wie der folgende kurze Bericht vom Ende des neunzehnten Jahrhunderts aus Pommern zeigt, schließlich völlig miteinander verschmolzen:

»Ein Schneider in Schwarzow, welcher häufig von der Mahrt geritten wurde, hatte sich sagen lassen, er solle nur seinen Stuhl neben sein Bett stellen und, wenn er die An-

kunft der Mahrt verspüre, mit einer Nadel auf das Sitzbrett stechen. Das that der Schneider eines Abends auch, und als er am andern Morgen erwachte, kniete ein Mann aus dem Dorfe neben dem Stuhl; denn sein rechtes Ohr war mit der Nadel auf dem Sitz festgeheftet.«
Mehr darüber: Peuckert 1942

Majoran → Dost

Malefiz-Mittel
Gegen alle Arten von angehexten *maleficiis*, das heißt durch Hexen verübten Schadzauber, kannte man früher wirksame Pülverchen, Öle, Tränke, Wässerchen oder Kräutermischungen. Sie waren im Volk weit verbreitet, und je nach Beschaffenheit und Zubereitungsart mußte der Bezauberte sie einnehmen, als Pflaster auflegen, darin baden, sich damit einreiben oder beräuchern lassen.

Als Beispiele seien hier zwei typische Rezepte angeführt. Das erste beschreibt die Herstellung eines Malefiz-Pflasters: »Nimb St. Johann-Oel, Terpentin-Oel aus der Ampel vor dem Venerab. Malefitz-Oehl, Aichen und Linden-Mistel. Johann-Krauthblume, Wullen-Krauthblume, Schehlkraut und Malefitzwachs, und zu einem Pflaster gemacht.«

Allein die Selbstverständlichkeit, mit der hier von Malefiz-Öl und Malefiz-Wachs die Rede ist, zeigt, wie gebräuchlich und allgemein bekannt diese Mittel waren.

Das zweite ist ein Rezept für »Malefitz-Rauch vor die Leuth«: »Nimb rautten, gesamlete Rosenblätter und andere Blumen, St. Johann-Krauth, geweyhte Palmen und Sevi, Majoran, Benignenrosen, Wacholder-Beer, Träublein von den Nußstauden, Aichenblüht, Elsenbeerblüht, Waldrauch, Beyfuß, allerhand Blumen, Leber, Herz und Gall von einem Hecht.«

Die einfachere Version dieser Räuchermischung bestand aus »Wacholderbeer, Rautten, Benignenrosen, Nuß- und Aichenlaub, Lind- und Elsenbeerblüht, Salbay, Blumen von Altar«.

Märchenhexen

Unsere Vorstellung vom Wesen und den Attributen der Hexen stammt zu einem nicht geringen Teil aus den Märchen, die von den Brüdern Grimm und anderen zusammengetragen und aufgeschrieben wurden. Die Hexen dieser Märchen sind im wesentlichen böse und haben es vor allem auf Kinder abgesehen. Und wenn eine solche Hexe das Glück hatte, eines zu erwischen, »dann« – so erfahren wir aus ›Hänsel und Gretel‹ – »machte sie es tot, kochte es und aß es, und das war ihr ein Festtag«.

Hexen sind grundsätzlich alt, sie sind häßlich und krumm, und, wie es in ›Jorinde und Joringel‹ heißt, »gelb und mager: große, rote Augen, krumme Nase, die mit der Spitze ans Kinn reichte«. In ›Hänsel und Gretel‹ wird deren Beschreibung noch weiter ausgeführt: »Die Hexen haben rote Augen und können nicht weit sehen, aber sie haben eine feine Witterung wie die Tiere und merken's, wenn Menschen herankommen.«

Verständlicherweise sind Hexen neidisch auf schöne junge Mädchen und versuchen sie zu töten, wie etwa in ›Schneewittchen‹, oder – wie in ›Rapunzel‹ – von der Welt abzuschotten, oder aber, wie im Falle von ›Jorinde und Joringel‹ oder ›Brüderchen und Schwesterchen‹, sie in ein Tier zu verwandeln.

Aus vielen Märchen erfahren wir, daß Hexen tief im Wald in alten Häuschen, Hexenhäuschen eben, wohnen – und daß sie sich mit Pflanzen auskennen, wird in ›Rapunzel‹ zumindest implizit gesagt, denn der Garten der Zauberin steht »voll der schönsten Blumen und Kräuter«.

Auch daß sich Hexen in Tiere verwandeln können, in eine Nachteule oder eine Katze – also genau die Tiere, die allgemein am häufigsten mit Hexen assoziiert werden –, ist den Märchen zu entnehmen. So finden wir in Märchen also so ziemlich alles vereinigt, was es über die Hexen zu sagen gibt, und natürlich auch die Lösung des Hexenproblems: Man schubst sie in den brennenden Ofen! »Hu! da fing sie an zu heulen, ganz grauselich; aber Gretel lief fort, und die gottlose Hexe mußte elendiglich verbrennen.«

Mäusemachen

Eine der typischen → Künste, die den Hexen nachgesagt wurden, war das »Mäusemachen«. Diese Fähigkeit war angeblich eine der ersten, die sich die »Lernhexe« aneignen mußte, und bei den ersten Versuchen, so glaubte man im Oldenburgischen, hatten die Mäuse daher oft noch keine Schwänze. Die Angaben darüber, welche Zutaten für diese Zauberei benötigt wurden, variieren zum Teil erheblich und reichen von Hexenharn, Erde, Sand und Staub bis hin zu Eichen- und Weidenblättern.

Einer anderen Überlieferung zufolge bildete die Hexe aus einem Tuch die Gestalt einer Maus, hielt dann ein dunkelgelbes, vierbeiniges Gerät unter dieses Gebilde und sagte: »Lauf hin und komm wieder her zu mir.« Andere sagten, daß Zauberkräuter in einem Topf gesotten wurden und die Hexe anschließend ausrief: »Maus, Maus, heraus in Teufels Namen«, worauf die Mäuse nur so aus dem Topf sprudelten. Der praktische Zweck dieses Kunststücks bestand im allgemeinen darin, anderen Menschen Schaden zuzufügen, indem man ihnen eine Mäuseplage ins Haus oder auf die Felder schickte.

Solchen Zaubermäusen fehlte nicht nur, wie gesagt, oft der Schwanz, sie sollten auch feurige Augen und gespaltene Ohren haben. Daß aber nicht immer nur Bosheit hinter dieser Kunst stand, zeigt unter anderem eine mündlich überlieferte Geschichte aus Schwaben, in der es heißt, ein alter Jäger aus Binzwangen habe sich auf die Hexerei verstanden.

»Da waren einmal seine Nachbarn bei ihm und unterhielten sich mit ihm von wegen des Hexenwerks. Sprach der alte Jäger, es sollte ihm ein Kleines sein, unzählig viele Mäuse an den Wänden hinauf laufen zu lassen. Kaum gesagt, liefen aus allen Ecken und Enden Mäuse und an den Wänden hinauf über die Decke. Da nahmen die Nachbarn Reißaus.«

Wie gefährlich solche »harmlosen« Hexereien in früheren Jahrhunderten aber sein konnten, zeigt ein anderer Bericht, demzufolge eine alte Frau ihren Enkeln weiße Mäuse zu machen pflegte, damit diese etwas zum Spielen hätten. »Des Nachbars Kinder erzählten zu Hause von den artigen Mäuslein, da bemeisterte sich das Gericht des Weibes, und sie ward als Hexe verbrannt.«

Medea

Medea, die Tochter des Königs Aietes von Kolchis, war eine berühmte Zauberin und eine weit schlimmere Hexe als ihre Tante → Kirke. Sie verliebte sich in Iason, den Anführer der Argonauten, und half ihm, das Goldene Vlies zu erlangen, damit er, wie ihm sein Onkel Pelias versprochen hatte, Herrscher über Thessalien werden konnte.

Als Pelias Iason aber sein Erbe verweigerte, rächte sie ihren Mann auf grausame Weise. Zu diesem Zweck zeigte sie den Töchtern des Pelias, wie sie einen alten Widder tötete, zerstückelte und zusammen mit bestimmten Zauberkräutern kochte. Als das Tier nicht nur quicklebendig, sondern auch verjüngt wieder aus dem Kessel sprang, waren die Prinzessinnen zutiefst beeindruckt und ließen sich von Medea leicht dazu überreden, dasselbe mit ihrem alten Vater auszuprobieren. Als dieser zerstückelt im Topf lag, weigerte sich Medea aber, ihre Zauberkünste anzuwenden, und der Vater blieb tot.

Damit nicht genug, übte Medea schließlich auch entsetzliche Rache an ihrem eigenen Mann, der sie nach langen glücklichen Ehejahren wegen einer Jüngeren verstoßen hatte. Sie machte scheinbar gute Miene zum bösen Spiel und schickte ihrer Rivalin zur Hochzeit ein prunkvolles Gewand und ein wundervolles Diadem. In dem Moment aber, als die Braut das Kleid anzog, schlugen Flammen daraus hervor, und sie kam elendiglich darin um. Um Iason auch noch den letzten Trost zu rauben, tötete Medea schließlich ihre zwei gemeinsamen Kinder.

Mehr darüber: Kottaridou 1991

Milchhexe

Eine der Lieblingsbeschäftigungen der Hexen – ja eine ihrer vorzüglichsten → Künste – scheint nach der Häufigkeit der diesbezüglichen Berichte darin bestanden zu haben, den Kühen die Milch abzuzaubern. Als Motiv wurde im allgemeinen Rachsucht angegeben. Wenn also eine Hexe, häufig natürlich eine Zigeunerin, an der Haustür eines Bauern abgewiesen wurde, »bedankte« sie sich für die vorenthaltene milde Gabe damit, daß sie einer oder mehreren seiner Kühe die Milch nahm oder, schlimmer noch, die Milch »rot«, also blutig werden ließ.

In einem solchen Fall half kein Warten und keine Medizin. Das einzige, was die Sache wieder ins Lot bringen konnte, war ein Gegenzauber, den man entweder selbst durchführte oder für den man einen → Hexenbanner zu Hilfe rief.

Eine aus Mecklenburg überlieferte Methode bestand darin, der betroffenen Kuh am frühen Morgen ein paar Tropfen ihrer eigenen Milch, die man ihr mühsam »aus den Zitzen gestrippt« hatte, auf nüchternen Magen zu trinken zu geben. Zuvor mußte man diese Milch allerdings mit ein wenig Kot von einem Mann vermischen. Damit bewirkte man, wie es hieß, nicht nur, daß die Milch wiederkam, auch die Hexe selbst wurde dadurch herbeigezwungen und konnte also bestraft werden.

Anders verfuhr man in der Steiermark. Hier hieß es, man müsse von einem Antlaßei – also einem Ei, das an einem Gründonnerstag gelegt wurde – den Dotter nehmen und es mit einem glühenden Nagel aus einem Wagen, in dem eine Leiche auf den Friedhof gebracht worden sei, ausbrennen. Gab man anschließend den »gebrannten« Dotter in einer Schüssel voll Milch der betreffenden Kuh zu trinken, war der Schadzauber aufgehoben. Auch sollte es schon helfen, Antlaßeier vor der Stalltür zu vergraben.

Wie man mancherorts noch Anfang des zwanzigsten Jahrhunderts wußte, ließ die Hexe die Milch einer Kuh nicht einfach versiegen, sondern »leitete« sie in ihre eigene Küche »um«, um damit zu buttern. Das Verfahren war

Die Hexe melkt einen Axtstiel,
Illustration zu Johannes Geiler von Kaysersberg:
›Die Emeis oder Quadragesimale‹, 1516

denkbar einfach: Die Hexe melkte anstelle der Kuh je nach Lust und Laune einfach ein Tisch- oder Stuhlbein, oder auch ein Tuch, und sagte dazu die entsprechenden Zaubersprüche auf, die sie in ihrer Lehrzeit gelernt hatte.

Der folgende – von einem Lehrer aus Jacobshagen (Pommern) in den zwanziger Jahren aufgezeichnete – Fall ist durchaus charakteristisch:

»Ein Altstorkower Bauer hatte sich eine ›frischmelkende‹ Kuh gekauft. Als er sie des Abends melkt, gibt sie keine Milch. Er versucht es am nächsten Tag, auch da gibt sie keine. Er wendet alle Mittel an, die ihm vorgeschlagen werden. Es ist immer vergebens. Die Kuh ist gesund, frißt auch ganz gut. Nach zwei Monaten verkauft er sie für billiges Geld. Bei dem neuen Besitzer gibt sie mit einem Mal viel Milch. Später hat er gehört, daß eine Frau durch Zauberei seiner Kuh die Milch entzogen hat. Zu bestimmten Zeiten hat sie in ihrer Küche am Handtuch gesessen und aus diesem Milch gemolken. Dies hat sie so lange getrieben, bis die Kuh verkauft worden ist.«

Montespan, Marquise de → Schwarze Messe

N

Nachtschatten, Schwarzer

Der Schwarze Nachtschatten (*Solanum nigrum*) ist als Nachtschattengewächs ein Verwandter der biederen Tomate und Kartoffel. Er wächst überall an Wegrainen, auf Schuttplätzen und an Bahngleisen. Alle Pflanzenteile, insbesondere aber die unreifen grünen Beerenfrüchte sind giftig. Der mit seinen kleinen weißen Blüten eher unscheinbare Schwarze Nachtschatten galt als wichtige Zauberpflanze. Er soll Bestandteil der Hexensalbe (→ Salbe) gewesen und von den Hexen für mancherlei Tränke verwendet worden sein.

Gleichzeitig diente er als Abwehrmittel gegen Hexen. In einem Kräuterbuch des sechzehnten Jahrhunderts heißt es, das Kraut helfe »wider die schäden die die hexen den leuten zufügen«, und in der Steiermark etwa war der Nachtschatten eines der Kräuter, die man kleinen Kindern zur → Abwehr von Hexen und bösen Geistern in die Wiege legte.

Nadel

Die Nadel ist nicht nur ein außerordentlich nützlicher Gegenstand, sie wurde seit alten Zeiten auf der ganzen Welt auch als ein höchst magisches Objekt angesehen, mit dem es sich zu guten wie zu bösen Zwecken hervorragend zaubern ließ.

Weit verbreitet und viel geübt war der Brauch, mit Hilfe von Nadeln Krankheiten fortzuzaubern. Im Fall von Warzen etwa stach man mit einer Nadel in das Übel hinein und warf die Nadel dann auf einen Weg. Der nächste, der vorbeikam und die Nadel aufhob, bekam, so hieß es, die Warze, der andere aber war sie los.

Obgleich noch vergleichsweise harmlos, zählt diese Heilungsmethode doch durchaus schon zu dem, was als »Schadzauber« bezeichnet wird und in vergangenen Jahrhunderten hauptsächlich den Hexen zugeschrieben wurde. Da diese Maßnahmen aber allgemein bekannt waren und jeder sie durchführen zu können glaubte, hütete man sich, auf dem Weg liegende Nadeln, Fäden (→ Knoten) und dergleichen mehr aufzuheben.

Komplizierte oder ungewöhnliche, plötzlich auftretende Krankheiten dagegen, die mit solch schlichten Methoden nicht zu kurieren waren, führte man ganz und gar auf das Wirken von Hexen zurück. Und da man natürlich nicht immer wissen konnte, wer einem nun den Schaden angehext hatte, versuchte man es mit allerlei eigenen Zaubereien, um die Unheilstifterin ausfindig zu machen.

Englische Bauern pflegten epileptische Anfälle zu behandeln, indem sie eine Flasche mit Nadeln füllten und diese dann so lange auf dem Herd stehen ließen, bis die Nadeln zu glühen begannen. In dem Moment durchstachen sie, wie man glaubte, das Herz der Hexe und zwangen sie dadurch, den Zauber aufzuheben. Noch Ende des neunzehnten Jahrhunderts fand man unter dem Herd von Häusern, die niedergerissen oder umgebaut wurden, oft genug solche »Nadelflaschen«.

Auch wenn Hexen aus Rache oder Mißgunst dem Vieh Schaden zufügten, leisteten die Nadeln gute Dienste. War in Ostpreußen etwa eine Kuh so verhext, daß sie kaum noch Milch gab, nahm der Bauer ein wenig davon, erhitzte sie in einer Pfanne und warf dann einige Nadeln hinein. Die Hexe litt dadurch solche Qualen, daß sie unverzüglich den Zauber löste.

In Oldenburg und anderen Gegenden Deutschlands verfuhr man bei angeblich angehexten Krankheiten in ähnlicher Weise mit dem Herz eines schwarzen Huhnes: Man spickte es mit Nadeln und ließ es entweder bei verschlossenen Türen kochen oder warf es, in einem Beutel verwahrt, vor Sonnenaufgang in ein fließendes Gewässer. Wie man glaubte, würde die Hexe umgehend erscheinen, die Krankheit rückgängig machen und flehentlich um Vergebung bitten.

Nekromantie

In den Bereich der schwarzen Magie gehört die Nekromantie oder »Weissagung durch Tote«. Ihrer bediente man sich, um mit Hilfe des Geistes eines Abgeschiedenen Aufschlüsse über die Zukunft zu erhalten. Diese Form der Zauberei wurde in vielen Gegenden der Welt praktiziert; in unserem Kulturkreis ist sie vor allem aus der Antike bekannt.

Odysseus betätigte sich als Nekromant, indem er den genauen Instruktionen der Hexe → Kirke folgte: Bevor diese ihn wieder ziehen ließ, wies sie ihn an, an einem von ihr genannten magischen Ort, am Zusammenfluß zweier Ströme nämlich, den Geist des Sehers Teiresias zu beschwören, auf »daß er dir weissage den Weg und die Mittel der Reise«.

Wichtig bei der Nekromantie war nicht nur die Wahl des richtigen Ortes, wie etwa heiße Quellen, wilde Schluchten oder Höhlen, die man für den Eingang in die Unterwelt hielt; wesentlich war weiterhin das Blutopfer, an dem sich die herbeigerufenen Totengeister stärken sollten. Wie eine solche Beschwörung vor sich ging, beschreibt Kirke dem Odysseus:

> Nahe bei diesem Ort gebiet ich dir, edler Odysseus,
> Eine Grube zu graben von einer Ell' Gevierte,
> Rings um die Grube geuß Sühnopfer für alle Toten,
> Erst von Honig und Milch, von süßem Weine das zweite,
> Und das dritte von Wasser, mit weißem Mehle bestreuet.
> Dann gelobe flehend den Luftgebilden der Toten:
> Wenn du gen Ithaka kommst, eine Kuh, unfruchtbar und fehllos,
> In dem Palaste zu opfern und köstliches Gut zu verbrennen
> Und für Teiresias noch besonders den stattlichsten Widder

Eurer ganzen Herde, von schwarzer Farbe, zu schlachten.
Hast du den herrlichen Scharen der Toten geflehet, dann opfre
Einen Bock und ein Schaf von ungezeichneter Schwärze,
Ihre Häupter gekehrt zum Erebos; aber du selber
Wende dein Antlitz zurück nach den Fluten des Stromes. Dann werden
Viele Seelen kommen der abgeschiedenen Toten.

Die Beschwörung von Toten ist eine Zauberkunst, die normale Sterbliche nach alter Ansicht entweder überhaupt nicht oder nur nach Anleitung einer »Fachperson« ausführen können. Sie gehört nicht eigentlich zu dem »Repertoire« der typischen deutschen Hexe, sondern scheint eher von Zauberern und Hexenmeistern praktiziert worden zu sein.

Wie es in alten Berichten heißt, wurden zu einer solchen Beschwörung bestimmte Kräuter, darunter → Bilsenkraut und Stechapfel, ins Feuer geworfen sowie ein Tier geopfert. Dann nahm der Hexenmeister den Zauberstab, einen Zauberspiegel oder Zauberring und beschwor den Geist des gewünschten Toten mittels bestimmter Zauberformeln, wie sie etwa in dem sogenannten ›Christoffelsbuch‹ enthalten waren.

Ein Exemplar dieser Schrift wurde anläßlich eines Hexenprozesses im Haus des Angeklagten gefunden und

konfisziert. Darin fand sich unter anderem die folgende Anweisung: »Der die Geister beschwören will, soll vorher drei Tage fasten. Sodann mache er den Zauberkreis, trete in dessen Mitte, nehme das Zaubergeräth, Ring, Stab oder Schwert in die Hand und spreche: Im Namen unsers Herrn Jesu Christi, des Vaters, des Sohnes und des heil. Geistes, Amen. Heilige Dreifaltigkeit, ich rufe dich an, daß du wollest ein Schirmer sein meines Leibes und meiner Seele. Durch die Kraft des heiligen Kreuzes bitte ich dich, der du bist das Alfa und Omega, der Erste und Letzte, König aller Könige, Herr aller Herrschenden, Jatti, Aglanabrath, El Abiel anathi Enathiel Amazin sedomel gayes tolima Elias ischiros athanatos ymas heli Messias; durch diese heiligen Namen und alle andern Namen, die Gewalt und Kraft haben, rufe ich dich an und bitte dich, daß du dich dieser meiner Geisterbeschwörung annehmen wolltest.«
Mehr darüber: Tropper 1989

Nestelknüpfen
Eine den Hexen zugeschriebene »böse« Lieblingsbeschäftigung war das sogenannte Nestelknüpfen. »Nestel« bedeutet zwar wörtlich »Band« oder »Riemen«, doch konnte man ebensogut mit Schlössern »nestelknüpfen« wie mit jeder Art von Schnur. Wie so etwas vor sich ging, zeigt der zu den Akten genommene Bericht eines Predigers, der im Jahr 1702 ein junges Paar trauen wollte. Bei der »Kopula-

tion« – gemeint ist hier der Trauakt – ließ die Braut ein zugeschlossenes Schloß, in dem der Schlüssel steckte, aus der Hand fallen.

»Dies Schloß hatte sie darum, daß keiner der Anwesenden und Zusehenden eine Zauberei beginge, daß entweder der Mann oder das Weib zum Kindergebären untüchtig gemacht werde. Derjenige nämlich, der jungen Eheleuten einen solchen Possen reißen wollte, trüge heimlich bei sich in der Tasche ein Schloß, drückte es bei der Kopulation des Bräutigams und der Braut zu und schlösse es zu. Dann würfe er es verschlossen ins Wasser oder an einen anderen verborgenen Ort. Wenn dies Schloß nicht gefunden und aufgeschlossen würde, so vermöchten die Eheleute keine Kinder zu erzeugen. Darum müßten sie, um solchem Übel zuvorzukommen, bei der Kopulation ein zugeschlossenes Schloß tragen.«

Dieser Schadzauber war nicht nur im deutschsprachigen Raum, sondern auch in Griechenland, Italien, in Rußland, Ungarn, ja sogar in Indien bekannt. Er wird bei Cyrano de Bergerac ebenso behandelt wie schon in der Antike bei Marcellus Empiricus, und er war offensichtlich so gefürchtet, daß er in den Jahren 1298 und 1446 per Synodenbeschluß verboten wurde.

Die Angst vor dem Nestelknüpfen und der daraus resultierenden Impotenz beziehungsweise Unfruchtbarkeit ist auch für die weitverbreitete Vorschrift verantwortlich zu machen, keinerlei → Knoten im Hochzeitskleid oder -frack zu dulden, da ja ein solcher Zauber mit hineingeknüpft worden sein könnte.

Neben dem eingangs genannten Mittel, dem Nestelknüpfen vorzubeugen, wurde in Bayern dem Bräutigam empfohlen, an den drei letzten Tagen vor der Hochzeit frühmorgens durch beide Eheringe zu urinieren – oder aber etwas Eisernes bei sich zu tragen.

P

Pakt mit dem Teufel

Untrennbar mit dem landläufigen Bild der Hexe verbunden ist der Pakt mit dem Teufel, den sie, wie man viele Jahrhunderte lang glaubte, schließen mußte, um ihre Künste ausüben zu können.

Bereits der Kirchenvater Augustinus erklärte, daß jede magische Tätigkeit der Mitwirkung von Dämonen bedürfe, die mit dem betreffenden Zauberer eine Art Vertrag abschlössen. Im dreizehnten Jahrhundert griff Thomas von Aquin diese noch vorsichtig formulierte These auf und erweiterte sie, indem er zwischen einem ausdrücklichen und einem stillschweigenden Pakt mit Dämonen unterschied und behauptete, jeder abergläubischen Handlung läge ein Pakt zugrunde.

Die Kirche akzeptierte diese Theorie bereitwillig und machte sie hauptsächlich durch Verbreitung und Ausschmückung von Legenden auch im Volk populär. So soll beispielsweise dem heiligen Basilius der Teufel erschienen sein und ihm erklärt haben, er werde seinen Willen erfüllen, wenn er ihm einen Brief schreibe. Darin solle stehen, daß er Christus entsage, sich in seine Gewalt begebe und am Jüngsten Gericht mit ihm verdammt werden wolle. Bezeichnenderweise tauchen ähnliche Aussagen in den Geständnissen

Der »Steißkuß« besiegelt den Teufelspakt, Illustration zu Francesco Maria Guazzo: ›Compendium Maleficarum‹, Mailand 1626

angeblicher Hexen immer wieder auf – da die Frage nach dem Teufelspakt stets einen der Kernpunkte der Vernehmung bildete.

Erneuert beziehungsweise erst förmlich geschlossen wurde der Bund dann alljährlich beim großen Hexentreffen in der → Walpurgisnacht. Hier wurden dem Teufel auch die »Novizinnen« präsentiert, die erst ihrem christlichen Glauben abschwören mußten und ihren Vertrag mit dem

Satan dann per Handschlag oder, weit häufiger, mit dem berühmten »Steißkuß« besiegelten.

Noch Anfang des zwanzigsten Jahrhunderts scheinen nicht wenige Menschen – und längst nicht nur Mitglieder satanischer Sekten – versucht zu haben, mit dem Teufel in Kontakt zu treten. Ihre Motive waren dabei unterschiedlicher Art. Den einen ging es in der Hauptsache um die Macht, die ein Teufelsbündnis gewähren sollte, anderen darum, reich zu werden, wieder andere wünschten sich einfach, zaubern zu können.

Manche machten einen Unterschied zwischen dem Pakt, den eine Hexe, und demjenigen, den ein gewöhnlicher Mensch mit dem Teufel schloß. Im ersteren Fall verpflichtete sich die Hexe, dem Teufel bis an ihren Tod zu dienen, wo dann ihre Seele, wie man glaubte, von ihm in Empfang genommen werden würde. Im zweiten Fall wurde der Vertrag in der Regel auf Zeit geschlossen. Solange der Pakt dauerte, war der Teufel dem Menschen in jeder Hinsicht dienstbar. »Ist aber diese Frist verstrichen, so wird man vom ›Schelchen‹ unbarmherzig und bei lebendigem Leibe zur Hölle geschleppt, falls nicht noch ein Geistlicher im letzten Augenblick rettend eingreift«, wie ein Tiroler Bauer Ende des neunzehnten Jahrhunderts einem Volkskundler erzählte.

Aus Sachsen ist überliefert, daß der »Laie« in einem solchen Fall den Vertrag mit dem eigenen Blut in zweifacher Ausfertigung schreiben sollte. Die eine Kopie sollte er auf ein Dachfensterbrett legen, die andere gut aufbewahren. War erstere am nächsten Tag verschwunden, wußte er, daß der Teufel das Angebot akzeptiert hatte und das Bündnis galt.

Eine andere Methode bestand darin, mit dem eigenen Blut lediglich seinen Namen auf ein Blatt Papier zu schreiben. »Den gibt man mit einer Schüssel Milch und einem goldenen Löffel auf die Kellertreppe. Fehlt früh die Milch, so ist der Bund geschlossen.« Im Saterland hieß es, man könne den Bund mit dem Teufel auch dadurch besiegeln, daß man Gott und den Heiligen abschwöre und mit einer schwarzen Henne in den Armen dreimal gegen den Uhrzeigersinn den Friedhof umrunde.

Im Dresdner Kriminalmuseum wurde noch Anfang des zwanzigsten Jahrhunderts ein Zettel aufbewahrt, den man zusammengefaltet im Portemonnaie einer Prostituierten gefunden hatte. Darauf stand mit Blut geschrieben: »Ich verschreibe mich von heute ab in Teufels seine Gewalt um Reichtum zu besitzen und ergebe mich allen. Den 25.7.1899. Lina L... Teufel. Teufel. Teufel. komme. komme.«

Paracelsus

Der unter dem Namen Paracelsus bekannte Arzt, Naturforscher und Philosoph (1493-1541) hieß mit richtigem Namen Philippus Aureolus Theophrastus Bombastus von Hohenheim und war der Sohn eines Schweizer Arztes und

Chemikers. Von ihm wurde er in Chemie unterrichtet und von einem anderen Lehrer schon früh mit der Alchimie vertraut gemacht. Durch ausgedehnte Reisen, die er in seiner Eigenschaft als Feldarzt und Scholastikus durchführte, erwarb er sich später großes Wissen auf dem Gebiet der Heilkunde. Er propagierte die einfachen Heilstoffe, die sogenannten *Arcana*, und hatte in diesem Zusammenhang eine besondere Vorliebe für Metalle.

Paracelsus, wie er sich später selbst nannte, entdeckte mehrere chemische Verbindungen und kann als Begründer der pharmazeutischen Chemie bezeichnet werden. Gleichwohl besaß er einen ausgeprägten Hang zu Kabbala, Okkultismus und Mystik und widmete sich intensiv der Entwicklung von Homunculi und Lebenselixieren.

Um diese geheimnisvollen Tätigkeiten ranken sich eine ganze Reihe von Geschichten, und weit verbreitet war der Glaube, daß er dabei vom Teufel unterstützt worden sei, den er, wie es hieß, in einer kleinen Flasche oder aber in einem Loch in einer Tanne gehalten habe. Ebenso allgemein war man der Überzeugung, er könne neben vielen anderen Künsten auch aus Eisen Gold machen.

Im Allgäu erzählte man sich, er habe sich einmal als Schmied verdingt und viel Eisen dabei verdorben. Als sich der Meister darüber beklagte, habe er in einem Augenblick den Amboß in Gold verwandelt. Auch soll er einen gezähmten »Haselwurm« besessen haben, der ihm stets zu Diensten war und von dem er die Geheimnisse der Pflanzen erfuhr.

Diese mysteriösen Beschäftigungen in Verbindung mit seinem schillernden, extravaganten Charakter brachten ihm zu Lebzeiten einerseits den Ruf eines Hexenmeisters und andererseits den eines Scharlatans ein. Sein unstetes Leben und prahlerisches, eitles Wesen trugen dazu bei, daß die Meinungen über ihn und seine Schriften bis heute geteilt sind.

Pentagramm
Im Gegensatz zum – oberflächlich betrachtet ähnlichen – Hexagramm, einem durch zwei Dreiecke gebildeten Sechsstern, wird das fünfzackige Pentagramm in einer einzigen Linie gezogen. Es ist seit der Antike ein Heilszeichen und spielt beispielsweise im Islam nach wie vor eine große Rolle. Wie früher auch hierzulande, ist man im Orient der festen Überzeugung, ein Pentagramm auf der Türschwelle halte böse Geister davon ab, in das Haus einzudringen.

In Deutschland war das Pentagramm früher als »Drudenfuß«, seltener als »Alfenfuß« bekannt. Diese Bezeichnung spielt auf den Glauben an, daß die Druden oder → Truden, die Alpe und Hexen einen Gänse- oder Entenfuß hätten, dessen Abdruck in etwa der Form eines Pentagramms gleiche (→ Entenfuß).

Gewissermaßen um Gleiches mit Gleichem zu bekämpfen, wurde der fünfzackige Stern auch in unseren Breiten zur Abwehr dieser Wesen aus geweihtem Wachs geformt und am Abend vor Dreikönig an Türen oder anderen wichtigen Stellen des Hauses angebracht oder aber mit Kreide vor allem an die Ställe gezeichnet.

Im Jahre 1699 berichtet ein Chronist aus dem Erzgebirge: »Drutten Figuren siehet man an Thüren oder in Wiegen der kleinen Kinder aus Aberglauben angeschrieben.« Kein böser Geist, nicht Hexe oder Teufel sollten imstande sein, an diesem Zeichen vorbeizuschlüpfen. Auch Johannes → Prätorius wußte um diesen Brauch. Bei ihm heißt es: »Daher solcher Aberglaube noch bey etlichen Weibern, daß sie solch Heydnisches Zeichen des Druyden-Fußes oben und unten an die Wiegen mit eingelegtem Holz oder Farben machen, wider die Hexerey.«

Wie aus Goethes ›Faust‹ bekannt, ist es wichtig, daß der Drudenfuß »geschlossen« ist; so schafft es Mephisto nur deshalb zu Faust vorzudringen, weil das Pentagramm auf seiner Türschwelle nicht ordentlich gezeichnet ist. Er erklärt:

> Beschaut es recht! es ist nicht gut gezogen:
> Der eine Winkel, der nach außen zu,
> Ist, wie du siehst, ein wenig offen.

Welch große Macht dem Pentagramm zugeschrieben wurde, zeigt, daß selbst in der Heilig-Geist-Kirche zu Wismar, direkt vor dem Altar, ein Drudenfuß in den Stein einer Grabplatte geritzt ist, der, wie die nebenstehende Informa-

tionstafel erläutert, dazu dienen sollte, den Altar vor allem Übel zu bewahren.
Mehr darüber: Stober 1967; Becker 1989

Pferd
Das Pferd war und ist heute noch bei vielen Völkern ein Statussymbol und deutlicher Ausdruck des Reichtums seines Besitzers. Daneben war es früher auf dem Land ein unentbehrlicher Gefährte und Gehilfe des Menschen, dessen Verlust oft genug eine echte Tragödie darstellte. Es versteht sich von selbst, daß es darum in Ehren gehalten und gut behandelt wurde.

Doch gab es noch einen anderen Grund, weswegen man mit einem Pferd im allgemeinen vorsichtig umging: Man glaubte nämlich, es sei geistersichtig und stehe mit allerlei elbischen Wesen, daneben auch mit dem Teufel und den Hexen, in enger Verbindung. Was den Teufel betrifft, so ist die Vorstellung, er besitze einen Pferdefuß, allbekannt. Damit, so hörte man oft, »zeichnete« er jede Novizin und machte sie damit erst zu einer richtigen Hexe.

Die Hexen ihrerseits liebten es, sich in Pferde zu verwandeln. Von Island bis nach Südeuropa finden sich Sagen, Märchen und Berichte über solche Hexenpferde, die bisweilen vom Teufel geritten wurden. Weit öfter hörte man allerdings, daß die Hexe mit Hilfe eines magischen Zaumzeugs einen Menschen zu ihrem Reittier machte, aber selbst in ein Pferd verwandelt wurde, wenn es ihrem Opfer gelang, ihr diesen Zaum überzuwerfen.

Mitte des neunzehnten Jahrhunderts soll sich in Schwaben folgende Geschichte zugetragen haben:

Ein Bauer aus der Umgegend von Wiesensteig hatte schon mehrmals ein überzähliges Pferd in seinem Stalle angetroffen und wußte nicht, was er davon halten sollte. So erzählte er die Sache seinem Schmied, der sprach: »Sobald du wieder ein fünftes Pferd bei deinen Pferden siehst, so ruf mich nur.« Es dauerte auch nicht lange, da war das fremde Pferd wieder da, und sogleich ließ der Bauer den Schmied herbeirufen. Der kam auf der Stelle, brachte vier Hufeisen mit und sagte: »Der Gaul hat gewiß keine Eisen auf, wir wollen ihn doch beschlagen!« Als der Bauer aber am folgenden Tage seinen Nachbarn, den Schmied, besuchte, lag dessen Frau im Bett und hatte an Händen und Füßen ein Hufeisen. Seitdem habe sie sich nicht wieder als Pferd gezeigt.

Trotz der vielfältigen engen Beziehungen, die Hexen zu den edlen Vierbeinern unterhielten, scheuten sie angeblich nicht davor zurück, sich dadurch an jemandem zu rächen, daß sie sein Pferd töteten.

Immer wieder ist in Hexenprozeßakten von solchen Untaten die Rede. Am 13. Oktober 1570 bekannte in Mecklenburg ein Mann namens Paul Kröger, er habe jemandem »die Pferde mit Todten Erde bezaubert, einem andern zwei Pferde zu Todte gezaubert, dazu brauchte er Menschen

Haar, Wolfs-, Hasen-, Fuchs-Haar und Hundes Dreck. Dies habe er in aller Teufel Namen in einen Pott gethan und in die Erde gegraben, wo die Pferde über giengen.«

Die Beziehung zwischen Hexe und Pferd ist nicht mit der – ungleich »symbiotischeren« – zwischen Hexe und Katze zu vergleichen; so ist nie davon die Rede, daß eine Hexe einer Katze Schaden zufügt. Während diese nämlich selbst ein echtes Hexentier ist, läßt sich das vom Pferd nicht behaupten. Es wird zwar als Reit- und als »Verwandlungstier« benutzt, doch steht es ebenso wie der Geisterwelt dem Menschen nahe und ist in weit stärkerem Maße dessen Freund als die einzelgängerische Katze.

Auch wußte früher jeder, daß ein gefundenes Hufeisen über der Tür böse Geister und Hexen davon abhält, die Schwelle des Hauses zu übertreten. Für diesen Brauch dürfte zwar in erster Linie das Material, aus dem ein Hufeisen besteht, verantwortlich gemacht werden, da Geister auf der ganzen Welt entsetzliche Furcht vor Eisen haben sollen. Aber die enge Verbindung des Hufeisens zu seinem Träger, dem Pferd, spielte für unsere Vorfahren sicherlich ebenfalls eine nicht unwesentliche Rolle.

Schließlich ist daran zu erinnern, daß sogar heutzutage noch an norddeutschen Häusern Pferdeköpfe aus Holz am Dachfirst befestigt werden. Sie sind ein Ersatz für den früheren heidnischen Brauch, echte Pferdeköpfe auf das Dach zu legen oder auf Stangen zu stecken – die sogenannten Neidstangen; diese Köpfe waren einerseits als Opfer für die

Götter zu verstehen und dienten andererseits dazu, böse Geister fernzuhalten. In einem Dorf bei Braunschweig nagelte noch um die Jahrhundertwende ein Bauer einen richtigen Pferdekopf über den Türbalken, und erklärte, ihm seien nach und nach seine Pferde gestorben. Da habe er es mit diesem alten Mittel versucht. »Seitdem standen die Pferde.«

Diese Ausführungen machen deutlich, daß die positive Funktion und Bedeutung des Pferdes für den Menschen bei weitem überwog und die Verbindung zu den Hexen eine weit oberflächlichere gewesen zu sein scheint, als dies etwa bei → Katze, → Rabe oder → Eule der Fall war.

Mehr darüber: Hancar 1956

Prätorius, Johannes

Hans Schultze, wie Johannes Prätorius von Hause aus schlicht hieß, wurde 1630 in Zethlingen in der Altmark geboren. Seinen latinisierten Namen erhielt er vermutlich in der Schule; einige Jahre darauf erwarb er mit einer Arbeit über die Überwinterung der Störche den Magistertitel. Später befaßte er sich dann unter anderem mit Astrologie und dozierte in Halle und Leipzig. Vor allem aber verfaßte er eine ganze Anzahl von Büchern, die Aufschluß über vielerlei abergläubische Vorstellungen seiner Zeit geben. So schrieb er über die Chiromantie und weitere Arten der Weissagung, über Kometen, Wünschelruten, Rübezahl, Zwerge, Bergmännlein und andere Geister – insbesondere aber über Hexen.

Letzteres Thema hatte es ihm so sehr angetan, daß er ihm ein ganzes Buch widmete, in dem er ausführlich das Treiben eines Hexensabbats beschreibt (→ Sabbat). Ihm ist anzumerken, daß Prätorius von der Realität all dessen, was er so plastisch schilderte, durchaus überzeugt war. Er glaubte fest an die Existenz von Teufeln, bösen Geistern, Feen, Wichtelmännchen und Hexen sowie an deren Macht, den Menschen zu schaden.

Im Detail führte er auf, welche Maßnahmen seine Zeitgenossen ergriffen, um sich gegen die Unholden zu schützen – beispielsweise, indem sie an Walpurgis (30. April) drei Kreuze an die Fensterläden, Türen und Schränke zeichneten, Kränze aus bestimmten Pflanzen aufhängten, das Vieh mit Weihwasser besprengten oder Salz und Brot bei sich trugen.

Seine Meinung über derlei abergläubische Bräuche verkündete er höchst unverblümt, indem er diejenigen, die sich so gegen Zaubereien zu schützen versuchten, mit den Hexen auf eine Stufe stellte. So schreibt er: »Jene sind vom Teufel geschickt, und diese gehen ihm entgegen. Es hilft nicht gegen ihn, wenn man zehn Bibeln frißt und zwanzig um sich bindet. Dies ist Spiegelfechten und Betrug. Deshalb lasse ein jeder die abergläubischen, gottlosen und unnützen Dinge sein. Es ist lauter Affenspiel, worüber selbst der Teufel lacht.«

R

Rabe

Nicht ohne Grund machte Otfried Preußler den Raben Abraxas zum ständigen Begleiter seiner → Kleinen Hexe: Diese Vögel sollen nämlich nach altem, in ganz Europa und darüber hinaus verbreiteten Glauben in besonders engem Kontakt zu Feen, Elben, *fairies* und dergleichen Wesen mehr stehen. Schon die Babylonier, später dann die alten Araber, die Germanen und Slawen betrachteten ihn als einen außerordentlich weisen Vogel, der zudem mit übernatürlichen Kräften bedacht sein und insbesondere die Gabe der Prophetie besitzen sollte. Aus diesem Grund brachte man ihm zwar hohe Ehrerbietung entgegen, hielt es im allgemeinen aber doch für angeraten, ihm nach Möglichkeit aus dem Weg zu gehen.

Ab dem Mittelalter allerdings, als man vieles von dem, was zuvor Elben und anderen Geistwesen nachgesagt worden war, auf die Hexen übertrug, geriet der Rabe – und mit ihm die Krähe, die das einfache Volk oft als dessen Frau ansah – in den Ruf eines dämonischen Hexentieres. Zur Zeit der Hexenverfolgungen erzählte man sich in Pommern, der Teufel habe so manches Mal die Gestalt eines Raben angenommen und versucht zu verhindern, daß der Holzstoß, auf dem eine Hexe verbrannt werden sollte,

Feuer fing. »Man mußte den schwarzen Vogel mit Gewalt vertreiben, sonst war es unmöglich, das Urtheil an der Zauberin zu vollstrecken.«

In einem anderen, ebenfalls aus Pommern dokumentierten Fall hieß es, das Feuer des Scheiterhaufens habe sich immer von der Hexe abgewandt. »Da kam ein Mann mit einem Kreuzdornstock herbei. Mit dem stieß er der Hexe, welche Maria Krüger hieß, eine schwarze Mütze vom Kopfe, die man ihr gelassen hatte. Mit einem Male flog ein schwarzer Rabe von ihr, und nun verbrannte sie augenblicklich.«

Die Vorstellung, daß sich Teufel – und gleich ihnen die Hexen – in Raben oder Krähen verwandeln können, ist weit verbreitet und sehr wahrscheinlich mit ein Grund dafür, daß der Anblick dieser Vögel, ihr Krächzen in der Nähe des Hauses oder gar ihr Aufenthalt auf einem Dach bis in jüngste Vergangenheit fast durchweg als schlechtes Vorzeichen angesehen wurde. Je nach Anzahl und Verhalten der Vögel schloß man daraus auf Zank, Krankheit oder gar Tod im Haus.

Doch konnten sich Hexenmeister und Hexen nicht nur in Raben verwandeln; sie pflegten angeblich auch mit Rabenblut zu schreiben und einen Teufelspakt grundsätzlich mit einer Rabenfeder aufzusetzen. Ferner sollten sie imstande sein, mit einem Rabenflügel die Pest zu übertragen.

Als in höchstem Maße wirkmächtig wurde der sogenannte »Rabenstein« angesehen, den man erlangen konnte, indem man aus einem Rabennest ein Ei entwendete, es kochte und anschließend wieder hineinlegte. Daraufhin flog der Rabe ans Meer, brachte von dort den Wunderstein, berührte damit das Ei, und es wurde wieder roh und frisch wie zuvor. Gleichzeitig wurden aber Baum, Ei, Rabe und Nest unsichtbar; man mußte sich also gut merken, wo alles gewesen war, damit man den vom Vogel weggeworfenen Stein wiederfand: Sobald man ihn in die Hand nahm, wurde man selbst unsichtbar.

Die Pommern glaubten, der Rabenstein entstehe aus den Augen von gehängten Dieben, er sei glatt, rund und rot und mache den Träger unsichtbar. In Tirol wußte man darüber hinaus, daß man ihn nur unter die Zunge zu legen brauche, um die Sprache der Tiere zu verstehen. Doch müsse man ihn, wie es in einem Zauberbuch aus dem Jahr 1586 hieß, »in aller Teufel Namen« tragen – und dementsprechend erklärte man auf Rügen ausdrücklich, sein Besitzer sei dem Teufel verfallen.

Rais, Gilles de

Gilles de Rais entspricht ganz und gar dem Bild eines Hexenmeisters, wie es in den vergangenen Jahrhunderten immer wieder gezeichnet wurde. Er dürfte einer der wenigen sein, die tatsächlich einen Großteil der Verbrechen begangen hatten, die man seinesgleichen zur Last legte. Dennoch ist er wohl, alles in allem, eher als ein perverser, durch Geld und Ausschweifungen verdorbener kranker Mensch zu bezeichnen denn als richtiger Zauberer.

Gilles de Rais (1404-1440) war einer der reichsten Männer Frankreichs. Er kämpfte an der Seite der Jeanne d'Arc gegen die Engländer und besaß großen Einfluß, bis er anfing, sein ungeheures Vermögen in jeder nur denkbaren Weise zu verschwenden. Zeitweise beschäftigte er Hunderte von Dienern und Leibwächtern und veranstaltete Feste, die selbst die eines Königs an Aufwand übertrafen. Die Folge war, daß er sich immer mehr in Schulden stürzte und sich schließlich – in der Hoffnung, sich mit selbstgemachtem Gold eindecken zu können – der Alchimie zuwandte.

Dadurch kam er mit Wahrsagern, Geisterbeschwörern, Giftmischern und anderen zwielichtigen Gestalten in Berührung, mit denen er schwarze Messen zelebriert haben soll, in deren Verlauf Kinder geschändet, zerstückelt und den Dämonen geopfert wurden.

In der Anklageschrift heißt es unter anderem, Gilles de Rais »beschwor und ließ beschwören böse Geister, die auf die Namen Barron, Oriens, Belzébuth und Bélial hörten, unter Zuhilfenahme von Feuer, Myrrhe, Aloe, Weihrauch und anderen Aromaten, wobei die Fenster und Luken des besagten unteren Saales weit geöffnet waren, während sie niederknieten, um von diesen bösen Geistern Antwort zu erhalten, und sie waren bereit, ihnen Opfer darzubringen und sie anzubeten; und besagter Angeklagter Gilles wollte mit ihnen einen Pakt schließen, um Wissen, Macht und Reichtum mit Hilfe der bösen Geister zu erhalten und wiederzubekommen.«

Gilles de Rais bereute und gestand seine Untaten (wenngleich er den Vorwurf der Beschwörung böser Geister bis zuletzt hartnäckig bestritt) und wurde am 26. Oktober 1440 hingerichtet.

Regen

Grundsätzlich machte man Hexen für Unwetter jeglicher Art verantwortlich (→ Wetterhexe), wie Hagel, Sturm und Gewitter: Witterungen, die vom Normalen abweichen und daher als unheimlich empfunden und auf magische Einwirkung zurückgeführt wurden. Das gleiche galt auch für ungewöhnlich lange und/oder zur Unzeit auftretende Regen- oder Dürreperioden. Und während man in der Regel den verachteten und gleichzeitig gefürchteten »Dorfhexen« wohlweislich aus dem Weg ging, um nicht in ihr Zielfeld zu geraten, waren solche Ereignisse Anlaß genug, sich an sie zu wenden und von ihnen zu verlangen, den Regen abzustellen beziehungsweise welchen herbeizuzaubern.

Aus Südrußland stammt der folgende Bericht:

»Im Juni des Jahres 1884 herrschte in Peresadowka große Dürre. Die Bauern schrieben dieselbe drei alten Weibern zu, die bei ihnen als Hexen galten. Diese Weiber wurden in das Dorfamt beschieden und beauftragt, bis zum 17. Juni Regen zu schaffen. Um aber den Regen desto sicherer zu erlangen oder vielleicht auch um die Ankunft desselben zu beschleunigen, ließ man sie einstweilen im Flusse baden. – Als der festgesetzte Tag herankam und

noch immer kein Regen fiel, wurden die Bauern ungeduldig. Sie schleppten die Hexen vor die Dorfobrigkeit, wo man ihnen anfangs drohte, weil sie den Regen verscheucht hätten; als aber die Weiber trotzige Antworten gaben, flehte man sie unter Thränen an, sie möchten sich erbarmen und es regnen lassen. Jene erwiderten, sie könnten nicht mehr helfen, denn sie hätten den ganzen Regen an den Berg Athos verkauft.« Den Bauern blieb also nichts anderes übrig, als ihren Unwillen auf den fernen Berg Athos zu richten.
Mehr darüber: Gesemann 1913

Ring
Für uns Heutige besitzt eigentlich nur noch der Ehering eine Bedeutung, die über seinen rein materiellen und/oder ästhetischen Wert hinausgeht – und selbst die wird nur noch symbolisch aufgefaßt. Wie ein vor wenigen Jahrzehnten in Donauwörth aufgefundener Goldring aus dem frühen vierzehnten Jahrhundert veranschaulicht, verbanden unsere Vorfahren aber weit mehr damit. Dieser Ring ist über und über mit geheimnisvollen Zeichen und einer langen Inschrift graviert, die bislang nicht entziffert werden konnte. Klar ist den Forschern aber, daß der Ring zur Abwehr böser Mächte, Hexen und Geister diente. Auch in Ostpreußen fand man etliche solcher Amulettringe, die außen und innen mit mysteriösen Inschriften graviert waren. Als Beispiel sei hier die Außengravur eines Ringes

aus dem sechzehnten Jahrhundert angeführt: EFAPIEN + FEAPEN + HOEM + BAF + BAFA + BAFAY + AEPA + TAFA + TAFI + ACSIA +. Auch in diesem Fall war eine schlüssige Deutung der Wörter bislang nicht möglich.

Doch selbst nicht gravierten Ringen wurde die Macht zugeschrieben, schädliche Zauberkräfte abzuhalten. Entscheidend war vor allem ihre Form, die den Träger gewissermaßen mit einer vollkommenen schützenden Grenze umgab. In zweiter Linie hielt man auch das Material, aus dem sie bestanden, oder die Steine, mit denen sie besetzt waren, für wirksam und fähig, alles Böse abzuwehren. Fertigte man einen Ring, wie ein Zauberbuch aus dem frühen achtzehnten Jahrhundert erklärte, »im wachsenden Mond, am guten Tag und Stunden«, so war seine magische Kraft am stärksten. Derselbe Text rät dem Besitzer, seinen Ring in regelmäßigen Abständen mit Safran und Speck zu »berauchen«, und empfiehlt: »Laß ihn auch dabey liegen, wenn du ihn nit brauchst.« Durch diese Maßnahmen sollte der Ring von etwaigen noch an ihm haftenden schädigenden Elementen gereinigt und mit neuer Kraft aufgeladen werden.

Normalen Menschen war es in erster Linie darum zu tun, den Schadzauber von Hexen abzuwehren, und deshalb trugen sie schlichte eiserne, silberne oder goldene Ringe – und zwar insbesondere dann, wenn sie mit wichtigen Handlungen beschäftigt waren.

In Bayern und Estland trugen Bauern beim Säen einen goldenen oder silbernen Ring, damit die Hexen dem Feld keinen Schaden zufügten; und vielerorts band sich die Wöchnerin einen Ring an einem schwarzen Faden um den Hals und ließ ihn dort während der folgenden vierzig Tage.

Als ebenso hexengefährdet wie sie galt die Braut, und deshalb war und ist es in Indien üblich, daß sie bei der Trauung einen Ring an der Stirn trägt. Bei uns trug man den Ring bekanntlich eher am »Goldfinger«, weil er nach altem Glauben die magische Kraft des Ringes noch weiter verstärken soll. So heißt es in dem schon angeführten Zauberbuch konkret: »Wenn du ihn bey dir an der rechten Hand am Goldfinger trägest, so wirstu behütt seyn wieder alle Waffen, und du wirst überwinden alle deine Feinde wieder alle Zaubereyen und wieder alle bösen Geister und alle böse Menschen.«

Ritt

Eines der wesentlichsten und am häufigsten genannten Attribute der Hexen ist ihre Fähigkeit zu fliegen – oder eigentlich zu reiten. Bekanntlich ritten sie vor allem in der → Walpurgisnacht (30. April), aber auch in der Thomasnacht (21. Dezember), an Weihnachten und an Dreikönig gegen Mitternacht, nachdem sie sich mit der berühmten Hexensalbe (→ Salbe) eingerieben hatten, zu ihrem jeweiligen Tanzplatz.

Als »Reittier« dienten den Hexen zum einen → Besen, daneben aber auch Ofen- oder Heugabeln, Deichseln, dreibeinige Schemel, Butterfässer, Kochlöffel, Strohhalme und

Siebe. Außerdem werden häufig die unterschiedlichsten Tiere genannt, an erster Stelle schwarze → Katzen, → Ziegenböcke und → Schweine.

Etlichen Berichten zufolge konnte es aber auch einem Menschen passieren, daß die Hexe ihm, während er schlief, einen Zaum umlegte, woraufhin er sich in ein Pferd verwandelte. Dann schwang sich die Hexe auf und ließ sich vom Zaubertier zu ihrem Versammlungsplatz fliegen. In ganz Europa, vom Süden bis hinauf nach Island, schildern zahlreiche Sagen, Märchen und »Augenzeugenberichte« solche Vorkommnisse. In der Regel merkt der Schläfer daran, daß er zunehmend matter und schwächer wird, was mit ihm geschieht, und versucht, sich dem Einfluß der Hexe zu entziehen – was ihm in den meisten Erzählungen schließlich auch gelingt.

Oft entledigt er sich des Zaumes und wirft ihn der Hexe über, die sich daraufhin selbst in ein → Pferd verwandelt. Dann reitet er die Stute zum nächsten Schmied und läßt sie beschlagen. Am nächsten Tag kann er dann mühelos erkennen, wer unter seinen Nachbarn die Hexe ist: Sie muß nämlich die Hufeisen an den eigenen Leib genagelt mit sich herumtragen.

Manchmal machte sich nur die Seele der Hexe auf den Weg zum Hexentanzplatz, während der Körper zu Hause wie tot im Bett lag. Alle Wunden aber, die der Seele während ihrer Abwesenheit etwa zugefügt wurden, waren anschließend am Körper zu sehen.

Hexenflug, Holzschnitt zu Ulrich Molitor: ›Von den Unholden oder Hexen‹, 1489

Wichtig war in jedem Fall, daß die Hexe (oder deren Seele), nachdem sie sich gesalbt und die Gabel oder ihr sonstiges Reitutensil bestiegen hatte, sich vor ihrem »Abflug« über das häusliche Feuer stellte und einen bestimmten Spruch aufsagte. Der in diesem Zusammenhang am häufigsten genannte Spruch lautete: »Oben aus und nirgends an«, was jeweils regional variiert wurde und beispielsweise in Schwaben lautete: »Oben naus und neanends nan.« Und dann flog die Hexe zum Schornstein hinaus.

In ganz Deutschland finden sich Berichte über Menschen, die durch Zufall eine Hexe bei ihrem Tun beobachteten. Sie versuchten sich einzuprägen, was sie sprach, bevor sie durch den Schornstein verschwand, und taten es ihr dann nach. Sie brachten aber stets den Spruch durcheinander und sagten statt dessen: »Oben aus und überall an.« Die Folge war, daß sie, einmal draußen im Freien, gegen Bäume, Häuser und andere Hindernisse stießen und völlig zerkratzt und zerschunden auf dem → Hexentanzplatz ankamen.

In der Oberpfalz glaubte man, daß dort, wo eine Hexe über Feld oder Wiese flog, nichts mehr wuchs – kein Gras, keine Feldfrucht. Deshalb pflegte man vor allem am Abend vor der Walpurgisnacht um die Felder Birkenreiser zu stecken, die am Gründonnerstag am brennenden heiligen Öl angesengt worden waren. Die Hexen scheuten davor zurück und schlugen, wie man hoffte, eine andere Richtung ein.

Im Harz sagte man, daß die Hexen bei ihren Fahrten gerne auf Dornbüschen rasteten, die Spitzen vom Weißdorn abbrachen und sie als Wegzehrung aßen. In Oldenburg wußte man Analoges von Ebereschenblüten zu berichten.

Der Hexenritt ist keine für unsere Breiten spezifische Vorstellung. Er findet sich vielmehr in unterschiedlicher Ausprägung fast auf der ganzen Welt. Während es bei uns im Mittelalter die Hexen waren, denen man diese Fähigkeit zuschrieb, waren und sind es etwa in Sibirien die → Schamanen, die auf diese Weise mit der Welt der Geister in Kontakt treten. Auch sie sollen, wie es heißt, in enger Verbindung mit Tieren stehen, die ihnen teilweise als Reittier auf die Reise in andere Welten dienen. In Peru weiß man von Zauberinnen, die sich ein weißes Pulver unter die Achselhöhlen rieben, sich in Katzen verwandelten und in dieser Gestalt zu Zusammenkünften in die Berge flogen.

So handelt es sich bei dem Motiv des Hexenrittes sicher nicht nur um eine stereotype, den Hexen auf der Folter erpreßte Wahnvorstellung, sondern um ein vielschichtiges, vielleicht archetypisches und universales Phänomen, dessen Natur noch zu ergründen bleibt.

Mehr darüber: Bauer/Behringer 1997

S

Sabbat

Das zentrale Ereignis im Leben einer Hexe soll der Hexensabbat gewesen sein, die alljährliche Versammlung auf einem Berg, vor allem dem → Blocksberg, oder an einem sonstigen dafür geeigneten Ort (→ Hexentanzplatz). Sie fand nach allgemeiner Aussage in erster Linie in der → Walpurgisnacht statt, also der Nacht zum 1. Mai.

Die Hexen salbten sich, bestiegen ihr Reittier und flogen zum Versammlungsort, wo sie angeblich nicht nur ihresgleichen, sondern auch den Teufel trafen. Ihm legten sie über ihre Tätigkeiten des vergangenen Jahres Rechenschaft ab und wurden dafür je nachdem bestraft oder gelobt, – und anschließend vergnügten sie sich mit ihm.

Der Tanz spielte bei dieser Festivität eine wichtige Rolle, wobei die Hexen nicht zögerten, sich bei Bedarf auch einmal einen menschlichen Musikanten »auszuleihen«.

Ebenso zahlreich wie die vergleichbaren Geschichten um Feen oder Elben sind die Berichte darüber, wie es solchen unfreiwilligen Zeugen des Hexensabbats erging. Dabei ist auffällig, daß von im weitesten Sinne »zauberischen« oder aber unzüchtigen Handlungen, also vor allem vom »Buhlen« mit den Teufeln, im wesentlichen nur in den durch die Folter erpreßten Aussagen angeblicher Hexen –

oder aber in den Schriften selbsternannter Fachleute auf dem Gebiet die Rede ist.

Zu letzteren gehörte Johannes → Prätorius, ein Schriftsteller und Gelehrter des siebzehnten Jahrhunderts. Er beschrieb den Hexensabbat ausführlichst in einem seiner Werke, das den nicht eben kurzen Titel trägt: ›Blocksberges Verrichtung oder ausführlicher geographischer Bericht von … dem Blocksberge, ingleichen von der Hexenfahrt und Zaubersabbath, so auf solchen Berge die Unholden aus ganz Teutschland jährlich den 1. Maii in S. Walpurgisnacht anstellen sollen.‹

Der folgende kurze Abschnitt mag genügen, um den Charakter dieser Schilderung zu zeigen: »Inmitten des Platzes saß der Höllenfürst, als kräftiger Bock stinkend und geil; doch gelüstig macht er die Hexlein. An langen Tischen die höllischen Gäste. Hex neben teuflischen Buhlen verspeisten aphroditische Kräuter, scharfe Gewürze mit zerhackten Molchen, Kröten, Schlangen, Salamandern; soffen Broyhahn, so im Hannoverschen gebraut. Nach Versprechen mit Blut unterschrieben, soll jede Hex berichten, was sie da unten Böses getan. Verhext habe sie Frucht und Vieh des Nachbarn, Reif, Raupen und Ungeziefer angezaubert, habe Kälber, Kühe und Ochsen zum Lahmen gebracht, Schweine mit Rotlauf vergiftet, ins Weihwasser gespuckt, die Bibel beschmutzt, Bildstöcke zerbrochen, Gräber geschändet …«

Ganz anders klingen die vielen Berichte unfreiwilliger »Augenzeugen«. Hier hört man weit weniger von stinken-

Hexen beim Sabbatmahl, Illustration zu Ulrich Molitor: ›Von den Unholden oder Hexen‹, 1489

den schwarzen Teufelsböcken und um so mehr vom festlichen Gepränge dieser Versammlungen; hier werden auch immer wieder Musik, ausgelassener Tanz und Frohsinn als Hauptmerkmale des Hexensabbats hervorgehoben. Eine typische Erzählung dieser Art ist aus der Oberpfalz überliefert:

In der Nähe von Cham, bei Holzkirchen, gibt es einen Berg, der von allen Blocksberg genannt wurde. Hierhin ritten in der Walpurgisnacht immer die Hexen, um bis zum Morgenläuten nach Herzenslust zu tanzen. Einmal nun gingen mehrere Musikanten von Holzkirchen, wo sie aufgespielt hatten, in dieser Nacht nach Hause. Ihr Dorf lag jenseits des Blockberges, über den sie also hinüber mußten. Schon von weitem hörten sie Musik, die immer lauter wurde, je höher sie kamen. Plötzlich aber führte sie der Weg nicht auf den Gipfel des Berges, sondern auf einen Baum hinauf. Oben auf diesem Baum nun tanzten die Hexen. »Diese nöthigten die Musikanten, ihnen aufzuspielen. Als es Gebetläuten Zeit war, verließen die Hexen den Baum. Die Musikanten stiegen hernach auch herunter. Wie sie nach Hause kamen, waren sie ganz verkratzt und erkrankten; der eine davon starb. Einige hatten von Holzkirchen her noch Kirchweihnudeln in der Tasche; diese hatten sich in Roßäpfel verwandelt.«

Mehr darüber: Klaniczay 1993

Salbe

Bis auf den heutigen Tag ist die berühmte Hexensalbe einer der umstrittensten und geheimnisvollsten »Zauber«, die man Hexen zuschrieb. Nur mit ihrer Hilfe sollten sie imstande sein, zu ihren Versammlungsplätzen zu fliegen. Je nach Bericht rieben sie sich damit die Achselhöhlen oder andere Bereiche des Körpers ein und murmelten dabei einen oder mehrere Zaubersprüche.

Im 1487 veröffentlichten → ›Hexenhammer‹ heißt es diesbezüglich, die Hexen pflegten »sich eine Salbe aus den gekochten Gliedern von Kindern, besonders solcher, die vor der Taufe von ihnen getötet worden sind, zuzubereiten und nach der Anleitung des Dämons damit irgend einen Sitz oder ein Stück Holz zu bestreichen, worauf sie sich sofort in die Luft erheben«.

Hierzu erklärte Mitte des neunzehnten Jahrhunderts ein Volkskundler empört: »Der Jacob Sprenger, der in seinem ›Hexenhammer‹ die armen Weibsbilder auf das allerschändlichste verleumdet, war boshaft genug zu behaupten, der Hauptbestandtheil der Hexensalbe sei das aus neugebornen Kindern gebratene Fett. Die Herzchen dieser Kinder aber verspeiseten die Unholden und brauchten die Fingerchen auch zu böser Zauberei. Das ist laut genug gelogen.«

Tatsächlich wurden zur Herstellung der Hexensalbe den meisten Quellen zufolge überwiegend weit harmlosere Substanzen verwendet. In einem »gütlichen Examen« ge-

Hexen bereiten Flugsalbe, Holzschnitt von Hans Baldung Grien

stand die zehn- bis zwölfjährige Tochter eines Schusters in der Steiermark am 31. Juli 1602, ihre Mutter habe sich mit Hilfe eines »todtenpains« (Totenknochens) eine Hexensalbe hergestellt: »Darzue soll sy nemben faulles holz, das bei der nacht scheinet, ein menschen harr, sauporsten, prunwasser, mel ein wennig, ein schmalz und ein oblet [Oblate], wann sy zum hochwierdigen sacrament get, sol sy es wider auß dem maul thuen, habs 2mall gethann.«

In Schwaben dachte man, die Hexen kochten ihre Salbe aus Kröten, Rauten, Beifuß und »Menschenflüssigkeiten aller Art« zusammen; weit häufiger werden als Zutaten allerdings giftige halluzinogene Pflanzen genannt, allen voran das Bilsenkraut (*Hyoscyamus niger*) und die Tollkirsche (*Atropa belladonna*), Schlafmohn (*Papaver somniferum*), Blauer Eisenhut (*Aconitum napellus*), Stechapfel (*Datura stramonium*), Schwarzer Nachtschatten (*Solanum nigrum*) und Gefleckter Schierling (*Conium maculatum*).

Jeweils unterschiedliche Bestandteile, also etwa die Wurzel der Tollkirsche, die Samen des Bilsenkrautes und des Stechapfels und die Beeren des Schwarzen Nachtschattens wurden, wie es zuweilen heißt, mit weiteren Ingredienzien wie Ruß und Öl zu einer Salbe verarbeitet.

Bereits im neunzehnten Jahrhundert wurden eine Reihe von Experimenten mit Freiwilligen unternommen, die sich mit – nach jeweils unterschiedlichen Rezepten hergestellten – Hexensalben einreiben ließen. Viele erklärten, sie hätten sehr wohl das Gefühl gehabt, sie seien aus ihrem Körper ausgetreten und an einen anderen Ort geflogen.

Im 1456 erstmals erschienenen ›Buch aller verbotenen Künste‹ kommentiert Johannes → Hartlieb, Leibarzt der Wittelsbacher Herzöge, Schriftsteller und Diplomat, die Hexensalbe wie folgt: »Sie wird aus sieben Kräutern hergestellt. Dabei wird jedes einzelne Kraut genau an dem Tag gepflückt, der ihm zugeordnet ist. So pflücken oder ergraben sie am Sonntag Solsequium, am Montag Lunaria, am Dienstag Verbena, am Mittwoch Mercurialis, am Donnerstag Barba Jovis, am Freitag Capillus Veneris. Daraus stellen sie dann unter Beimischung von Vogelblut und Tierschmalz Salben her. Aber das werde ich nicht im einzelnen beschreiben, damit niemand dadurch verdorben wird.«

Die von Hartlieb aufgezählten Pflanzennamen sind zu allgemein, um eine sichere botanische Bestimmung zu erlauben – sie bezeichnen nur Gattungen, keine Arten, und »Solsequium« (»der Sonne folgend«) ist überhaupt unklar. Ob er absichtlich nicht konkreter wurde, läßt sich nicht sagen; fest steht jedenfalls, daß einige der am häufigsten genannten Hexensalbenpflanzen, vor allem Schierling und Eisenhut, (innerlich angewendet) tödlich giftig sind und andere, wie Schlafmohn, Stechapfel und Bilsenkraut, je nach Dosierung starke Halluzinationen hervorrufen, was eine, aber sicher keine erschöpfende Erklärung für die »Hexenritte« liefern könnte. Da die Angaben über das Mischungsverhältnis dieser Pflanzen durchaus schwanken,

zudem die Salbe ja nicht eingenommen, sondern aufgetragen wurde und schließlich viele diesbezügliche Angaben auf das Konto der Folter gehen dürften, wird sich die Frage nach der Zusammensetzung der Hexensalbe vermutlich nie sicher beantworten lassen.
Mehr darüber: Stamm 1992

Salem-Hexen
Die Hexenhysterie und die Hexenverfolgungen griffen auch nach Amerika über, wenngleich sie dort längst nicht vergleichbare Ausmaße annahmen. Einer der bekanntesten und schlimmsten Fälle von Ausschreitungen gegen unschuldige Frauen fand in den Jahren 1692 und 1693 in Salem statt, einer kleinen Handelsstadt in Massachusetts. Hier hatten sich einige Mädchen aus Spaß mit Okkultismus befaßt und sich aus einem Ei eine »Kristallkugel« angefertigt.

Niemand kümmerte sich um ihr Treiben, bis eines Tages die Mädchen nacheinander Anzeichen von Besessenheit an den Tag legten und daraufhin die Geistlichkeit mobilisiert wurde. Da die puritanische Bevölkerung von Salem fest an Hexen und deren enge Beziehung zum Teufel glaubte, machte man sich sofort auf die Suche nach den für die Besessenheit der Mädchen verantwortlichen Hexen und »fand« sie bald in einer gewissen Tituba und zwei weiteren Frauen. Tituba war eine aus Barbados verschleppte Sklavin, die sich viel mit den Mädchen befaßt und ihnen vom Voodoo-Zauber ihrer westindischen Heimat erzählt hatte.

Aus Angst vor Mißhandlungen gestand Tituba schließlich, eine Hexe zu sein. Sie erklärte, sie habe auf Anweisung eines schwarzen Hundes und zweier riesiger Katzen gehandelt und sei auch durch die Luft geritten, um an Hexentreffen teilzunehmen. Unglücklicherweise erzählte sie außerdem, nicht nur sie und die beiden anderen Angeklagten, sondern noch einige weitere Frauen hätten mit einem ganz in Schwarz gekleideten weißhaarigen Mann – offensichtlich dem Teufel – einen Pakt geschlossen.

Die genannten Frauen wurden gefangengenommen und ebenso eine ganze Anzahl weiterer, die von den angeblich besessenen Mädchen nach und nach aufgezählt wurden. Unter ihnen befand sich sogar ein vierjähriges Kind!

Wie die Mädchen behaupteten, konnten sie vermittels einer Art zweiten Gesichts »sehen«, wer eine Hexe sei. Je mehr ihnen die Obrigkeit und die Öffentlichkeit Aufmerksamkeit zollten und Glauben schenkten, desto übler wurden deren Verleumdungen. Ja, bald wurde auch aus Nachbargemeinden nach ihnen geschickt, damit sie bestimmten Unglücksfällen wie Krankheiten oder Mißernten auf die Spur kämen. Da die Mädchen hier natürlich niemanden mit Namen kannten, verfielen sie darauf, vor bestimmten Personen in Zuckungen zu verfallen oder einen Berührungstest zu machen, der ihnen untrüglich »sagte«, ob es sich um den oder die Schuldige handelte.

Im Rahmen der daraus resultierenden Hexenverfolgungswelle wurden insgesamt 141 Personen eingekerkert, von denen etliche wegen der damals nicht eben humanen Haftbedingungen »von selbst« starben; 19 weitere wurden gehängt.

Mehr darüber: Hansen 1969; Herget 1994

Salz

Das Salz ist uns Menschen nicht nur zum Leben unentbehrlich, es wurde von unseren Vorfahren auch als kostbares Gut und als höchst magische Substanz in hohen Ehren gehalten. Salzquellen oder Salzbrunnen galten als heilig und von besonderen Geistern bewohnt. Um diesen Wesen ein Opfer zu bringen, pflegte man in neugegrabene Brunnen oder andere Gewässer ein wenig Salz zu werfen.

Diese Sitte erfuhr im Laufe der Zeit einen Bedeutungswandel, und seit etwa dem Spätmittelalter hielt man das Streuen von Salz für eine apotropäische, also übelabwehrende Handlung. Bettlern und Zigeunerfrauen (denen man ja Hexenkräfte nachsagte), die man ohne eine Gabe von der Haustür fortgeschickt hatte, warf man daher eine Prise Salz hinterher. Man hoffte, sie auf diese Weise unschädlich zu machen beziehungsweise einen möglichen Racheakt zu vereiteln.

Um die nach weitverbreitetem Glauben besonders gefährdeten kleinen Kinder zu schützen, badete man sie in Salzwasser oder nähte in die Ecken ihres Tragekissens mit Salz bestreute Brotstückchen ein, die zuvor in Papier gewickelt und mit über Kreuz gebundenem Faden eingeschnürt worden waren.

Hexen und böse Geister versuchte man von Haus und Hof fernzuhalten, indem man an besonders gefährlichen Tagen, wie am Abend vor Walpurgis (30. April) und Allerheiligen (1. November), Salz vor das Haus und die Ställe streute. Einer späteren Erklärung nach waren die bösen Wesen dann so mit dem Zählen der Salzkörner beschäftigt, daß sie nicht mehr dazu kamen, ihre schlechten Absichten auszuführen. Tatsächlich war eine solche Handlung aber in früheren Zeiten als Beschwichtigungsopfer gemeint gewesen, als Gabe, die übelwollende Geister friedlich stimmen sollte. Genau dies war übrigens vermutlich der Hintergrund für den Brauch, beim Einzug in ein neues Haus als erstes Salz und Brot mitzubringen oder sich von freundlichen Nachbarn schenken zu lassen. Die moderne Erklärung, man bringe damit auf symbolische Weise den Wunsch zum Ausdruck, den neuen Bewohnern mögen Salz und Brot nie ausgehen, ist sicher eine nachträgliche. Ursprünglich dürfte die Gabe den Hausgeistern gegolten haben, deren Wohlwollen und Schutz man dadurch zu gewinnen hoffte.

Ob die für jeden Kuchen- oder Plätzchenteig obligatorische Prise Salz ursprünglich gleichfalls als Opfergabe an neidische Geistwesen – beziehungsweise später als hexenwehrende Maßnahme – gedacht war, sei dahingestellt. Jedenfalls glaubte man in Bosnien und Bulgarien noch bis vor kurzer

Zeit, ein Familienmitglied werde umgehend sterben, wenn man vergesse, dem Mehl etwas Salz beizumischen. Unsere Brezeln sind übrigens genau aus den oben genannten Gründen mit Salz bestreut – und nicht etwa, weil sie »nur so« gut schmecken würden!

Wußte man vielleicht auch bald nicht mehr, warum man dem Gebäck Salz hinzufügte, so blieb der Brauch als solcher doch bestehen, und in zahlreichen Geschichten – wie der folgenden, aus den Alpen überlieferten – blieben die älteren Vorstellungen von der hexenwehrenden Kraft des Salzes erhalten.

»Im Patznauntale waren einst die Hexenweiber zum Tanz versammelt, als sich der neugierige Mann einer Teilnehmerin einfand. Das Weib bot ihm Kuchen dar; davon nahm und ass der Mann; aber er schmecktte wie Matzen, war ohne Salz und Schmalz. Der Mann hatte etwas Salz in seiner Tasche; das streute er auf, ass und sagte: Das Salz ist doch eine herrliche Gottesgabe! Da krachte es um ihn, als berste der Berg: Lichter und Feuer erloschen; alles verschwand, und der Mann sass allein auf einem Felsen in öder finsterer Wildnis.«

Mehr darüber: Schell 1905; Hehn 1964

Satan → Teufel

Schamane

Wenngleich sich die Experten nicht darüber einig sind, wer nun eigentlich als Schamane bezeichnet werden dürfe und wer nicht, steht doch fest, daß in Afrika ebenso wie in Südamerika, in Australien ebenso wie in Sibirien bis auf den heutigen Tag eine große Anzahl von Menschen leben, die von sich behaupten, mit den Geistern in Kontakt zu stehen und von diesen in allen möglichen übermenschlichen Künsten unterwiesen zu werden.

Anders als im modernen Europa werden diese Personen von ihren Mitmenschen nicht etwa als mehr oder minder harmlose Verrückte eingestuft, sondern in der Regel mit großer Achtung und Ehrerbietung behandelt. Sie werden in allen Belangen des menschlichen Lebens, vor allem aber bei Krankheiten um Hilfe gebeten. Sie sollen für Regen, Fruchtbarkeit der Felder und eine erfolgreiche Jagd sorgen. Sie geleiten die Sterbenden in das Totenreich, sorgen dafür, daß unfruchtbare Frauen doch noch ein Kind gebären, und lassen kranke Tiere wieder gesunden.

Schließlich sagen sie auch die Zukunft voraus. Hierzu versetzen sie sich mit Hilfe etwa von Wacholderrauch, Tanzen und Trommeln in einen Trancezustand und beantworten dann die Fragen der Umstehenden, die sich auf die nächste Ernte, das Wetter, die Nachkommenschaft, einen Diebstahl oder gar einen Mord beziehen können.

Die Schamanen werden geachtet, zugleich aber fürchtet man sie wegen ihrer Fähigkeiten, die schließlich ebensogut negativ eingesetzt werden können. Vielfach unterscheidet man zwischen weißen, d.h. »guten«, und schwarzen, d.h. »bösen«, Schamanen. Während die weißen im allgemeinen um das Wohlergehen ihres Stammesverbandes besorgt sind und oft genug einen Rang einnehmen, der dem eines Häuptlings gleicht, werden die schwarzen beispielsweise dann aufgesucht, wenn man sich mit Hilfe eines Schadzaubers an jemandem rächen möchte.

Wie diese Ausführungen deutlich machen, haben die Schamanen etliche Fähigkeiten und gesellschaftliche Funktionen mit den Hexen gemein (→ Künste der Hexen); ein wesentliches Charakteristikum des Schamanentums wird im Zusammenhang mit Hexen allerdings praktisch nie erwähnt: die spezifische Form der Initiation, bei der sie symbolisch sterben und wiedergeboren werden.

Zwar mußte den zahlreichen Berichten zufolge auch die Hexe einen Initiationsritus durchmachen, doch scheint dieser ungleich einfacher verlaufen zu sein als derjenige eines Schamanen. Wesentlich bei der Initiation eines Schamanen ist, daß er im Rahmen einer äußerst real erlebten Vision bis auf die Knochen entfleischt und oft zerstückelt wird, um anschließend als neuer Mensch – vielfach mit »eisernen Knochen« – wiedergeboren zu werden. Damit verbunden ist sehr oft eine tatsächliche schwere Krankheit.

Ob nun bei uns Frauen früherer Zeiten, die sich mit Magie beschäftigten, ebenfalls einen solch komplizierten Initiationsritus kannten, wissen wir nicht. Anders als etwa

in Sibirien existiert hierzulande kein Schamanentum mehr, das Rückschlüsse auf früher geübte Bräuche erlauben würde. Auch fehlt es an alten Quellen zu diesem Thema. So bleibt also vorerst nur festzuhalten, daß zwischen Schamanen und »richtigen« Hexen eine ganze Anzahl von Parallelen bestehen, die einen Zusammenhang zwischen ihnen – mit gewissen Vorbehalten – wahrscheinlich machen.
Mehr darüber: Smoljak 1998; Eliade 1975

Schmetterling
So hübsch und gern gesehen Schmetterlinge bei Tage sind, so unheimlich kamen sie den Menschen früher vor, wenn sie sich des Abends oder gar Nachts blicken ließen. Hexen, so glaubte man, würden diese Gestalt wählen, um in das Haus einzudringen und den Bewohnern zu schaden oder zumindest die Sahne von der Milch zu stehlen. Daher nannte man das Licht umschwärmende Nachtschmetterlinge (fälschlich oft als »Motten« bezeichnet) je nach Region »Molkendieb«, »Milchdieb« oder »Milchtrud« (→ Trude) und versuchte, sie schnellstens zu entfernen oder zu töten.

Schon Jacob Grimm vertrat die Ansicht, daß auch das englische Wort für »Schmetterling« – *butterfly*, wörtlich »Butterfliege« – auf diesen Glauben anspielte, da die Hexen es besonders auf die Milch und die Butter abgesehen hätten und sich der Schmetterlingsform bedienten, um sie zu erhalten.

Schuh

Der Schuh besaß im deutschen Volksglauben eine überragende Bedeutung. Er galt als in höchstem Maße zauberkräftig und wurde daher nicht nur in großen Ehren gehalten, sondern auch für die unterschiedlichsten magischen Zwecke benutzt. Vor allem diente er zu Orakeln, die in der Regel so durchgeführt wurden, daß man ihn an die Wand, über das Haus, in Richtung Kirchturm, auf den Birnbaum oder die Treppe hinunter warf. Je nachdem, wie und wo er auftraf, zog man seine Schlüsse. Beim »Treppenorakel« etwa deutete es auf eine baldige Heirat, wenn der Schuh alle Stufen überflog und erst ganz unten aufschlug; die letzte Stufe verhieß ein Jahr Wartezeit, die vorletzte zwei Jahre usw.

Doch nicht nur heiratswillige Mädchen liebten ihre Schuhe, auch den Elben, Hausgeistern und Feen – und später dann den Hexen – sagte man einen besonderen Hang zu Schuhen nach. Während jene es allerdings vor allem aus Putzsucht auf Schuhe abgesehen haben sollten, benutzten die Hexen sie angeblich für ihre bösen Machenschaften.

So soll in Friesland ein altes Weib mit Pantoffeln Stürme erzeugt und andere Frauen mit Stiefeln Liebeszauber getrieben haben, und Prozeßakten zufolge brachten Hexen in der Steiermark dadurch einen Entlaufenen zurück, daß sie in seine Stiefel bliesen.

In anderen durch die Folter erpreßten Geständnissen angeblicher Hexen taucht immer wieder das Motiv des goldenen Schuhs auf, den eine Hexe beim Sabbat am rechten Fuß trug; und es hieß, eine Hexe, die beim jährlichen Tanz auf dem Blocksberg einen ihrer Schuhe verlöre, würde noch im selben Jahr auf dem Scheiterhaufen enden.

Aufgrund ihrer großen Zauberkraft konnten Schuhe aber auch dazu eingesetzt werden, Dämonen, böse Geister und Hexen abzuwehren. Den Alp hielt man von sich und seinem Bett fern, indem man in das Zimmer ein Paar Schuhe mit den Spitzen zum Bett hin ausrichtete. Dann, so glaubte man, beschäftigte sich der Nachtmahr mit diesen und ließ den Schläfer in Ruhe. Die Serben beräucherten gar die Wiege eines Neugeborenen mit dem Rauch verbrannter alter Schuhe, und in Schwaben schnitzte man kleine hölzerne Pantöffelchen zum Schutz gegen Hexen.

Wollte man vorüberziehende Hexen als solche erkennen, brauchte man sich nur am Georgitag (23. April) vor Sonnenaufgang, ungewaschen und ohne sich bekreuzigt zu haben, mit einem Schuh in der Hand auf ein Feld zu stellen. Und eine in einem Wirbelwind reisende Hexe ließ sich den Westfalen zufolge ganz einfach dadurch unschädlich machen, daß man einen Schuh in die Windhose warf, und schon mußte die Unholdin ihre wahre Gestalt annehmen – oder verlor zumindest ihre Macht.

In einem Bericht vom Ende des neunzehnten Jahrhunderts lesen wir: »Bei Etterbrügge in einem Pfarrdorfe sah der Pastor in der Nacht eine Menge schwarzer Katzen, die vor seinem Hause tanzten und sprangen und ein freudiges

Gemaunze anstimmten. Er nahm einen seiner Schuhe, auf dem noch eine silberne Schnalle war, und warf den mitten in das Katzenvolk hinein. Zur Stunde verschwanden alle; als er aber hinunterkam und die Thür öffnete, um seinen Schuh wiederzuholen, da war der auch verschwunden.«

Schwägelin, Anna

Die nach Aussage zahlreicher Quellen letzte Frau, die in Deutschland als Hexe hingerichtet wurde, war Anna Schwägelin, eine Tagelöhnerstochter, die sich durch Betteln und als Dienstmagd mehr schlecht als recht durchs Leben schlug und schließlich mit einem Knecht anbandelte, der sie auch heiraten wollte. Allerdings hatte er es zur Bedingung gemacht, daß sie den »lutherischen Glauben« annehme und also dem katholischen entsage.

Anna tat, wie er verlangte, aber der Knecht ließ sie trotzdem sitzen und heiratete eine andere. Dies veranlaßte Anna Schwägelin, sich – unvorsichtigerweise in Anwesenheit eines Augustinermönches – abfällig über die Muttergottes zu äußern. Der fromme Mann hatte daraufhin nichts Eiligeres zu tun, als diese Bemerkungen nach Rom zu melden, und so nahm das Schicksal für die arme Frau ihren Lauf. Sie kam ins Gefängnis, gestand alles, was man von ihr hören wollte, und gab den Pakt und die Buhlschaft mit dem Teufel zu. Im April des Jahres 1775 wurde sie in der Fürstabtei Kempten enthauptet.

Schwarze Messe

Eines der Verbrechen, deren zur Zeit der → Hexenverfolgungen vor allem Frauen immer wieder angeklagt wurden, war die Teilnahme an sogenannten schwarzen Messen. Diese Messen wurden nach dem Vorbild richtiger Gottesdienste gefeiert, nur daß sie nicht der Huldigung Gottes, sondern des Satans dienten. In diese Messen wurden schwarzmagische Rituale und Handlungen integriert, die zum Teil grausam, anstößig und orgiastisch waren und manchmal sogar Mord an Kindern einschlossen.

Es steht außer Zweifel, daß solche schwarzen Messen tatsächlich in ganz Europa – von äußerst zwielichtigen Gemeinschaften oder Vereinigungen – zelebriert wurden und immer noch werden. Im siebzehnten Jahrhundert wurde in Paris ein Kreis von Satansverehrern aufgedeckt, zu dem eine Hebamme und Kartenlegerin, Madame La Voisin, mehrere Priester sowie die Marquise von Montespan, die Mätresse Ludwigs XIV., gehörten.

Ein Mitglied dieses Zirkels erklärte bei der Vernehmung, er habe eine Beschwörungsformel sprechen müssen, die mit den Worten begann: »Astaroth, Asmodeus, Fürsten der Freundschaft, ich beschwöre euch, das Opfer anzunehmen, das ich euch darbringe mit diesem Kinde für die Dinge, die ich von euch erbitte … « Das Kind, das im Verlauf der Satansmesse geopfert wurde, habe er für einen Taler gekauft. Das Blut des Kindes wurde in einen Kelch gegossen und als Meßwein verwendet. Bei anderen Messen, so berichtete er

Der Hexenmeister reitet zum Sabbat,
Illustration zu Ulrich Molitor, ›Hexen Meysterey‹, 1545

weiter, vermischte man Sperma, Blut einer → Fledermaus und Mehl miteinander.

Es ist keine Frage, daß bei den schwarzen Messen Rituale und Objekte von Bedeutung waren, die allgemein mit Hexen in Verbindung gebracht wurden. Bei modernen Satanskulten, wie sie in den siebziger Jahren beispielsweise in Dänemark Schlagzeilen machten, spielen Bilsenkraut, Puppen, Knochen und andere magische Gegenstände und Substanzen, die durchweg auch in früheren Zeiten mit Zauberei assoziiert wurden, eine zentrale Rolle. Es ist jedoch bezeichnend, daß man bei der Suche nach Schuldigen sogenannte Hexen für die perversen Handlungen einiger weniger krankhaft veranlagter Menschen verantwortlich machte und sie für deren Verbrechen büßen ließ.
Mehr darüber: Zacharias 1970

Schwein
So teuer das Borstentier den Menschen von jeher gewesen ist, so sehr fürchteten sie es andererseits auch; wie nämlich jedermann wußte, liebten es Hexen, in Schweinegestalt Unheil zu stiften. Daher wurde allgemein empfohlen, sich vor allen Dingen vor herrenlosen Schweinen in acht zu nehmen. In Reutlingen trug sich Mitte des neunzehnten Jahrhunderts angeblich folgende, keineswegs untypische Begebenheit zu:

»Ein Metzger, der noch ledig war, sah einst eine Sau, die war herrenlos und schien sich verlaufen zu haben, weshalb er sie mitnahm und in seinen Stall ließ. Als er aber am andern Morgen nach ihr sehen wollte und den Stall aufmachte, sah er eine fasernackte Frau darin.«

Die Frau bat den Schlachter nun inständig, ihr von zu Hause Kleider zu holen, und er ließ sich schließlich auch erweichen. Der Ehemann der Frau gab ihm Geld, damit er die ganze Geschichte für sich behalte, und er versprach es. »Allein aus Zorn darüber, daß er für das Holen der Kleider Geld genommen hatte, ritt ihm diese Hexe nun alle seine Pferde zusammen und verdarb ihm sein Vieh und fügte ihm überhaupt so viel Schaden zu, als sie nur konnte.«

Auch die sogenannten »Adventssäue«, denen einsame Wanderer nach weitverbreitetem Glauben in der Adventszeit oder während der Zwölften, also der Tage zwischen Weihnachten und Dreikönige, begegnen können, hielt man für gefährliche Hexentiere. Das mindeste, was einem passierte, war, daß sie einen in die Irre führten; und wenn man Pech hatte, konnte einen ein solches Zusammentreffen sogar das Leben kosten! Sicher hängt hiermit auch der Glaube zusammen, daß der Angang (die erste Begegnung des Tages) mit einem Schwein unheilvoll sei.

Sechstes und siebtes Buch Mose

Das – angeblich auf eine verschollene hebräische Vorlage zurückgehende – anonyme ›Sechste und Siebte Buch Mose‹ ist bis auf den heutigen Tag eines der zugleich bekanntesten und geheimnisumwittertsten Zauberbücher.

Es galt als so potentiell gefährlich, daß es nicht öffentlich verkauft werden durfte und auch heute nur immer mal wieder von obskuren Verlagen in diskret-unauffälligen Anzeigen angeboten und nur an Erwachsene abgegeben wird.

Aus dem Vorwort zu einer neueren Ausgabe erfahren wir: »Dieses Buch ist das wichtigste, welches sich mit dem Geheimnis der Magie befaßt. Es wurde um 1522 aufgefunden und erschien in Deutschland zuerst bei Peter Michel, dem letzten Karthäuser zu Erfurt ... Inhaltsschwer ist dieses Buch und dazu getreu dem Geiste seiner Zeit. Zum Verständnis des Buches gehört viel Liebe zur Magie und tiefes Eindringen in dieselbe; für Unverständige ist es nicht geschrieben, und solchen wird es auch nicht helfen.«

Das Werk zerfällt, entsprechend seinem Titel, in zwei Teile. Der zweite und umfangreichere, das ›Siebte Buch Mose‹, enthält Volksweisheiten und Zauberrezepte, wie sie auch aus vielen – durchaus frei zugänglichen – Darstellungen älteren Brauchtums bekannt sind. So findet man »probate Mittel« gegen Warzen, Hagelschlag und Gicht, Sommersprossen, Bettnässen und Herzbeschwerden und erfährt, wie man mit seinen Bienen Glück hat und wie man seine Kühe vor Verzauberung schützt. Ein typisches Beispiel wäre etwa der folgende Zauber gegen Sodbrennen: »Man nehme drei Hafer- oder Gerstenkörner in den Mund und zerkaue sie ganz langsam, so wird der Sod augenblicklich vergehen.«

Daß allerdings selbst solche Informationen – wenn es dem Leser an gesundem Menschenverstand fehlt – gefährlich werden können, zeigt der aus dem neunzehnten Jahrhundert bezeugte Fall einer Frau, die ihre Geschlechtskrankheit auf eine in diesem Buch beschriebene Weise kurieren wollte. Sie grub sich in einem Düngerhaufen ein – und erstickte. Daraufhin strengten die Erben einen Prozeß gegen den Verlag an.

Der erste Teil des Werkes, das ›Sechste Buch Mose‹, ist von gänzlich anderer Art. Hier wird ausführlich erläutert, wie man einen Zauberstab anfertigen, Luzifer beschwören, Gespräche mit Toten führen und derlei »teuflische« Dinge mehr tun kann. Es ist also ohne Zweifel dieser Teil, dem das ›Sechste und Siebte Buch Mose‹ seinen Ruf verdankt. Als wie gefährlich das Werk angesehen wurde, zeigt etwa die folgende Zeitungsmeldung, die Mitte des neunzehnten Jahrhunderts in Rotenburg (Schwaben) erschien:

»Die Tübinger Universitätsbibliothek soll noch eine uralte Bibel mit diesen beiden Büchern Moses's nebst andern Schriften, die in den gewöhnlichen Bibeln nicht vorkommen, besitzen. Sie liegt aber in schweren Ketten und es ist bei strenger Strafe verboten, diese Bücher zu drucken. Früher hat einmal jemand darin gelesen, aber zu lange; da ist er in die Luft geflogen und nicht wieder erschienen. Ein anderes Mal lasen zwei Studenten darin; da kam der leibhaftige Teufel zu ihnen und rasselte gewaltig mit seinen Ketten, also, daß sie sich entsetzten und laut um Hülfe riefen. Da sagte man ihnen: sie sollten alles, was sie gelesen, nur rückwärts noch einmal lesen, was sie auch sogleich thaten, worauf der Teufel verschwunden ist.«

Sidonie von Saatzig

Unzählige Frauen wurden im Laufe der Jahrhunderte aufgrund bloßer Verleumdungen als Hexe angeklagt, gefoltert und enthauptet oder verbrannt. Ihren Unschuldsbeteuerungen glaubte man nicht, und es nützte diesen Frauen auch nichts, wenn sie Gott als Zeugen anriefen oder ihre auf der Folter erpreßten Geständnisse noch auf dem Scheiterhaufen widerriefen.

Daß aber nicht überall das Volk von solchen Beweisen eines reinen Gewissens unbeeindruckt blieb, zeigt ein Gedicht aus Pommern. Es handelt von Sidonie, einer Frau, die in Saatzig im Jahre 1719 als Hexe verbrannt wurde und deren Geist seit dieser Zeit keine Ruhe findet. Genau hundert Jahre nach ihrem Tod soll sie den Hexenturm zu Saatzig in Gestalt einer Windsbraut umtost und sich dann als engelhafte Lichtgestalt materialisiert haben:

Seid meiner Unschuld Zeugen, so rief sie, nehmet wahr,
Hier wurde ich gefoltert, heut sind es hundert Jahr!
Die Arglist meiner Feinde hat mir mein Gut entwandt
Und auf dem Rabensteine zuletzt als Hexe mich verbrannt.

Dort liegt das Marterwerkzeug, das meinen schwachen Leib
Gerecket zum Erbarmen und mir unschuldgem Weib
Geständnis abgezwungen, unsinnig und verkehrt,
Bei tausend Höllenqualen, wie meine Henker es begehrt.

Daraufhin, so erzählt die Ballade weiter, verfluchte sie das Fürstenhaus und prophezeite ihm den völligen Ruin – ein Fluch, der erst aufgehoben werden würde, »Wenn dorten Jacobshagen in Flammen niederbrennt / Und alle Welt die Unschuld Sidoniens erkennt«.

Sieb

Allgemein galt ein Sieb, vor allem ein ererbtes, als magischer Gegenstand, der spätestens seit dem Hochmittelalter in enge Beziehung zu den Hexen sowie den Elben und anderen übernatürlichen Wesen gesetzt wurde. Diese Vorstellung war so geläufig, daß es in einer Chronik aus dem dreizehnten Jahrhundert heißt, im Jahre 1209 sei das polnische Heer von einer Hexe angeführt worden, die dank ihrer Zauberkraft imstande gewesen sei, mit ihrem Sieb Wasser aus einem Fluß zu schöpfen und darin meilenweit zu tragen.

Das Sieb war ein wichtiges Attribut der Hexen. Mit seiner Hilfe vollführten sie allerlei Zauber; häufiger noch benutzten sie es zum Reisen. Das Sieb, speziell der Siebrand, galt als eines ihrer Lieblings-»Fahrzeuge«. So erzählt eine

Ende des neunzehnten Jahrhunderts in Pommern aufgezeichnete Geschichte:

»Ein Knecht ging einst in der Nähe von Beiershöhe, im Kreise Greifenhagen, auf der Landstraße, als ihm ein Siebreifen entgegengelaufen kam, aus dem die herrlichste Musik ertönte. Der Spuk wollte an ihm vorüber eilen, doch der Bursche stieß den Siebrand mit dem Fuße um, und nun rief eine Stimme kläglich: ›Ich bin eine Hexe und auf meiner Fahrt; richtest du den Reifen nicht wieder auf, so bin ich verloren und muß mein Leben lassen.‹ Da ließ sich der Mann erweichen und willfahrte der Bitte, und in demselben Augenblicke war der Siebrand auch schon wieder in Bewegung und rollte die Straße dahin und war bald in der Ferne verschwunden.«

Vergleichbare Geschichten finden sich praktisch in ganz Europa, und selbst Shakespeare spielt auf diese – uns vielleicht etwas seltsam anmutende – Vorstellung an: So heißt es in → ›Macbeth‹ von einer der drei Hexen, sie sei in Gestalt einer schwanzlosen Ratte (→ Mäusemachen) in einem Sieb nach Aleppo gereist!

Simplicissimus

Der in den sechziger Jahren des siebzehnten Jahrhunderts erschienene Schelmenroman ›Der Abentheuerliche Simplicissimus‹ des Hans Jacob Christoffel von Grimmelshausen ist ein echtes Dokument seiner Zeit. Es ist daher kein Wunder, daß er unter vielem anderen auch das damals brandaktuelle Thema der Hexen behandelt – und dabei nicht mit Klischees spart:

Der Held des Buches, Simplicius, der sich von Diebstählen bei Bauern ernährt, schaut eines Abends, Ende Mai, durch das Fenster eines Hofes. Zu seinem Erstaunen sieht er, wie die Bewohner beim Licht einer schwefligen blauen Lampe Stecken, Besen, Gabeln, Bänke und Stühle mit einer verdächtigen Salbe schmieren, sie dann zwischen die Beine nehmen und zum Fenster hinausfliegen. Er tut es ihnen nach, indem er sich auf eine der zurückgebliebenen Bänke setzt, fliegt davon und landet schließlich auf einem Hexentanzplatz.

Mehr als zweihundert Hexen tanzen in mehreren Ringen, und die Musikanten spielen statt auf gewöhnlichen Instrumenten auf Nattern, Vipern, Blindschleichen, Katzen und Kröten. »So war auch einer vorhanden, der hatte eine Hündin unterm Arm; deren leierte er am Schwanz und fingerte ihr an den Dütten. Darunter trompeteten die Teufel durch die Nase, daß es im ganzen Wald erschallte.« Die »höllische Gesellschaft« raste, heulte, brauste und wütete, »da kann jeder gedenken«, flicht Simplicius ein, »in was Schrecken und Forcht ich gesteckt«.

Als sich ihm schließlich ein Teufel in böser Absicht nähert, ruft unser Held erschrocken »Herr Jesu Christe« aus, und alles um ihn herum verschwindet – ein Happy-End, das wir auch aus vielen anderen Sabbatsgeschichten kennen.

Grimmelshausen unterbricht an dieser Stelle den Gang der Handlung, um in einem eigenen Kapitel eine theoretische Erörterung über die tatsächliche Existenz von Hexen anzuschließen. Er beginnt mit den Worten: »Demnach es etliche, und zwar auch vornehme gelehrte Leute darunter gibt, die nicht glauben, daß Hexen und Unholden sein, geschweige, daß sie in der Luft hin- und wiederfahren sollten, also zweifle ich nicht, es werden sich etliche finden, die sagen werden, Simplicius schneide hier mit dem großen Messer auf.«

Mit diesen Zweiflern wolle er zwar nicht »fechten«, er liefert aber zur Untermauerung seiner Ansicht doch einige »Tatsachenberichte«, die er durchaus ernst zu nehmen scheint – die Überleitung zur Fortsetzung der Geschichte mutet allerdings humoristisch an. Wer nämlich trotz der angeführten Beispiele immer noch nicht glauben wolle, daß Hexen fliegen können, der »mag sich einen anderen Weg ersinnen, auf welchem ich [d.h. Simplicius] aus dem Stift Hirschfeld oder Fulda in so kurzer Zeit ins Erzstift Magdeburg marschiert sei«!

Spee von Langenfeld, Friedrich

Der 1591 auf der Feste Kaiserswerth, der Residenz seines Vaters, geborene und 1635 in Trier gestorbene Dichter und Gelehrte Friedrich Spee war nach Johann → Weyer einer der wenigen außerordentlich beherzten Menschen, die sich in Schrift und Wort entschieden dafür einsetzten, daß die

Hexenverfolgungen ein Ende nahmen. Nachdem er mehrere Jahre lang in Jesuitenschulen in Köln und Trier gelehrt hatte, wurde er im Jahr 1621 Priester und Professor für Moraltheologie und später Beichtvater in Paderborn.

In dieser letztgenannten Eigenschaft kam er in engste Berührung mit angeblichen Hexen und Hexenmeistern, die er auf ihrem letzten Gang zum Scheiterhaufen begleiten mußte. Diese prägenden Erfahrungen liegen seinem berühmten Werk, ›Cautio Criminalis‹ (›Gewissensbuch‹) zugrunde.

Obwohl die Schrift anonym erschienen war, sickerte schließlich doch durch, wer der Autor war, und Spee mußte sich vor dem Kurfürsten von Mainz verantworten. Bei dieser Gelegenheit erklärte er, er »habe mit vielem Eifer nachgeforscht, auch Macht und Einfluß der Beichte aufgeboten und doch bei keinem von all denen, die er zum Holzstoß begleitet habe, irgend etwas entdeckt, das ihn davon hätte überzeugen können, daß sie zu recht der Hexerei beschuldigt waren.« Im Gegenteil: »Alle hätten sie mit schrecklichem Wehklagen entweder die Unwissenheit oder die Bosheit der Richter sowie ihr eigenes Elend bejammert und hätten noch sterbend Gott zum Zeugen ihrer Unschuld angerufen. Dies jammervolle, so viele Male wiederholte Schauspiel habe ihn so sehr erschüttert, daß er vor der Zeit gealtert sei.«

Die in der ›Cautio Criminalis‹ in Form von fünfzig Fragen und Antworten dargelegten Ansichten beruhen auf Spees eigenen Recherchen – auf der Lektüre von Akten, heimlich und offen gemachten Beobachtungen, intensiven Nachforschungen bei Gefangenen, Kerkermeistern, Inquisitoren und Richtern. Kurz, Spee ging den Dingen so gut es ihm möglich war auf den Grund und prangerte die Mißverhältnisse an, die zur Verurteilung von unschuldigen Frauen als Hexen führten. Eines der Hauptübel sah er in den Beamten, die um des Kopfgeldes willen, also aus Habgier und wider besseres Wissen und Gewissen, Hexe um Hexe dingfest machten und verurteilten. In vielen langen Abschnitten seines Werkes, das einen wesentlichen Anstoß zur Abschaffung der Hexenprozesse in Deutschland gab, zeigt Spee die Ungerechtigkeit und Brutalität der Folter auf und fordert: »Es muß gänzlich mit der Hexeninquisition aufgehört werden und jedes Prozeßverfahren der zweiten Art [d.h. eines, das unvorsichtig, nachlässig und schlecht geführt ist] beseitigt werden, nicht nur, soweit es das Verbrechen der Hexerei zum Gegenstande hat, sondern auch bei sämtlichen anderen Verbrechen, ob es Sonderverbrechen sind oder nicht.«

Darüber hinaus hielt Spee eine genaue Überprüfung der Gefängnisse und überhaupt bessere Haftbedingungen für die Verurteilten, das Recht auf freie Meinungsäußerung und eine gründliche Aufsicht durch den jeweiligen Landesherrn für unverzichtbar. Damit erweist sich Spee als einer der mutigsten Strafvollzugsreformer aller Zeiten.

Eine der Hauptaussagen der ›Cautio Criminalis‹ aber ist, daß den durch Folter erpreßten Geständnissen der angeb-

lichen Hexen (das heißt, wie Spee ausführt, praktisch allen) keinerlei Glauben zu schenken sei, denn – so schließt die mutige Kampfschrift – »wenn heutigentags die Allerfrömmsten der bei uns gebräuchlichen Folter unterworfen würden, so würden auch sie unterliegen. Ich habe bisher noch niemanden gehört, der sich Standhaftigkeit zutraute, wenn er nur einmal etwas näheren Einblick in diese Folterqualen gewonnen hatte. Doch das wird einstmals vor Gottes Richterstuhl offenbar werden. Lebe nun wohl, mein Leser, laß dir dies Beispiel durch den Kopf gehen und fürchte das göttliche Walten.«
Mehr darüber: Feldmann 1993; Spee 1982

Spiegel
Der Spiegel war ein bei Hexereien viel verwendetes und nach allgemeinem Volksglauben hochmagisches Gerät, das vor allem dazu diente, die Zukunft vorherzusehen. Allerdings galt es, bestimmte Dinge zu berücksichtigen und Rituale durchzuführen, damit aus dem ohnehin ominösen Utensil ein richtiger Zauberspiegel wurde.

Eine wichtige Voraussetzung war, daß man ihn kaufen mußte, ohne nach dem Preis zu fragen oder gar den Preis herunterzuhandeln. Auch hatte dieser Kauf an einem besonderen Tag zu geschehen, wie etwa dem Nikolaustag, zumindest aber an einem Freitag. Andere sagten, man dürfe beim Kauf nur drei Worte sprechen oder müsse schweigen und dem Verkäufer sein Anliegen schriftlich mitteilen.

Damit war der Spiegel aber immer noch kein Zauberspiegel, vielmehr mußte er nun an einem besonderen Tag (Karfreitag, Johanni, der Christnacht) um zwölf Uhr nachts an einem von Geistern frequentierten Platz, wie einen → Kreuzweg, Friedhof oder Galgen, gebracht und dort mit dem »Gesicht« nach unten vergraben werden. Nach einer bestimmten Zeitspanne – die dazu gemachten Angaben schwanken zwischen drei und neun Tagen, Wochen oder gar drei Jahren – konnte er zur selben Stunde schweigend wieder hervorgeholt werden.

Als ein Beispiel von vielen sei hier ein einschlägiger mündlicher Bericht referiert, der gegen Ende des neunzehnten Jahrhunderts in der Lausitz aufgenommen wurde: »Es giebt Spiegel, mit denen kann man die Spitzbuben sehen. Dazu soll man einen Spiegel kaufen, nichts abhandeln und den unter einen Galgen, wo schon Menschen erhängt wurden, neun Nächte lang eingraben und zwar jede Nacht an einer verschiedenen Stelle. Die letzte Nacht, wenn man den Spiegel abholen will, kommt der Teufel und hält ein Buch hin, in dem muss man sich unterschreiben. Dann hat man den Zauberspiegel.«

Die Vielzahl der aus sehr unterschiedlichen Zeiten überlieferten Anweisungen belegt, wie verbreitet der Glaube an Zauberspiegel war; im vierzehnten Jahrhundert sah sich Papst Johannes XXII. sogar zweimal genötigt, deren Besitz und Gebrauch per Erlaß zu untersagen. Trotzdem wurde noch im Jahr 1868 bei einer Auktion in Paris ein Zauberspiegel für sage und schreibe 25500 Francs (mehr als 2 Zentner Silber) verkauft, und selbst zu Anfang des zwanzigsten Jahrhunderts waren in Schwaben Besitzer von Zauberspiegeln bekannt.

Auch wenn damit in der Regel eher harmlose Dinge getrieben wurden, galt die Zauberei mit Spiegeln grundsätzlich als Hexen- oder Teufelswerk. Luther war, wie er in seinen ›Tischreden‹ ausführte, davon überzeugt, und der Meistersinger Hans Sachs (1494-1576) reimte: »So ist der christallen gesicht / lauter gespenst teuffels gedicht«. Noch zu Anfang des achtzehnten Jahrhunderts wurden in Sachsen Menschen, »die durch Crystall und Spiegel sehen«, als Zauberer unter Angeklage gestellt und mit dem Schwert hingerichtet.

Manche glaubten, die Hexen würden mittels eines holzgerahmten Spiegels »den Mond vergiften«. Auf diese indirekte und recht umständliche Art und Weise konnten sie jedem schaden, der nachts in den Mond schaute.

Gleichwohl war man davon überzeugt, man könne gerade mit dem Spiegel Hexen ausfindig machen. Nochmals zurück zu dem Lausitzer und seinem Zauberspiegel. »Zu dem ging ein Schäfer aus Schleife, um in den Spiegel zu sehen, weil ihm eine Hexe am Vieh und sonst vielen Schaden that. Aber der kluge Mann wollte dem Schäfer den Spiegel nicht zeigen, weil, wer hineinsieht, einen grossen Schreck kriegt. Denn der Böse hält die Hexe im Spiegel vor sich und sieht ihr über die Schulter. Der kluge Mann kam aber selbst mit nach Schleife und machte vor Sonnenaufgang alles, was zur Vertreibung der Hexe nöthig war.«

Sprenger, Jakob → Hexenhammer

Spucken

Während der Brauch, sich zu bekreuzigen, um etwas Böses von sich abzuhalten, fraglos christlichen Ursprungs ist, basiert das Ausspucken auf der uralten und auf der ganzen Welt verbreiteten Überzeugung, der Speichel sei eine wahre Wunderwaffe gegen böse Geister und Hexen.

In jeder potentiell gefährlichen Situation – bei der unvermuteten Begegnung mit einer alten Frau, von der man ja nie wissen konnte, ob sie nicht eine Hexe war, beim Hören eines auf die Schönheit des eigenen Kindes bezogenen Lobs oder um sich Erfolg bei einer wichtigen Unternehmung zu sichern – pflegte man dreimal auszuspucken.

Gleichzeitig mußte man sich vor dem Speichel einer Hexe hüten, denn dieser galt als so giftig, daß man, wie es im Elsaß hieß, davon einen Ausschlag bekam. Kinder aber, denen eine Hexe in den Brei spuckte, waren nach dem Glauben der Schweizer behext.

Auch mußte man aufpassen, daß die eigene Spucke nicht in Hexenhände geriet. Da es sich nämlich bei dem Speichel – ebenso wie bei Blut, Fingernägeln und Haaren – um eine in engster Weise mit dem Menschen verbundene Substanz handelt, läßt sich mit ihr nach alter Vorstellung auch übler

Schadzauber treiben. Daher hieß es unter anderem in Schwaben, man müsse, sobald man ausgespuckt habe, den Speichel unverzüglich zertreten.

Stechapfel

Der Stechapfel (*Datura stramonium*) ist eine der in älteren Quellen am häufigsten genannten »Hexenpflanzen«. Gleichwohl war er ursprünglich bei uns gar nicht heimisch und gelangte erst im sechzehnten Jahrhundert – entweder aus Indien oder aus dem kaspischen Gebiet oder aber aus der Neuen Welt – nach Deutschland. Der aparte Strauch mit den hübschen weißen Trichterblüten und großen stacheligen Samenkapseln ist ein naher Verwandter der Engelstrompete, die bei uns häufig als Zierpflanze gehalten wird.

Er ist ebensowenig winterhart wie diese, allerdings anspruchslos in bezug auf seinen Standort und findet sich dementsprechend nicht selten auf Böschungen, Schuttplätzen und auch an Wegrändern. Vor allem seine Wurzeln und Samen enthalten giftige Alkaloide (Hyoscyamin, Scopolamin und Atropin), die Erregungszustände, Sinnestäuschungen und Halluzinationen bewirken können.

Da der Stechapfel aber erst zu einer Zeit zu uns gelangte, als sogenannte Hexen schon seit Jahrhunderten bekannt und (wenn auch noch nicht systematisch) verfolgt wurden, kann dieses starke Rauschmittel nicht ausschließlich – wie man früher zuweilen glaubte – für die Hexenflug- und Hexensabbatvorstellungen verantwortlich gemacht werden.

Dies schließt jedoch nicht aus, daß die Pflanze, einmal eingeführt, tatsächlich zu einem wichtigen Bestandteil bestimmter Zauberrezepte wurde, und zwar durchaus auch solcher, die auf die Schädigung von Mensch und Vieh abzielten. Bekannt ist dieser Verwendungszweck jedenfalls aus Amerika, wo andere Datura-Arten von den »Dorfhexen« seit alten Zeiten zu Racheakten benutzt wurden.

Auch die → »Zauberfrauen« der Zigeuner bedienten sich bei vielen ihrer magischen Handlungen nachweislich der Samen des Stechapfels. Wohl kaum bewiesen dürfte hingegen eine Wirkung des Stechapfels sein, von der ein Bericht vom Ende des neunzehnten Jahrhunderts erzählt.

Die Zigeuner, heißt es hier, waren davon überzeugt, daß die Hexen einmal im Jahr, und zwar in der ersten Pfingstnacht, ihren Sabbat abhielten, um je nach ihrem Verhalten während des vergangenen Jahres belohnt oder bestraft zu werden. »Hexen, die im Laufe des Jahres etwas tüchtiges geleistet haben, erhalten bei dieser Gelegenheit einen Schwanz; eine Ehre, nach der jede Hexe geizt. Dieser Schwanz wird der Hexe dadurch verliehen, daß der oberste Teufel ihr den Bürzel mit dem Speichel des Suyolaks [eines mythischen behaarten Wesens] einreibt; dann wächst ihr gleich ein Schwanz hervor, der aber so kurz ist, daß man ihn kaum bemerken kann. Wenn aber jemand den Rücken einer solchen Hexe mit einer Stechapfelstaude schlägt, so wächst der Schwanz sofort zu erheblicher Länge hervor.«

Mehr darüber: Habrich 1988

Succubus

Ein Succubus ist nach spätmittelalterlichem Glauben ein dämonisches weibliches Wesen, das gewöhnliche Männer im Schlaf überrascht und sich körperlich mit ihnen vereinigt (→ Incubus). Sogar Luther war davon überzeugt, diese Wesen würden auf diese Weise zu den gewünschten Nachkommen gelangen.

Nichts lag näher, als in den Jahrhunderten der Hexenverfolgungen auch dieses Laster den Hexen anzudichten – und die Früchte einer solchen dämonischen Vereinigung als die allbekannten → Wechselbälger auszugeben. Immer und immer wieder ist in Hexenprozessen von diesem Vergehen die Rede.

T

Teufel

In der einen oder anderen Gestalt begegnet einem die Personifizierung des Bösen wohl in allen Religionen. Während in Glaubensgemeinschaften, die mit fremden Kulturkreisen nur wenig in Berührung kamen, die Vorstellungen von einem solchen Wesen über die Jahrhunderte hinweg vergleichsweise konstant blieben, machte unser Bild vom Teufel, um nicht zu sagen dessen Persönlichkeit, im Laufe der Zeit etliche Veränderungen durch. Der gefallene Engel Luzifer wurde zu einer »teuflischen« Person, die einen Bocksfuß, Hörner, Krallen, einen Schnabel oder andere tierische Attribute haben konnte und zu jeder nur denkbaren Verwandlung fähig war.

Insbesondere der Hexenglaube trug maßgeblich zur »Umformung« des Teufels bei. Nach und nach wurden ihm in gleicher Weise, wie dies bei den Hexen selbst geschah, Charakterzüge, Eigenschaften und Attribute heidnischer Dämonenwesen zugeschrieben. So übernahm er manches vom Wilden Jäger, anderes vom Kobold, vom Riesen, dem → Mahr und dem Alp. Seine angeblich enge Beziehung zu den Hexen (→ Pakt mit dem Teufel) trug noch weiter zu seiner Vermenschlichung bei und bewirkte, daß ihm auch mehr und mehr magische Fähigkeiten und Aktivitäten beigemes-

Teufelsbuhlschaft, Illustration zu Ulrich Molitor: ›Von den Unholden oder Hexen‹, 1489

sen wurden, die im Volksglauben ursprünglich mit Elben und sonstigen Naturgeistern verbunden gewesen waren.

Die Hexenprozesse unterstützten diese Entwicklung maßgeblich, da die Aussagen der armen gequälten Frauen für bare Münze genommen und zur kontinuierlichen Vervollständigung und Aktualisierung von Satans Steckbrief herangezogen wurden.

In einem Prozeß des Jahres 1663 erklärte ein der Hexerei angeklagter Mann in Ulm, er habe Farnsamen gesammelt, um sich selbst »fest zu machen«, das heißt unverwundbar zu werden. »Nachher habe er noch sieben Mal Farrensamen geschöpft auf einem Kreuzweg bei einer Wacholderstaude; das erste Mal in der Christnacht, sonsten am Charfreitag und Sonnenaufgang. Der Teufel habe den Samen durch neun Tücher geschlagen, auf dem untersten seien etwa zehn schwarze Körner gelegen, die er in's Teufels Namen habe verschlucken müssen, wovon er auf ein Jahr fest geworden sei.«

Im Hexenglauben nimmt der Teufel den Platz des Oberhauptes, des Meisters ein, der die Kandidatinnen, die in seinen »Orden« aufgenommen werden möchten, einer genauen Prüfung unterzieht, sie dann brandmarkt und damit unauflöslich an sich bindet. Die lüsterne Phantasie zahlreicher überzeugter Hexenverfolger fügte dem noch die Rolle des Haremsbesitzers hinzu, der mit jeder seiner Damen nach Lust und Laune – vor allem aber in der → Walpurgisnacht – orgiastischen fleischlichen Umgang pflegt.

Wie »selbstgebastelt« die Vorstellungen über die Rekrutierung von neuen Hexen sein können, zeigt folgende Aufzeichnung der Aussage einer Frau aus Rostock, der im Jahr 1568 wegen des Vorwurfs der Hexerei der Prozeß gemacht wurde:

»Einmal kam der Teufel zu ihr und sagte: du must auch ein Mal up Blakesberge; sie wollte nicht, da drohte er ihr den Hals entzwei zu brechen. Er befahl ihr, auf den Besen zu sitzen. So kam sie hin, hat dort gegessen und getrunken, viele Frauen und Jungfrauen waren da, die sie nicht kannte; denn es war düstre Nacht. Auch hatte sie getanzt, und der Teufel tanzte mit seiner Frau voran, er hatte ihr einen goldenen Rock gegeben; im Tanze fielen viele hin, und eine fiel über einen Block. Da lachte der Teufel und sagte: alle, die gefallen, seien sein.«

Seltsam gleichlautend sind in den Hexenprozessen die Aussagen, der Teufel habe sich – in Gestalt eines Mannes in grüner oder schwarzer Kleidung – vor allem an solche Frauen herangemacht, die in bittere Armut geraten waren. Ihnen versprach er, sie aus ihrer Not zu erretten, und machte sie zu seinen Buhlen.

Immer wieder heißt es auch, der Teufel habe seinen Hexen bei den Prozessen beigestanden, Indizien verschwinden lassen und sogar versucht, das Feuer des Scheiterhaufens von ihnen abzuhalten (→ Rabe) – wie sich zeigte, in der Regel allerdings ohne allzu großen Erfolg.

Mehr darüber: di Nola 1997

Thomasius, Christian

Christian Thomasius wurde 1655 als Sohn eines Professors in Leipzig geboren und studierte dort Philologie und Philosophie, später in Frankfurt/Oder auch Jura. Er machte sich durch seine freimütigen Reden nicht wenige Feinde und war 1690 sogar gezwungen, sich durch die Flucht nach Halle der Verhaftung zu entziehen. Dort wurde er bald Professor an der neugegründeten Hochschule, dann Geheimer Rat und in der Folge schließlich Rektor der Universität.

Was Thomasius auszeichnete, war zum einen die Tatsache, daß er als erster deutscher Professor seine Vorlesungen auf deutsch hielt; zum anderen und vor allem aber seine 1701 erschienene Dissertation. Sie trug den Titel ›De Crimine Magiae‹, (›Vom Laster der Zauberei‹), und gipfelte – dies zu einer Zeit, da die Hexenverfolgungen in vollem Gange waren – in der ausdrücklichen Forderung, alle Hexenprozesse einzustellen. Der Autor schreibt:

»Was mich betrifft, weil ich das Laster der Zauberey vor eine Fabel halte, rathe diese einzige Behutsamkeit. Ein Fürste solle niemahls verstatten, daß wegen des Lasters der Magie, das ist, wegen des Bündnisses der Menschen mit dem Teuffel (denn von dem Schaden, den einer dem andern durch die verborgene Magie, sie sey natürlich oder künstlich, zufüget, ist hier die Frage nicht) eine Inquisition angestellet werde, und die niedrige Obrigkeit vollziehe solche niemals.«

Wie auch seine mutigen Vorgänger auf diesem Gebiet, vor allem Friedrich → Spee von Langenfeld und Johann → Weyer, glaubte Thomasius zwar durchaus an die Existenz des Teufels und böser Geister, doch war er davon überzeugt, diese könnten keine körperliche Gestalt annehmen und daher auch keine »fleischlichen Bündnisse« mit Frauen eingehen. Mithin mußten also derartige Bekenntnisse angeblicher Hexen entweder Ausgeburten ihrer Phantasie sein oder aber auf das Konto der Folter gehen.

Da nach Ansicht der damaligen Rechtsgelehrten eines der Hauptmerkmale und Hauptverbrechen einer Hexe gerade darin bestand, daß sie eine Buhlschaft mit dem Teufel hatte, folgte aus dem Gesagten zwingend, daß es keine Hexen (in diesem Sinne des Wortes) gab.

Gegen Thomasius' Schrift erhob sich zwar eine Welle der Empörung, doch fanden sich auch etliche Freunde und Kollegen, die seine Ansichten mehr oder weniger offen unterstützten. Als aber seine Dissertation noch keine nennenswerten praktischen Auswirkungen zeitigte, beschloß Thomasius, dem historischen Ursprung des Teufelspaktglaubens auf den Grund zu gehen. Diese langwierige Arbeit resultierte schließlich in einer zweiten Schrift (›Inquisitionsproceß wider die Hexen‹), deren Beweiskraft auch von seinen Gegnern nicht anzufechten war.

Daneben ließ er englische Werke, die sich gegen die Hexenprozesse wandten, ins Deutsche übersetzen, um dadurch seinen eigenen Anschauungen in der Öffentlichkeit mehr Nachdruck zu verleihen. Auch hatte er den Vorteil, als Rektor und Professor eine große Schar von Studenten direkt beeinflussen und – durch diese – mittelbar auf eine noch größere Anzahl von Menschen einwirken zu können. Obgleich sein mutiges Vorgehen wesentlich zur Abschaffung der Folter und der Hexenverfolgungen beitrug, war es ihm allen Anstrengungen zum Trotz nicht vergönnt, das Ende der Hexenprozesse zu erleben. Es hätte ihm allerdings im nachhinein bestimmt eine gewisse Befriedigung verschafft zu erfahren, daß in seinem Todesjahr, 1728, die letzte Hinrichtung einer Hexe auf preußischem Boden stattfand.

Mehr darüber: Thomasius 1986

Tieck, Ludwig

Der große Romantiker verarbeitete in seinen literarischen Werken bekanntlich nicht nur Sagen und Märchenmotive; die in seiner 1832 erschienenen Novelle ›Der Hexensabbat‹ geschilderten Ereignisse etwa sind historisch verbürgt: Die Rede ist von den Hexenprozessen, die im fünfzehnten Jahrhundert in der französischen Stadt → Arras stattfanden.

Gestützt auf die Memoiren eines Beteiligten, eines gewissen Jacques du Clerc, schildert Tieck die Intrigen derjenigen, die sich an diesen Prozessen bereicherten, und zeigt, daß der Vorwurf der Hexerei für sie nur ein guter Vorwand war, sich unliebsamer oder sonstwie »störender« Personen zu entledigen.

Tieck wollte mit dieser Novelle nicht nur unterhalten, sondern die Leser durch die anschauliche Schilderung der angeblichen Hexe und ihres völlig harmlosen Lebens aufklären, ihnen die Vorurteile und die Engstirnigkeit jener Zeit vor Augen führen und sie zum Nachdenken anregen; so schließt er mit den Worten:

»An derselben Stelle, wo vor vielen Jahren die Angeklagten waren verbrannt worden, wurde, nachdem man ihre Ehrenrettung laut vorgelesen hatte, eine lustige Comödie gespielt, über welche die Zuschauer viel lachten. Und doch war dieser unsinnige Hexen-Prozeß nur der erste große in Europa, nach dessen Form bis 1700, bis auf Thomasius' und Spee's Einrede, so viele Unschuldige und Wahnsinnige dem Feuer geopfert wurden.«

Tiere verhexen

Oft noch vor der Sorge um die eigene Gesundheit stand für den Bauern früherer Zeiten das Wohl und Wehe seiner Tiere. Gaben die Kühe keine Milch, erkrankte das Pferd, starben die Schweine, war seine Existenz und die seiner Familie ernsthaft in Gefahr, drohten Hunger und völlige Verarmung. In den seltensten Fällen führte man solche Unglücksfälle auf natürliche Ursachen zurück; meist machte man dafür böse Geister, in späteren Zeiten dann zunehmend – und zuletzt ausschließlich – die Hexen verantwortlich. Sie, so dachte man, hatten das Vieh aus Rachsucht, Neid oder aus purer Bosheit verhext und damit die Krankheit oder das Versiegen der Milch bewirkt.

Zwar versuchte man, die Tiere mit → Amuletten oder → Glocken zu schützen, oder auch dadurch, daß man über die Stalltüren Drudenfüße zeichnete und Kräuterbüschel oder Hufeisen befestigte. Aber die Furcht vor dem → Besprechen war so groß, daß man sich tunlichst bemühte, als Hexen oder Hexenmeister bekannten Personen möglichst keinen Grund für einen Racheakt zu liefern. Noch zu Anfang des zwanzigsten Jahrhunderts wird aus Nordthüringen berichtet, eine alte Frau sei zu einem Bauern gekommen, um einen Scheffel Korn zu kaufen. Da sie aber das Geld dafür erst später bringen wollte, hatte der Bauer keine Lust zu diesem Geschäft und erklärte, er habe kein Korn mehr vorrätig. Die alte Frau verließ den Hof, und urplötzlich begann der Ziegenbock, der bis dahin putzmunter gewesen war, zu taumeln und kläglich zu meckern.

Der Bauer dachte sich sofort, daß hinter der Sache die alte Frau stecken mußte; er ließ sie zurückrufen und erklärte, er habe schließlich doch noch Korn gefunden. Dann bat er die Frau, nach seinem Ziegenbock zu sehen. »Die Frau ging auf den Bock zu, faßte ihn beim Barte und sprach: ›Ei, du dummer Bock, was machst du denn für Dummheiten!‹ Kaum hatte die Frau diese Worte gesprochen, so war der Bock wieder gesund.«

Zu welchen Maßnahmen der Glaube, eine Hexe sei für die Krankheit oder den Tod eines Tieres verantwortlich, die Menschen auf dem Land noch Ende des neunzehnten Jahrhunderts veranlassen konnte, zeigt ein Bericht aus dem Jahre 1893: Nach dem Tod einer als Hexe verschrienen alten Frau veranstalteten die Dorfbewohner deswegen im Wirtshaus ein Freudenfest. Da traf die Botschaft ein, einem Nachbarn sei urplötzlich die Kuh verendet. Die Zecherei wurde unterbrochen, der Vorfall von den Gemeindevätern untersucht, und alle kamen zu dem übereinstimmenden Schluß, die alte Frau habe noch im Tod die Kuh verhext.

Also beriet man, was zu tun sei, und gelangte zu dem Ergebnis, man müsse einen Hengst über das Grab der Hexe springen lassen. Leider erwies sich die Maßnahme als undurchführbar, da das dafür ausgewählte Tier sich entschieden weigerte – was als weiterer Beweis für die Gefährlichkeit der Toten betrachtet wurde. Da griff der Gemeinderat schließlich zu einer Maßnahme, die uns von etlichen Vampirfilmen her wohlvertraut ist. Er ließ das Grab der vermeintlichen Hexe öffnen und die Leiche mehrmals mit glühenden Heugabeln durchstechen.

»Dieser grauenhafte Akt wurde zur grossen Befriedigung der Dorfbewohner mit aller Gründlichkeit vollführt, worauf man sich in gehobener Stimmung neuerlich ins Wirtshaus begab, um das Gelage fortzusetzen.« Inzwischen hatte jedoch die Polizei von dem schauerlichen Vorfall erfahren, und die Schuldigen wurden kurz darauf an Ort und Stelle festgenommen.

Angesichts solch drastischen Vorgehens gegen eine angebliche Hexe ist der Gleichmut zu loben, mit dem ein Bauer Ende des siebzehnten Jahrhunderts den Verlust einer seiner Kühe hinnahm: »Wir haben noch 13 Kühe im Stalle. Wenn uns neulich nicht eine gestorben wäre, so hätten wir gleich 14 ... Sie war uns ein Bißgen behext worden. Wir wußten wohl, wers getan hatte, aber Gott Lob und Dank, daß wir mit dem andern Vieh noch zurechte kamen.«
Mehr darüber: Froehner 1925

Tierverwandlung
Zu den bekanntesten → Künsten der Hexen und Hexenmeister gehörte ihre angebliche Fähigkeit, sich – wie jedes Kind durch das Grimmsche Märchen vom ›Gestiefelten Kater‹ weiß – in jedes beliebige Tier zu verwandeln. In der Regel wählten die Unholden aber solche Tiere, denen ein ambivalenter, wenn nicht gar teuflischer Charakter zugeschrieben wurde, wie etwa Katzen, Ratten, Eulen und Krähen und jede Art von Ungeziefer.

Für welche Gestalt sie sich jeweils entschieden, hing natürlich von dem Zweck der Verwandlung ab. Wollten sie also etwa nachts in ein gut gesichertes Haus eindringen, um sich den Schlafenden als Alp auf die Brust zu setzen oder sonstigen Schaden anzurichten, versuchten sie, sich als Nachtschmetterling, als Heimchen oder als anderes Nachtinsekt durch Fensterspalt, Mauerritz oder sonst eine kleine Öffnung zu quetschen.

In die Ställe schlüpften sie als Mäuse, Kröten oder Wiesel, und bei ihren Ritten zum Blocksberg sollen sie sich gern in Schweine, Ziegenböcke oder Pferde verwandelt haben. Beliebt war nach weitverbreiteter Ansicht auch die Gestalt des dreibeinigen Hasen (→ Hase), der die Jäger zum besten hielt.

Hinsichtlich der Frage, wie derlei Verwandlungen aufzufassen seien, gingen die Ansichten auseinander. Märchen und märchenhaft angehauchte Berichte stellen die Sache ja bekanntlich so dar, als ob die Hexe eine echte, körperliche Metamorphose durchmachte; »realistischeren« Darstellungen zufolge hingegen blieb der Körper der Hexe unverändert, allerdings wie tot liegen, während ihre Seele – wie von den Schamanen bekannt – in ein Tier schlüpfte oder in der magisch angenommenen Gestalt des erwünschten Tieres loszog.

So erzählt eine wendische Geschichte: »Mal hüteten zwei Mädel die Kühe und die eine sagte zur anderen: ›Das krümmt mir so am Koppe, kratz' mich mal ein bischen.‹ Dann that es die andere und das erste Mädel schlief ein, und wie sie eingeschlafen war, fuhr ihr eine Maus aus dem Munde heraus, dann war das Mädel weg und wie todt. Nach einer Weile kam die Maus wieder und sprang dem Mädel wieder in den Mund hinein. Dann wurde sie wieder lebendig; die war eine Hexe.«

Hexenmeister, der auf einem verzauberten Wolf reitet,
Illustration zu Ulrich Molitor:
›Von den Unholden oder Hexen‹, 1489

Nach christlicher Auffassung konnten sich die Hexen allerdings nicht jede Gestalt aussuchen; manche Tiere sollen für sie absolut tabu gewesen sein. Dazu gehörte zum einen der Hecht, weil er, wie man sagte, das Kreuz und die Marterinstrumente Christi in seinem Kopf trägt (gemeint sind auffällig geformte Schädelknochen) – weswegen ein Hechtskopf im Haus auch hervorragend gegen böse Geister und Hexen schützen soll. Ein anderes »verbotenes« Tier war die Taube, da der Heilige Geist deren Gestalt annahm, als er sich auf Jesus niederließ; und ein weiteres war die Biene, denn, wie es in Pommern hieß: »Die Bienen lieben die Aufrichtigkeit und hassen die Zauberei. Eine Hexe mag darum auch anstellen, was sie will, sie wird mit Bienen nie Glück haben, niemals wird sich in ihrem Stocke eine Königin einfinden.«

Tollkirsche

Die Tollkirsche (*Atropa belladonna*), im Volksmund treffend auch Dullkraut oder Tollbeere genannt, ist im südlichen und mittleren Deutschland häufig auf Kahlschlägen, Waldwegen und an Waldrändern zu finden; in Norddeutschland dagegen ist sie selten.

Alle Pflanzenteile – einschließlich der hübschen lackschwarzen Beeren – enthalten äußerst giftige Alkaloide, weshalb vor dem Verzehr nicht eindringlich genug gewarnt werden kann. Bereits eine einzige Beere bewirkt bei Erwachsenen unter anderem nachhaltige Lähmungserscheinungen im Kehlkopfbereich mit daraus resultierenden Schluckbeschwerden, große motorische Unruhe, Herzjagen und zeitweiligen Stimmverlust.

Die Tollkirsche soll manchen Angaben zufolge Bestandteil der berüchtigten Hexensalbe (→ Salbe) gewesen sein. Tatsächlich bestätigen wissenschaftliche Untersuchungen, daß etliche ihrer giftigen Wirkstoffe auch durch die Haut aufgenommen werden und dadurch Halluzinationen hervorrufen können.

Am 21. Juni 1749 wurde die Subpriorin des Praemonstratenserinnenklosters Unterzell (Franken) enthauptet, weil sie unter anderem Tollkirschen in ihrem Klostergarten gezogen und zu irgendwelchen zwielichtigen Zwecken benutzt haben sollte. Im Prinzip waren es allerdings eher die südosteuropäischen (ungarischen, rumänischen, slowenischen) »Hexen«, die sich der Tollkirsche, vor allem offenbar zu Liebeszaubern, bedienten – wobei es den Anschein hat, als ob die Pflanze in manchen Regionen mit der mythischen »Mandragora« gleichgesetzt worden sei.

Wie andere Zauberpflanzen auch, sollte die Tollkirsche am besten vor Sonnenauf- oder nach Sonnenuntergang ausgegraben werden – keinesfalls durfte man ein eisernes Werkzeug dazu verwenden. Auf die Stelle, von der man sie genommen hatte, sollte man eine Opfergabe, etwa ein Stückchen Brot mit Salz, legen, damit, wie es in Ungarn hieß, einen der Teufel nicht holte. Die Böhmen sagten sogar, man müsse vor dem Ausgraben einen magischen

Kreis um sich ziehen und dem Dämon, der die Pflanze bewache, eine schwarze Henne hinwerfen. Sobald man die Tollkirsche habe, müsse man davonlaufen, so schnell einen die Füße trügen, und dürfe sich nicht mehr umschauen.
Mehr darüber: Stamm 1992

Trithemius, Johannes
Der 1462 in Trittenheim bei Trier geborene Johannes Heidenberg, wie Trithemius eigentlich hieß, stand bei seinen Zeitgenossen in dem Ruf, ein Magier und Hexenmeister zu sein. Nach einem Studium der Theologie in Heidelberg wurde er bereits im Alter von 21 Jahren Abt des Klosters Sponheim bei Kreuznach und erwarb sich bald einen Ruf als vielseitiger Gelehrter und Beförderer der Wissenschaften. Gelegentlich ließ er sich allerdings auch zu gewissen Scharlatanerien verleiten. So behauptete er beispielsweise, in seiner ›Steganographia‹, hundert Geheimschriften zusammengetragen und entschlüsselt zu haben, und erfand eigens zu diesem Zweck eine Reihe von Autoritäten, von denen er sein Wissen bezogen haben wollte. Das für uns interessanteste Werk Trithemius' ist der im Jahr 1508 erschienene ›Antipalus maleficiorum‹ (›Widersacher der Zaubereien‹).

Hierin erfahren wir über die Hexen, sie seien ein »verabscheuungswürdiges Geschlecht«, das mit Hilfe böser Geister und/oder teuflischer Zaubertränke den Menschen vielerlei Schaden zufüge. »Leider ist die Zahl solcher Hexen in jeder Provinz groß, es ist kein Ort zu klein, wo man nicht eine Hexe findet. Durch ihre Schlechtigkeit sterben Vieh und Menschen.«

Trithemius gibt weiterhin Ratschläge, wie man sich am besten gegen Hexen schützen könne – beispielsweise, indem man sich mit Weihwasser besprengen lasse oder mit geweihtem Salz Bett und Stall bestreue, jeden Morgen das Haus mit einem Kreuz bezeichne und ansonsten christlich lebe. Man solle sich ferner davor hüten, eine als Hexe verdächtige Frau als Hebamme zu beschäftigen, da Hexen neugeborene Kinder zu töten oder aber mit dem Teufel zu vermählen pflegten. Als Krönung dieser Ausführungen forderte Trithemius den Feuertod für alle Hexen und Zauberer, die mit dem Teufel »fleischliche Verbindungen« eingingen.

Es läßt sich mühelos ausmalen, welche Auswirkungen sein Buch auf die gläubigen Leser und damit auf den Verlauf und die Intensität der → Hexenverfolgungen hatte.

Mehr darüber: Arnold 1991

Trude

Die Trude, Drude oder Drud/Trut, wie sie je nach Region genannt wird, ist ähnlich ungreifbar und zeigt ähnlich heterogene Züge wie die (oder der) → Mahr. Und genau wie diese wurde sie ab dem späten Mittelalter »verhext«, das heißt, sogenannte Hexen übernahmen nolens volens ihre bösen Eigenschaften, und umgekehrt wurden der

Trud »hexische« Merkmale angedichtet, die sie bis dahin keineswegs besessen hatte. Während sie in älteren Zeiten offenbar als ein »selbständiges« Geistwesen betrachtet worden war, setzte sich im Zuge dieser Entwicklung zunehmend die Ansicht durch, daß ein Mensch, lies: eine Hexe, sich in eine Trud verwandle, um in jemandes Schlafzimmer einzudringen und ihm zu schaden. Man glaubte, daß die Trud zu diesem Zweck etwa die Gestalt einer Feder, eines Insekts oder eines anderen Gegenstandes beziehungsweise Tieres annehme und sich so durch die engste Ritze zwängen könne.

Als bevorzugte Zeit ihres Kommens galt die Geisterstunde zwischen zwölf und ein Uhr nachts, und mancherorts behauptete man, sie kündige sich durch leises Rauschen oder Klingeln an oder tappe mit leisen Schrittchen wie eine Katze. Schlief das Opfer noch nicht, hauchte sie es an oder fixierte es mit ihrem Zauberblick, und prompt fiel es in Schlaf.

Im allgemeinen wurden der Trud dieselben Untaten zur Last gelegt wie dem Alp und der Mahrt. Sie sollte sich als böses Nachtgespenst den Schlafenden auf die Brust setzen und sie drücken, bis ihnen die Luft ausging. Besonders gern pflegte sie, so die landläufige Ansicht, an Kindern zu saugen, bis Milch aus ihren Brüsten quoll, und ihnen sogar das Blut auszusaugen.

Die Vorsichtsmaßnahmen, die man gegen die Truden ergriff, waren weitgehend dieselben, die man auch gegen

Hexen anwandte (→ Abwehr von Hexen). An erster Stelle ist hier der sogenannte »Drudenfuß« zu nennen, das → Pentagramm, das über beziehungsweise an das Bett, die Haustür oder an eine andere wichtige Stelle des Hauses gezeichnet oder geritzt wurde. Auch die → Trudensteine waren für ihre große übelwehrende Macht bekannt. Daher hängte man sie mit Vorliebe über dem Bett, einem Fenster oder im Stall auf.

Aus der folgenden Mitte des neunzehnten Jahrhunderts in Bayern aufgezeichneten Geschichte wird zum einen deutlich, wie weit die Identifizierung der Trude mit der Hexe zu der Zeit ging, und zum anderen, wie selbstverständlich man darauf achtete, sich mit allerlei Mitteln vor möglichen Nachstellungen abzusichern.

Hier heißt es nämlich, daß eine Trude, die am Dreikönigstag in ein Haus eingedrungen war, einem schlafenden Kind deswegen nichts antun konnte, weil dieses aus Vorsicht seine Schuhe mit den Spitzen nach außen vor sein Bett gestellt hatte. »Hierauf lief die hex in die ställe, wo aber alles sich wohl eingesperrt und die thüren nach gut christlichem brauch mit heiligen zeichen verwahrt waren. selbst der hofhund hatte ein geweihtes amulett am halse hängen.«

Halfen selbst diese probaten Maßnahmen nicht, konnten besonders Mutige versuchen, die Trud, sobald sie ins Zimmer eingedrungen war, zu fangen. Hierfür wurde in der Regel empfohlen, rasch alle Öffnungen, in erster Linie aber das Schlüsselloch zu verstopfen. Ein anderes Mittel sollte sein, den Brotlaib im Kasten umzudrehen oder ein Kopfkissen mitten ins Zimmer zu werfen, auf das die Trud dann angeblich gebannt wurde. Weil man aber, wie ein »Experte« sagte, »in den meisten Fällen durch den Schrecken über das Erscheinen der Drud wie gefesselt ist, so gelingt dieses Mittel nie«.

Die Frage ist natürlich, was man denn mit einer gefangenen Trud eigentlich anfangen sollte. Die einen sagten, man könne sie so züchtigen, daß sie von nun an davon Abstand nähme, einen jemals wieder zu behelligen. Dazu brauche man nur den Gegenstand, in den sie sich prompt verwandele, einen Strohhalm, eine Nadel oder ähnliches, anzubrennen, zu verbiegen oder zu zerschneiden.

Andere behaupteten genau wie von der Mahrt, die Trud würde, bliebe sie bis zum Morgen gefangen, die Gestalt eines schönen Mädchens annehmen. Von nun an würde sie so lange bei ihrem Besieger bleiben, bis dieser aus Unachtsamkeit ihre Identität ausplaudere, wodurch sie ihre Freiheit wiedererlange und verschwinde. Dieses letztgenannte Motiv ist im Zusammenhang mit Feen und Nixen im Volksglauben unzählige Male belegt und dürfte ursprünglich nicht zum Truden-, Alp- oder Mahrtenglauben gehört haben.

Ausgesprochen typisch für den Glauben an die üblen Wirkungen einer Trud dagegen ist folgende Beschwörungsformel, die noch im neunzehnten Jahrhundert in Bayern an die Stalltüre oder an die Bettstelle geschrieben wurde:

»Trudenkopf ich verbiete dir mein haus und hof, ich verbiete dir meinen pferd- und kuhstall, ich verbiete dir meine bettstätt, daß du mich nicht trudest; trude in ein anderes haus, bis du alle berg steigest, und alle zaunstecken zählest, und über alle wässer steigest, so kann der liebe tag wieder in mein haus.«

Trudenstein

Als Trudenstein – in Mecklenburg und Pommern auch als Hühnergott (vermutlich von »Hünengott« abzuleiten) – werden Steine bezeichnet, die von sich aus ein Loch haben. In Norddeutschland sind es vor allem Feuersteine, andernorts auch andere Gesteinsarten. Diese seltenen Steine waren um so begehrter, je ausgefallener sie geformt waren, da man ihnen dann besondere magische Kräfte zuschrieb. Wie die Bezeichnung Trudenstein schon nahelegt, glaubte man nämlich, ein solcher Stein, vor das Fenster oder über das Bett gehängt, wehre die → Truden, die → Mahr(t) und die Hexen ab.

In der Gegend um Salzburg wurde der Trudenstein noch zu Anfang des zwanzigsten Jahrhunderts völlig selbstverständlich an den Pferdeställen aufgehängt, um die Tiere vor Krankheiten zu schützen, die von den Truden verursacht werden konnten; aus Bayern wiederum erfahren wir: »Alte hebammen haben solche steine und leihen sie den weibern, ihre kinder zu schützen. In mehreren häusern in Oberdorf sind solche steine, die man kaum um theueres geld bekommen würde.«

Wie die Steine aber der → Abwehr der Hexen dienten, so sollen diese sie umgekehrt auch für ihre Zaubereien verwendet haben. In einem Prozeß des Jahres 1678 wurde der Sohn einer der Hexerei angeklagten Frau gefragt, was denn der Stein mit dem Loch bedeute und wozu die Mutter ihn verwendet habe. Der Sohn erklärte, er habe gehört, es handle sich dabei um einen Trudenstein, und nach »eingehenderer« Befragung gab er an, seine Mutter habe den Stein zum Melken der Kühe anderer Leute benutzt.

In England und Wales waren die Zauberkräfte des durchlöcherten Steines ebenfalls weithin bekannt. »Auch dort«, so heißt es in einem Bericht aus dem Jahre 1903, »sucht man ihn unter den Flußkieseln und Steinen am Meeresstrande, auch dort ist der Mineralstoff, aus welchem er besteht, nebensächlich. Er dient vorzugsweise zum Schutze des Viehes gegen Hexeneinflüsse, zur Verhütung von Viehkrankheiten, gegen Ausbleiben der Milch, verursacht durch bösen Blick, und wird in Kuh- und Pferdeställen aufgehängt.«

Mehr darüber: Andree 1903; Schulenburg/Andree 1905

U

Unruhe

Wenngleich sie als Wohnzimmerdekoration inzwischen leicht passé sind, schätzt man sie in Kinderzimmern doch nach wie vor, wo sie, über dem Bettchen aufgehängt, das Baby ablenken und beruhigen und, wie man hört, dessen motorische Koordination fördern sollen: Die Rede ist von den scheinbar schwerelosen, durch den leisesten Hauch bewegten Gebilden, die in den dreißiger Jahren des zwanzigsten Jahrhunderts »Mobile« getauft wurden. Wenn aber ein namhaftes deutsches Konversationslexikon behauptet, die luftigen Objekte seien eine Erfindung des amerikanischen Plastikers Alexander Calder, so entspricht dies nur bedingt der Wahrheit.

Tatsache ist nämlich, daß schon vor Jahrhunderten – wenn nicht sogar Jahrtausenden – vergleichbare Konstruktionen bekannt und allgemein gebräuchlich waren. Solche »Unruhen«, wie sie in Deutschland meist genannt wurden, bestanden zwar nicht wie die heutigen Mobiles aus Draht und Metallplättchen, sondern aus Pflanzenteilen, Knochen und Federn, können ansonsten aber fraglos als deren eigentliche Vorläufer angesehen werden. Und auch sie wurden mit Vorliebe in der Nähe von Säuglingen aufgehängt, wobei sie allerdings weniger der Verschönerung ihrer Umgebung oder der

Ablenkung dienten, als vielmehr der Vertreibung der Hexen. Wie man nämlich glaubte, konnten Hexen derlei schwankende Gebilde nicht ausstehen, und wenn sich eine von ihnen, etwa in Gestalt einer Fliege, eines Schmetterlings oder eines Heimchens, dem Kind mit böser Absicht zu nähern versuchte, wurde sie dadurch augenblicklich verscheucht.

In Schlesien pflegte man die Unruhe aus Hechtsschädelknochen zu basteln, denen man die Gestalt einer Taube zu geben versuchte; oder aber man nahm auch einfach Eierschalen, die man mit Flügelchen versah. In Bayern benutzte man getrocknete Stengel des Feld-Mannstreus (*Eryngium campestre*), und im Harz flocht man zu einem ähnlichen Zweck Kränze aus Bärlapp und befestigte sie an der Zimmerdecke. Allerdings dienten diese Kränze dann nicht der Vertreibung von Hexen, sondern als »Anzeiger«: Wie man nämlich glaubte, hörte der Kranz schlagartig auf, sich zu bewegen, sobald eine Hexe das Zimmer betrat.

Man bemühte sich also, die schon für sich genommen apotropäische Wirkung der Unruhe dadurch zu verstärken, daß man zu ihrer Herstellung anerkannt hexenwidrige Substanzen verwendete; ebenso wesentlich war allerdings deren Leichtigkeit, damit selbst der leiseste Luftzug sie in ständiger Bewegung halten konnte.

Und damit ist erwiesen, daß der angebliche Erfinder des Mobiles, Alexander Calder, im Grunde nur der Erneuerer eines alten, weitverbreiteten Brauches war – was seine sonstigen Verdienste allerdings keineswegs schmälern soll!

Unschuldsbeweise
Ob sie als Ausdruck eines »kollektiven Schuldbewußtseins« zu werten sind oder sich aber tatsächlich so – oder zumindest in ähnlicher Form – zugetragen haben, mag dahingestellt sein; jedenfalls kursierten ab dem Spätmittelalter zahlreiche Geschichten, die von »Unschuldsbeweisen« als Hexen verurteilter Frauen handeln. Diese Beweise lieferten die Hexen fast immer erst nach ihrem gewaltsamen Tod: Meist kündigte die Betreffende diesen postumen Beweis ihrer Unschuld auf dem Scheiterhaufen an oder stieß einen Fluch aus, der das Unrecht, das man ihr antat, sühnen sollte (→ Sidonie von Saatzig).

In der Nähe von Stavenhagen in Mecklenburg gibt es eine Stelle, die noch bis vor kurzem als »Hexenbusch« bekannt war. Es ist ein wüster Platz, auf dem nur Gestrüpp und Brennesseln wachsen. Hier, so erzählte man sich, wurde einst eine angebliche Hexe unschuldig verbrannt; und zum Beweis ihrer Unschuld verfluchte sie ihren Richtplatz, der dementsprechend zu einer trostlosen Einöde verkam.

Ein anderer aus Mecklenburg überlieferter Fall hatte nicht diese umweltzerstörerischen Folgen, sondern soll sogar zur Besserung eines ganzen Dorfes geführt haben. Weil eine der ihm anvertrauten Kühe plötzlich rote Milch gegeben hatte, war ein Hirte der Hexerei angeklagt und zum Tod verurteilt worden. »Vergebens betheuerte er seine Unschuld und sagte, es würden nach seinem Tode vor dem

Burgthor drei Blumen wachsen, dergleichen man nie zuvor gesehen. Und so kam es auch; daran erkannte man, daß er unschuldig gewesen und es wurde fortan in Penzlin niemand mehr wegen Hexerei angeklagt und verurtheilt.«

Aus der Eifel wird berichtet, ein Mädchen, das als verurteilte Hexe schon auf dem Scheiterhaufen stand, habe laut gerufen: »Ich sterbe unschuldig, und zum Zeichen meiner Unschuld wird der Pfahl, an dem ich gebunden stehe, nach meinem Tode grünen und zu einem Baum werden.« Das Mädchen verbrannte, der Pfahl aber blieb tatsächlich unversehrt, trieb aus und wuchs mit der Zeit zu einem mächtigen Baum heran.

V

Voodoo → Bildzauber

W

Wahrsagen

Das Wahrsagen oder Hellsehen ist eine Fähigkeit, die seit ältesten Zeiten auf der ganzen Welt bekannt ist. Nur besonders begnadete Menschen – oft solche, die mit bestimmten physischen Defekten geschlagen waren, wie in der Antike der blinde Seher Teiresias – besaßen, wie man glaubte, diese Gabe. Ihre Voraussagen galten in der Regel der Gemeinschaft, die durch sie etwa vor bevorstehenden Seuchen, Kriegen oder Naturkatastrophen gewarnt werden sollte – wie beispielsweise die Trojaner durch Kassandras allerdings vergebliche Prophezeiungen; Einzelpersonen betrafen sie eher in Ausnahmefällen, und dann meist nur Helden oder gekrönte Häupter.

Demgegenüber steht eine andere Art von Wahrsagern, die aus den Linien der Hand oder aus anderen Merkmalen »sehen«, welches Schicksal einem bestimmten Menschen zugedacht ist, ob und wie oft er heiratet, wie viele Kinder er haben und wie lange er leben wird. Personen, die diese Kunst ausübten, oft genug Zigeunerinnen, wurden in vergangenen Jahrhunderten häufig als Hexen bezeichnet und dementsprechend mit scheelen Augen betrachtet oder sogar verfolgt.

In vielen älteren Texten rangierte die Wahrsagekunst als

gleichwertig neben der Zauberei und galt als ebenso verdammenswert. Im Jahre 1410 wandte sich der Metropolit Fotij in einem Schreiben an die Geistlichkeit und die Bürger von Nowgorod und ermahnte sie: »Ihr sollt sie also lehren, daß sie den Fabeln nicht glauben, die bösen Weiber nicht empfangen und weder → Knoten, Besprechungen, Kräuter, Wahrsagerei, noch etwas gleichartiges üben.« Und Zar Alexei Michailovitsch erklärte in einem Erlaß von 1648, daß es »Verführer männlichen und weiblichen Geschlechts in den Städten und in den Kreisen gäbe, die viel Zauberei und Wahrsagerei treiben und viele Menschen durch diese ihre Zauberei verführen«.

Im Vergleich zum »aufgeklärten« Mitteleuropa eher human, bestrafte die russisch-orthodoxe Kirche Zauberer, Hexenmeister, Possenreißer, Knotenmacher, »die an den Vogelsang Glaubenden und nach den Vögeln und Reptilien die Zukunft Voraussagenden« mit jahrelanger Exkommunikation. Mit der Zeit wurden auch im russischen Reich die Sitten strenger; im Strafgesetzbuch von 1845 heißt es, wer sich für einen Wahrsager oder Zauberer ausgibt und »angebliche Gesichte sehen läßt, angebliche Zaubertränke, Zaubermittel, sogenannte Talismane und andere bezauberte Dinge zubereitet, austeilt und verkauft, erhält … sechs Monate bis zu einem Jahre Besserungshaus.«

Gehörte die Wahrsagerei also – zumindest im europäischen Kulturkreis – nicht eigentlich zu den traditionellen

Hexenkünsten (→ Künste der Hexen), wurde sie doch amtlicherseits zu einer solchen »gemacht«. Allerdings waren es nicht nur um die öffentliche Ordnung besorgte kirchliche und weltliche Obrigkeiten, die Hexen die Gabe der Prophezeiung zutrauten: Schließlich betreiben die »unheimlichen Schwestern« in Shakespeares → ›Macbeth‹ kaum etwas anderes als Wahrsagen!
Mehr darüber: Schellhammer 1950

Waldenser
Die Waldenser sind eine nach ihrem Stifter Waldes oder Valdesius benannte Laienbruderschaft oder »Sekte«, die Ende des zwölften Jahrhunderts in Lyon gegründet wurde. Einer ihrer Grundsätze war, nach dem Vorbild Jesu und der Apostel in völliger Armut zu leben – und dementsprechend lehnten sie zumindest anfangs jede Arbeit zur Bestreitung ihres Unterhaltes kategorisch ab. Sie predigten auf den Straßen, wandten sich gegen die kirchliche Hierarchie und erklärten, jeder Gläubige könne die Funktionen eines Priesters erfüllen.

Die Bewegung breitete sich, auch in den benachbarten Ländern, unaufhaltsam aus und das, obgleich sie vom dreizehnten bis zum sechzehnten Jahrhundert von der kirchlichen und der weltlichen Obrigkeit unerbittlich verfolgt wurde. Von der Beschuldigung der Ketzerei war es bis zur Unterstellung, Waldenser seien Hexen und Hexenmeister, natürlich nur noch ein kleiner Schritt.

Es kam daraufhin zu zahlreichen Prozessen und »Hexen«verbrennungen, und die Waldenser zogen sich mehr und mehr in unzugängliche Gebirgstäler der Alpen zurück, um dort in Ruhe und Frieden leben zu können (→ Arras).

Bei Martin → Delrio, einem der eifrigsten Betreiber des Hexenwahns, hört sich dies allerdings etwas anders an. Er sagt im Jahre 1599: »Diejenigen, welche in den Laendern zwischen den Alpen, nahe an der Schweitz, wohnen, wissen, daß wenige Frauen in denselben Orten zu finden, welche keine Hexen sind. Und man kan keine wahrere oder naehere Ursache davon geben, als weil bis auf diese Stunde die leichtfertige Ueberbleibsale der Waldenser, daselbst als wie in Hoellen verborgen geblieben.«

Walpurgis

Seit alten Zeiten sind die Begriffe »Hexe« und »Walpurgisnacht« (30. April) praktisch untrennbar miteinander verbunden. Die Hexen reiten, wie noch immer jedes Kind weiß, auf ihrem Besenstiel in dieser besonderen Nacht des Jahres auf den Blocksberg, um sich dort mit anderen Hexen und vor allem dem Teufel zu treffen, zu tanzen und sich nach Herzenslust zu amüsieren (→ Sabbat).

Das Wort »Walpurgisnacht« geht auf die heilige Walpurga oder Wal(d)burga zurück, eine englische Benediktinernonne, die im achten Jahrhundert auf Wunsch des heiligen Bonifatius nach Deutschland kam, um ihn bei seiner Missionsarbeit zu unterstützen. Sie wurde eine allseits geachtete und ver-

Hexensabbat, Illustration zu Johannes Geiler von Kaysersberg: ›Die Emeis‹ oder Quadragesimale‹, 1516

ehrte Äbtissin, und nach ihrem Tod zog ihr Grab bald eine immer größere Schar von Gläubigen an. An einem 1. Mai (das Jahr steht nicht genau fest, irgendwann zwischen 870 und 879) wurde ein Teil ihrer Reliquien von ihrem Kloster Heidenheim nach Eichstätt in die nach ihr benannte Kirche St. Walburg übertragen, und seither wird dieser Tag als Walpurgis gefeiert, obgleich das eigentliche Fest der Heiligen der 25. Februar ist. Es heißt, daß sich an dem steinernen Schrein, in dem sich ihre Gebeine befinden, ein wunderwirkendes Öl niederschlägt, das »Walpurgisöl« genannt wird.

Nach ihrem Tod wurde Walpurga, vielleicht nicht ohne eine gewisse Berechnung, zur Patronin der Wöchnerinnen, der Bauern und der Haustiere erklärt. Damit wurde erreicht, daß die alten heidnischen Bräuche, die an diesem Tag in besonderer Weise gepflegt wurden, wenn schon nicht ausgemerzt, so doch wenigstens in christliche Bahnen gelenkt wurden.

Die Bräuche, um die es hier ging, stammten noch aus keltischer Zeit, denn der 1. Mai (Beltane) war einer der beiden wichtigsten Tage des keltischen Jahres gewesen. Er markierte den Beginn der Sommerzeit, den Zeitpunkt, an dem die Herden auf die Sommerweiden gebracht wurden und die Monate der Nahrungsknappheit endlich für alle vorbei waren. Um das Vieh gründlich zu reinigen und es gegen alle Krankheiten zu feien, pflegten die Druiden am Abend vor dem 1. Mai große Feuer anzuzünden und das Vieh hindurchzutreiben.

Die Feuer hatten daneben aber auch den Zweck, die Elfen oder *fairies* (wie sie in Irland, England und Schottland genannt wurden), die vor allem in dieser Nacht umherschweifen sollten, von den Menschen und deren Häusern fernzuhalten. Nicht eigentlich bösartig, waren sie doch, wie man glaubte, stets zu Schabernack und Unfug aufgelegt, der recht derb ausfallen konnte. Und so tat man sein Bestes, sich diese übermütigen Wesen in der gefährlichen Nacht vom Leib zu halten.

Dieser alte keltische Brauch also, der in Irland bis in die Neuzeit hinein geübt wurde, war es, den es mit Hilfe der heiligen Walburga zu christianisieren galt. Mit dem Aufkommen der → Hexenverfolgungen aber wurde der bäuerliche Reinigungsritus mehr und mehr in den Hintergrund gedrängt, bis er schließlich – zumindest im deutschsprachigen Raum – überhaupt keine Rolle mehr spielte.

Dagegen traten an die Stelle der spielenden und herumtollenden Geister die Hexen, die auf den Blocksberg ritten – »arge Trübungen«, wie es ein Volkskundler im neunzehnten Jahrhundert ausdrückte, »einer ursprünglich edleren Vorstellung von gütig gesinnten und für das Erntenwachsthum bemüht gewesenen Geistern«.

Und mit dieser Umwandlung wurde erreicht, was beispielsweise im Falle des Johannisfestes nicht gelungen war und auch später nicht gelingen sollte: dem Volk einen uralten heidnischen Brauch so sehr zu »vermiesen«, daß es ihn schließlich ganz aufgab. Denn während der Johannistag bis zum Ende des neunzehnten Jahrhunderts und noch darüber hinaus allgemein mit großen Feuern gefeiert wurde – und heutzutage wieder wird –, ist von Feuern in der Walpurgisnacht seit längerem kaum mehr die Rede.

Wie man sich dagegen noch in den zwanziger Jahren in dieser Nacht gegen die Hexen zu schützen suchte, beschreibt der folgende Bericht aus dem Saarland: »Wenn der letzte Apriltag zur Neige geht und es naht sich die mitternächtige Stunde, dann geht noch heute die Hausfrau durch Haus, Hof und Stall und schaut nach, ob die gesegneten Wachskreuzchen an Tür und Decke noch wohl erhalten sind. Fehlende und beschädigte Kreuzchen werden von ihr

erneuert. Dann schreitet sie mit dem gesegneten Krautwisch durch das ganze Haus, fortwährend mit dem Wisch das Kreuzzeichen schlagend.« Schließlich sprengte sie noch geweihtes Wasser in Rauchfang, Küche, Zimmer, Dachboden, Stall und Hof – und das Haus war während der Walpurgisnacht gegen Hexenkunst gefeit, das Vieh gegen Verzauberung und der Mensch gegen den bösen Blick geschützt.
Mehr darüber: Beinhoff 1923

Wasserleger
In Rußland, Polen, in Ungarn und auf dem Balkan glaubten die Menschen früherer Zeiten, Hexen könnten sich ihre Gesundheit nur dadurch bewahren, daß sie bei zunehmendem Mond das Blut derjenigen Menschen abzapften und tranken, die in ebendieser Mondhälfte geboren waren.

Die Hexen brauchten zu diesem Zweck ihren Opfern nicht einmal nahe zu kommen. Es hieß nämlich, sie bedienten sich dazu eines magischen Garnknäuels, dessen Fadenende sie im Mund hielten, während sie das Knäuel selbst aus sicherer Entfernung auf den Schläfer warfen. Der Faden fungierte als »Saugrohr«. Solchermaßen geschröpfte Menschen waren daran zu erkennen, daß sie auffällig blaß waren, eingefallene Wangen, tränende Augen, geschwollene Lippen hatten, daß ihnen die Arme schlaff herabhingen und sie nach und nach sogar ihr Sprechvermögen verloren.

Die einzige Möglichkeit, sich vor den blutdürstigen Hexen zu schützen, bestand nach volkstümlicher Ansicht darin, daß eine gefährdete Person vor dem Einschlafen eine in Wasser getauchte Schnur rund um ihr Bett zog. Wer solche Schutzmaßnahmen ergriff, hieß deshalb bei den Zigeunern Ungarns und des Balkans auch »Wasserleger«.

Wechselbalg

Wenngleich das Wort Wechselbalg noch zuweilen als Schimpfwort verwendet wird, so weiß doch zumindest in städtischen Gegenden kaum jemand mehr, was damit ursprünglich gemeint war. Auf dem Lande mag das anders sein. Hier dürfte sich die ein oder andere Großmutter noch daran erinnern, daß Hexen in früheren Zeiten aus reiner Bosheit Kinder zu vertauschen pflegten.

Sie stahlen ein süßes rosiges Baby aus seiner Wiege und legten an seiner Stelle ihre eigene Mißgeburt. Zu erkennen waren Wechselbälge nach landläufiger Ansicht durch körperliche Verunstaltungen wie etwa einen Buckel oder Wasserkopf, Glubschaugen oder ausgesprochene Häßlichkeit. Ein weiteres Kennzeichen war, daß solche Kinder weit mehr schrien als andere, und insbesondere, daß sie nicht wuchsen.

Bevor der allgemeine Hexenwahn einsetzte – und vor allem in nordischen Ländern auch während dieser Zeit –, waren es allerdings nicht Hexen, denen die Wechselbälge in die Schuhe geschoben wurden, sondern Elben, Kobolde, Zwerge oder »Unterirdische« und andere Naturgeister. Manch eine Schnitterin oder Bauersfrau, die ihr Kind am

Wegrain ließ, während sie auf dem Feld arbeitete, soll auf diese Weise zu einem solchen Balg gekommen sein und damit dann ihre liebe Last gehabt haben.

Welcher Herkunft nun der Wechselbalg in der Vorstellung der Menschen auch sein mochte, jedenfalls war der Glaube daran so weit verbreitet, daß man sich überall bemühte, die Wiege oder das Bettchen eines Kindes möglichst gut zu sichern. Die häufigste Maßnahme war, einen eisernen Gegenstand – eine Schere, ein Messer, eine Nadel, ja sogar eine Sense oder Sichel – in das Bettchen zu legen oder daran zu befestigen. Denn wie man glaubte, fürchten Geister und Hexen das Eisen wie der Teufel das Weihwasser.

Auch Kreidekreise oder -kreuze, Salz und Brot, Kräuterbündel aus Johanniskraut, Wacholder, Holunder und Beifuß sowie die verschiedensten Amulette erfüllten den gewünschten Zweck. Die Taufe sollte natürlich ein weiteres wirksames Schutzmittel sein.

Vermutete aber eine Mutter, ihr Kind sei vertauscht worden, versuchte sie mit der einen oder anderen List, sich Gewißheit darüber zu verschaffen. Eine aus verschiedenen Teilen Europas immer wieder überlieferte Methode bestand darin, im Beisein des in der Wiege liegenden Wechselbalges Bier in einer Eierschale zu brauen. Diese Handlung sollte das Kind dermaßen in Erstaunen setzen, daß es plötzlich anfing zu sprechen (während es sonst ja nur schrie). Es fragte dann gewöhnlich, was die Mutter da tue. Und sie sollte antworten: »Ich braue Bier.« Darauf sagte dann der Wechselbalg, jeweils mit regionalen Varianten: »Ich bin nun so alt wie der Böhmerwald, aber so ein Brauen habe ich mein Lebtag noch nicht gesehen.« Daraufhin wußte dann die Mutter, daß sie wirklich ein vertauschtes Kind vor sich hatte, und prügelte es so lange, bis die wirkliche Mutter das Schreien hörte und ihr Kind wieder zurückholte.

Wie sehr der Glaube an Wechselbälger und deren irgendwie dämonischen Ursprung die Menschen früherer Jahrhunderte beschäftigte, zeigt unter anderem die Tatsache, daß Martin Luther mehrfach darauf zu sprechen kam. Im Jahr 1539 sagte er:

»Solche Wechselbälge und Kielkröpfe schiebt der Satan anstelle seiner wahren Kinder unter und plaget die Leute darmit. Denn diese Gewalt hat der Satan, daß er die Kinder auswechselt, und einem für sein Kind einen Teufel in die Wiegen legt, das denn nicht gedeihet, sondern nur frisset und säuget.«

Luther wollte selbst die Bekanntschaft eines solchen Wechselbalges gemacht haben und berichtete von ihm, daß es »fraß, schiß und seichte, und wenn mans angriff, so schrie es. Wenns uebel im Hause zuging, daß Schaden geschah, so lachete es und war fröhlich; gings aber wol zu, so weinete es.« Das Fazit Luthers zu diesem Thema ist der nicht eben christliche Vorschlag, solche Wechselbälger kurzerhand zu ersäufen!

Mehr darüber: Piaschewski 1935; Appel 1937

Wechseltaler → Hecketaler

Weichselzopf

Eine mindestens ebenso seltsame und heutzutage unbekannte Erscheinung wie der → Federkranz im Kopfkissen ist der sogenannte Weichselzopf, eine noch zu Anfang des neunzehnten Jahrhunderts in ländlichen Gegenden gefürchtete »Krankheit«. Wie es ein Autor aus dieser Zeit ausdrückt, bestand sie »in einer widernatürlichen fetten Verfilzung des Haupt- und Barthaares. Der Wichtel darf nicht abgeschnitten werden; es zöge Verblutung oder doch Verzehrung oder den Tod nach sich.«

Wie schon aus dieser kurzen Passage deutlich wird, geht das Wort »Weichselzopf« auf »Wichtelzopf« zurück, weil man in früheren Zeiten diese mutwilligen Wesen für das Leiden verantwortlich machte. Später sah man dann Hexen als die Urheber dieses »Zopfes« an und wandte sich an eine solche, um ihn wieder loszuwerden. In Ostpreußen hieß es dazu: »Die Hexenweiber geben dem Kranken einen Trank, bis der Weichselzopf reif ist und quetschen ihn dann mit einem scharfen Steine ab; Eisen darf nicht angewandt werden.«

Eine andere beliebte Methode bestand darin, den Wichtel »abzugraben«. Hierzu bildete man ihn aus Werg nach und vergrub ihn zusammen mit einem Brötchen und einem silbernen Geldstück an einer dunklen Stelle, am besten in der Kirche. Sobald alles verschwunden war, konnte man den echten Zopf mit einem scharfkantigen Stein abschneiden.

In Ostpreußen bedienten sich heilkundige »gute« Hexen des Wichtels allerdings zu einem positiven Zweck: Litt jemand an einer schweren Krankheit, so hexten sie ihm einen Weichselzopf an, leiteten die Krankheit mit Hilfe von Zaubersprüchen und Tränken in den verfilzten Haarknäuel hinein und schnitten ihn dann ab – und der Kranke war kuriert!

Weise Frau → Zauberfrau

Werdegang einer Hexe

Angehörigen bestimmter Berufsgruppen wurde von jeher eine besondere Affinität und Prädisposition zu jeder Art von Hexerei nachgesagt. Hierzu gehörten vor allen Dingen Schäfer und Kräuterweiblein. Generell kamen Frauen oder Männer, die sich mit Pflanzen auskannten und armen Leuten Hebammen- und Arztdienste leisteten, schnell in den Ruch der Zauberei.

Wie etwa auch bei den → Schamanen konnte sich die Gabe des Hexens auf die Nachkommen vererben, wobei es oft heißt, daß die Mutter sie an einen Sohn weitergab, dieser wiederum an eine Tochter und immer so weiter. Wie man im Vogtland glaubte, war der siebte Sohn einer Familie dann besonders befähigt, wenn es in der Reihe der Geschwister auch ein Mädchen gab.

Eine solche in den Augen der Mitmenschen äußerst fragwürdige Gabe konnte nach Ansicht der Ostfriesen nur dadurch abgewendet werden, daß die Hebamme das Kind segnete, noch ehe es zum ersten Mal an der Mutterbrust saugen durfte, und ihm anschließend ein Kreuz aus Nadeln in sein Käppchen steckte.

Wurde die Kunst des Hexens aber nicht ererbt, mußte man sie in siebenjähriger – nach manchen Aussagen sogar dreimal siebenjähriger – Lehrzeit mühsam erlernen. Je früher man damit anfing, desto besser, ja, manche behaupteten sogar, ab einem bestimmten Alter könnten Kinder überhaupt nicht mehr angelernt werden.

Laut einer schwäbischen Geschichte aus der Mitte des neunzehnten Jahrhunderts wollte eine Magd das Töchterchen des Hauses in der Hexenkunst unterweisen. »Wäre das Kind schon über sieben Jahr alt gewesen, so hätte es die Hexerei nicht mehr erlernen können. Die Magd fing nun damit an, daß sie das Mägdelein lehrte, mittels eines gewißen Spruches aus mancherlei Dingen Blut zu melken, und dieß machte dem Kinde solche Freude, daß es, ungeachtet ihm von der Magd hoch und theuer befohlen war, Niemand etwas zu verrathen, nicht unterlaßen konnte, seinem Vater das Blutmelken aus einem Handtuche zu zeigen.« Wie dieser darauf reagierte, läßt sich unschwer denken.

Während der Lehrzeit mußte der Adept alle Zaubereien erlernen, zunächst vor allem das → Mäusemachen, wobei Anfänger oft versehentlich Mäuse ohne Schwanz hexten.

Darüber hinaus mußte er oder sie etliche Proben bestehen und sich natürlich auch in anderen für den Hexenberuf unerläßlichen Wissensgebieten kundig machen. So war beispielsweise eine genaue Kenntnis der einheimischen Pflanzenwelt von großer Bedeutung.

Nach Abschluß ihrer Ausbildung wurde die Kandidatin mit auf den Blocksberg genommen und dort vom anwesenden Teufel gründlich inspiziert. Bestand sie vor seinem kritischen Auge, drückte der Teufel ihr zur Besiegelung des ewigen Bundes ein Mal auf und weihte sie in aller Form zur Hexe.

Gemessen an diesem vergleichsweise langen Lehrlingsstatus, von dem in alten Quellen immer wieder die Rede ist, mutet es seltsam an, wenn ab und an auch ungleich raschere Methoden genannt werden, wie jemand angeblich das Hexen lernen könne. In Ostpreußen etwa hieß es, man brauche sich hierzu nur nach dem Empfang des Abendmahls hinter den Altar zu schleichen und mit einer kleinen Peitsche zu knallen. In dieselbe Kategorie gehört die aus Schwaben überlieferte Aussage, alte Weiber würden automatisch zu Hexen, sobald sie Triefaugen bekämen. Das folgende – unter anderem aus Schwaben überlieferte – Rezept war da schon erheblich schwieriger: »Wenn man das Ei von einer schwarzen Henne unter dem Arm ausbrütet, kommt eine Schlange heraus. Das Ei muß aber am grünen Donnerstag gelegt sein, und wer diese Schlange aufbewahrt, kann hexen.«

Weit verbreitet war der Glaube, die bloße Lektüre von Zauberbüchern, allen voran dem → ›Sechsten und siebten Buch Mose‹, genüge, um das Hexen zu erlernen. Vorbedingung aber sei, daß derlei Schriften vor allen fremden Augen geheimgehalten und sorgfältig verwahrt würden. Was passieren konnte, wenn ein Zauberbuch versehentlich in die Hände Unbefugter gelangte, schildert die grausliche Anekdote um → Agrippa von Nettesheim.

Werwolf

Der Glaube an Werwölfe, also an Menschen, die entweder freiwillig oder aufgrund äußerer Einflüsse vorübergehend die Gestalt eines Wolfes annehmen, ist bereits aus der Antike überliefert. Von den zauberkundigen sarmatischen Neuroi wurde behauptet, daß sich jeder Angehörige dieses Volkes einmal jährlich für mehrere Tage in einen Wolf verwandle. In Griechenland hieß es vom sagenhaften ersten König von Arkadien, Lykaon, er sei von Zeus zur Strafe für seine Frevelhaftigkeit in einen Wolf verwandelt worden.

Außerdem befand sich auf dem Lykaion, dem Hauptgipfel des gleichnamigen arkadischen Gebirges, eine berühmte Kultstätte des Zeus Lykaios, wo noch in historischer Zeit Menschenopfer vollzogen wurden. Wer von diesem Fleisch aß, wurde der Sage nach in einen Wolf verwandelt und erhielt nur dann wieder seine ursprüngliche Gestalt, wenn er zehn Jahre lang kein Menschenfleisch mehr anrührte.

Auch die Römer kannten Werwölfe, die sie als *versipelles* (etwa »Pelzwechsler«) bezeichneten, und den alten Germanen war diese Vorstellung gleichfalls vertraut. Sie glaubten, daß man zur Verwandlung einen bestimmten Gürtel oder ein besonderes Zauberhemd benötige. Zog man es an, nahm man für neun Tage die Gestalt eines äußerst bösartigen Wolfes an und erhielt erst am zehnten Tag wieder seine natürliche Gestalt zurück.

Im Zuge der Christianisierung alter heidnischer Vorstellungen wurde der Wolfspelz – wie überhaupt alles Negative – ab dem späten Mittelalter den Hexen übergeworfen. Sie also sollten sich mit Hilfe ihrer Zauberkräfte in Wölfe verwandeln, um hilflose Menschen anzufallen und zu zerreißen. Die Frage, wie sie die Verwandlung eigentlich genau bewerkstelligten, wurde auf recht unterschiedliche Weise beantwortet.

In einem salzburgischen Hexenprozeß des Jahres 1717 gestanden die Angeklagten etwa, sich zu diesem verruchten Zweck mit einer schwarzen Salbe eingerieben zu haben. Oft wurde auch behauptet, die notwendige Bedingung der Werwölferei sei der → Pakt mit dem Teufel, denn nur dieser könne der Hexe den notwendigen Gürtel verschaffen. Häufig hieß es, ein solcher Gürtel sei aus der Haut eines Gehenkten gefertigt; andere Quellen erklärten dagegen, er bestehe aus Flachs, der unter bestimmten Umständen gesät, geerntet und verarbeitet werden müsse.

Ebenso unterschiedlich wie die Ansichten, wie die Verwandlung in einen Werwolf vor sich gehe, waren auch die Meinungen darüber, wie ein solcher Wolf in Menschengestalt zu erkennen und wie er als Wolf zu erlegen sei.

Die einen sagten, Werwolf-Menschen hätten zusammengewachsene Augenbrauen, die anderen behaupteten, man könne sie anhand der Fäden und Stoffasern identifizieren, die ihnen von den zerrissenen Kleidern ihrer Opfer zwischen den Zähnen hängenblieben. Die Ostpreußen wußten von einem Wolfsschwänzchen zwischen den Schulterblättern und zwei Haarwirbeln auf dem Kopf zu berichten. In Posen schließlich sagte man, man brauche nur mit einer Brotkruste im Mund dreimal um die verdächtige Person herumzulaufen, so müsse sie unweigerlich ihre Wolfsgestalt annehmen.

Relativ einhellig war man der Überzeugung, einen solchen Zauberwolf könne man nicht mit gewöhnlichen Kugeln, sondern nur mit → Erbsilber – das heißt, mit einer aus ererbtem Silber gegossenen Kugel – erschießen. Dann platze das Fell auf und die nackte Hexe bleibe tot auf dem Boden liegen.

Der Werwolfglaube wies vielfältige regionale Varianten auf. So glaubte man mancherorts, ein Mensch müsse schon eine gewisse angeborene Neigung dazu haben, sich in einen Wolf zu verwandeln. In Oldenburg etwa hieß es, jedes siebte Kind einer Familie spüre diesen Drang in sich. In Ostpreußen erklärte man dagegen, der Wunsch werde dem

Kind erst nach seiner Geburt eingegeben, und zwar dann, wenn die Paten bei seiner Taufe an Werwölfe dachten.

In Ost- und Südosteuropa waren der Werwolf- und der Vampirglaube eng miteinander verknüpft. So wußte man etwa in Ungarn und Rumänien, daß Werwölfe sich – ebenso wie Vampire – nicht auf natürlichem Wege vermehrten, sondern dadurch, daß die von ihnen gebissenen Menschen sich nach und nach in ihresgleichen verwandelten.

In den Jahrhunderten der Hexenverfolgung behauptete man vielerorts, die Hexen könnten nicht nur sich selbst, sondern auch andere Menschen in Wölfe verwandeln. Aus Kujawien (im heutigen Polen) ist vom Anfang des zwanzigsten Jahrhunderts eine Geschichte überliefert, derzufolge sich eine in den Hexenkünsten bewanderte Magd einmal in einen Knecht verliebte. Sobald dieser begriff, mit wem er es zu tun hatte, versuchte er das Verhältnis zu beenden. »Als die Magd das bemerkte, wollte sie für die Untreue Rache nehmen. Als sie einmal mit dem Knechte zusammenkam, gab sie vor, sie wolle ihm die gelockerte Halsbinde fester knüpfen. Der Knecht, der nichts Böses ahnte, nahm diese Gefälligkeit an. Da zog die Magd die Binde fest zu, sagte einen Zauberspruch her, und aus dem Knechte wurde ein Wolf.«

In dieser Gestalt mußte der Knecht nun so lange im Wald herumlaufen, bis er eines Tages von den Hunden eines Bauern gestellt und umringt wurde. Er wich in ein Dornengebüsch zurück, und da in der Zwischenzeit das

Halsband durch Wind und Wetter morsch geworden war, zerriß es an einer Ranke, und er verwandelte sich im selben Augenblick wieder in einen Menschen zurück. Im Schutz der Dunkelheit schlich er sich zu einem Bauernhof, wo er freundlich aufgenommen wurde und seine Geschichte erzählte. Die Magd aber, sobald sie erfuhr, was geschehen war, entfloh in Gestalt einer Katze. »Später erzählte der Knecht oft von seinen Erlebnissen in der Wolfsgestalt, und erinnerte er sich an den Hunger, den er da gelitten, so weinte er oft.«

Mehr darüber: Stewart 1909; Leubuscher 1850; Hertz 1973

Wetterhexe

Zu den am häufigsten mit Hexen assoziierten Fähigkeiten gehört das Herbeizaubern oder Verschwindenlassen von → Regen, Wind und Sturm. Während es überwiegend hieß, alle Hexen seien hierzu imstande, war man mancherorts davon überzeugt, es gebe auch in diesem Beruf Spezialisten, und während die einen sich auf das Butterverhexen (→ Butter) verlegten, kümmerten sich andere hauptsächlich um das Wetter.

Auch das Wettermachen haben die Hexen von den Geistern »geerbt«, denn früher waren es die Frau Holle, die Hulda, die Vila und die Elben gewesen, die nach Lust und Laune → Wirbelwinde herbeizauberten und in ihnen auf die Reise gingen oder aus Rache für ein Vergehen Hagel und Unwetter aufziehen ließen.

Die Hexen zaubern einen Sturm herbei,
Illustration zu Olaus Magnus:
›Historia des gentibus septentrionalibus‹

Während man bei den Geistern und Feen davon ausging, daß sie keinerlei Hilfsmittel benötigten, war man der Überzeugung, daß Hexen und Hexenmeister zum Wettermachen bestimmte Zauberhandlungen vornehmen müßten. Ein Handwerksbursche aus Ertingen soll sich dazu mit dem Rücken an einen Bach gestellt und Sand über seine Schulter ins Wasser geworfen haben. Direkt darauf seien, so ein Augenzeuge, schwarze Wolken am Horizont aufgezogen, und es habe entsetzlich angefangen zu hageln.

Hagel war neben dem Wirbelwind das am häufigsten mit Hexerei in Verbindung gebrachte »Wetter«. Und immer wieder ist in den Akten der Hexenprozesse davon die Rede, wie die arme Beschuldigte Hagel herbeigezaubert habe, indem sie die verschiedensten Zutaten wie Urin, Exkremente, Blut usw. zusammengemischt, zerstampft, gerührt und vielleicht auch gekocht und zu einer bestimmten Zeit mit entsprechenden Zauberformeln auf eine bestimmte Stelle im Freien geschüttet habe.

Eine weitere bekannte Methode bestand darin, auf dem Feld um die Mittagsstunde ein Loch zu graben, Wasser hineinzuschütten und dann den Teufel anzurufen.

Aus Wurmlingen in Schwaben ist von der Mitte des neunzehnten Jahrhunderts überliefert, daß eine Zigeunerin, die von einem Bauern aus dem Haus geprügelt worden war, sich bei einigen Feldarbeitern über diese Behandlung beschwert und geschworen habe, daß sie sich rächen würde. »Dann gieng sie noch etliche hundert Schritt weiter, nahm ihr Taschenmeßer, scharrte damit ein Löchlein auf der Straße und ließ ihr Wasser dahinein laufen. Die Leute auf dem Felde sahen, wie die Zigeunerin allerlei Zauberzeichen auf der Stelle machte; und alsbald stieg ein starker Nebel von dem Löchlein auf und bildete sich in der Luft zu einer schwarzen Gewitterwolke, aus der nach zwei Stunden ein so furchtbares Hagelwetter hervorbrach, daß alle Früchte in Feldern und Gärten und alle Fenster an den Häusern auf zwei Stunden weit zerschlagen wurden. Die alte Zigeunerin aber hat sich seit der Zeit nie wieder dort sehen lassen.«

Weyer, Johann

Der 1516 in Grave (Nordbrabant) geborene Johann Weyer wurde nach Studium der Medizin und ausgedehnten Reisen durch Deutschland und Frankreich 1550 zum Leibarzt Wilhelms IV. ernannt, des Herzogs von Jülich, Kleve und Berg. Ihm widmete er seine Schrift ›De praestigiis daemonum et incantationibus ac veneficiis‹ (›Von den Blendwerken der Dämonen und Zaubersprüchen und Giftmischereien‹).

Zu einer Zeit, in der die Hexenverfolgungen eine traurige Blüte erlebten, wandte sich dieser mutige Mann mit seinen Ausführungen an den Kaiser und alle Fürsten des Reiches, um sie von ihrem Tun und von ihren Ansichten abzubringen. Er erklärte, die Autoren des berüchtigten → ›Hexenhammers‹ seien selbst vom Teufel besessen gewesen und nur durch diesen dazu verleitet worden, solchen buchstäblich mörderischen Unsinn zu schreiben.

Wie er einräumte, habe zwar womöglich der Teufel arme Frauen betört, und diese hätten sich daraufhin manch eine Schandtat eingebildet, doch keineswegs wirklich begangen. Weyer trat weiterhin den Beweis an, daß einige sogenannte Hexen wegen des Mordes an Personen verurteilt worden seien, die sich noch bester Gesundheit erfreuten.

Damit nicht genug, bot er Herzog Wilhelm an, alle Hexen durch seine ärztliche Kunst von ihren Wahnvorstellungen zu heilen. Seine Schrift machte großen Eindruck auf seinen Gönner, und die Hexenprozesse hatten im Herzogtum tatsächlich so lange ein Ende, bis Wilhelm IV. und sein

Sohn einer unheilbaren Gemütskrankheit verfielen, die vom abergläubischen Volk natürlich prompt auf die Einwirkung des Satans und seiner Gehilfinnen, der Hexen, zurückgeführt wurde. Die Verfolgungen wurden verbissener denn je wieder aufgenommen, und der mutige Johann Weyer konnte nur dadurch dem Tod entgehen, daß er eilends die Flucht ergriff.

Wildes Heer

Einem europaweit verbreiteten, ursprünglich mit Sicherheit germanisch-heidnischen Glauben zufolge soll man zuzeiten, im Wald oder in anderen abgelegenen Gegenden, unsichtbare Männer mit ebenso unsichtbaren Hunden unter großem Lärm am Himmel vorüberbrausen hören. Seit vielen Jahrhunderten berichten zahllose Märchen, Sagen und Geschichten immer wieder von Menschen, die unter solchen Umständen Hundegebelfer, Hörnerklang und Stimmen vernommen haben sollen.

Unterschiedlich war nicht nur die Benennung – Wuotunges (d.h. Wotans) Heer, Wutesheer, Wilde Jagd usw. –, sondern auch die Interpretation des Phänomens: Je nach der Art des Lärms wurde auf ein vorüberziehendes Heer oder aber auf einen Jagdzug geschlossen. Oft hieß es auch, es sei ein Totenheer, das sich aus Menschen zusammensetze, die eines »unseligen« Todes gestorben seien. Und bereits im zwölften Jahrhundert findet sich die Meinung, der Teufel selbst führe einen solchen Zug an.

Waren es ursprünglich wohl »lediglich« Scharen ausgelassener, wilder Geister, mit fortschreitender Christianisierung dann die Seelen von Wiedergängern, ungetauften Kindern oder unglücklich Verstorbenen, die durch die Lüfte jagten, so deutete man die Wilde Jagd seit dem Ausgang des Mittelalters im zunehmenden Maße als Zug von Hexen. So erklärte → Paracelsus klipp und klar: »So wisset, was das Wütes Heer sei. Nun ist Wütis Heer eine Versammlung aller Hexen und Unholden zusammen, gleicherweis, als wenn sich eine Rott zusammen fügt, auf eine Kirchweih zu gehen.«

Bald etablierte sich diese Deutung im Bewußtsein des Volkes, und es kamen zahlreiche entsprechende »Ohrenzeugenberichte« in Umlauf. Jeder wußte, daß die einzige Möglichkeit, sich vor dem Wilden Heer in Sicherheit zu bringen, darin bestand, sich bäuchlings auf die Erde zu werfen.

Noch Mitte des neunzehnten Jahrhunderts wurde die Aussage eines Mannes aus Calw zu Protokoll genommen, er habe sich auf genau diese Weise vor dem »Muotesheer« gerettet. »Er warf sich nieder und ließ es über sich hinziehen, wobei er ein seltsames Katzen- und Hundegeschrei und eine gellende Musik vernahm. Als das Heer aber vorbei war, gieng er ihm nach und sah alsbald, wie der ganze Haufen in eine Scheuer zog. Da schlich er sich hin und guckte durch einen Spalt in der Thür und sah da eine ganze Hexenversammlung, welche dem Teufel Bericht erstattete

über das, was jede Einzelne gethan, worauf sie dann neue Aufträge erhielten.«
Mehr darüber: Meisen 1935; Endter 1933

Wirbelwind
Wie Feen, Elben und dergleichen übernatürliche Wesen mehr reisten auch die Hexen, so glaubte man, am liebsten in Wirbelwinden. Ängstliche Gemüter nahmen daher, wenn sie eine Windhose erblickten, Reißaus – zumindest aber bekreuzigten sie sich oder murmelten geeignete Abwehrsprüche. Mutige dagegen versuchten, ein Messer in den Wirbel zu werfen, denn dann, so hieß es von Europa über Nordafrika bis nach Indien, rinne Blut heraus, und der Spuk höre schlagartig auf. In Schwaben erklärte man noch Ende des neunzehnten Jahrhunderts zu diesem Punkt: »Selbst im Wirbelwind steckt eine Hexe. Man kann sie tödten, wenn man ein mit drei Kreuzen bezeichnetes Messer umgekehrt in den Wirbel wirft. Wirft man's mit der Spitze hinein, so dreht's die Hexe gegen den Werfer.«

Und in der Oberpfalz erzählte man sich folgendes über eine mutmaßliche Hexe: »Einmal entstand ein heftiges Gewitter bey starkem Winde; ihr Nachbar sah sie eine Stunde vorher aus dem Hause gehen. Da warf er, als ein arger Windstoß daher kam, ein spitzes Messer in die Luft hinauf. Das Wetter hörte sogleich auf, aber das Weib hatte ein Auge verloren.«

Z

Zauberei

Zwischen Hexerei, Magie und Zauberei ist keine klare Unterscheidung zu treffen, und oft genug wurden diese Begriffe gerade in den Jahrhunderten der Hexenverfolgung synonym verwendet. Alles, was vernunftmäßig nicht zu erklären oder nachzuvollziehen war, wurde letztlich als Werk des Satans verdammt, ob es nun im einzelnen Magier, Schwarzkünstler, Zauberer oder Hexen waren, derer sich der Böse von Fall zu Fall als Werkzeug bedient haben mochte. Aber da dem Satan persönlich naturgemäß schlecht beizukommen war, tat die weltliche und geistliche Obrigkeit ihr Bestes, um zumindest dessen irdischen Helfershelfern das Handwerk zu legen und das gottlose Pack nach Möglichkeit mit Stumpf und Stiel auszurotten.

Einer der Unterschiede, die sich vielleicht doch zwischen Zauberern und Magiern einer- und den Hexen andererseits anführen ließen, ist die Tatsache, daß von letzteren so gut wie nie im Zusammenhang mit alchimistischen Praktiken die Rede ist, von ersteren dagegen oft. Magier und Zauberer befaßten sich eher mit »großen Projekten«, wie vorzugsweise den Stein der Weisen zu entdecken, Homunkuli zu produzieren oder Gold herzustellen.

Sie vergeudeten ihre Zeit nicht damit, dem Nachbarn die Kuh zu verhexen, damit sie keine oder aber blutige Milch gab, oder ihm eine Krankheit anzuhängen, an der er schließlich starb. Sie gingen keine Kräuter sammeln, es sei denn, sie benötigten sie für ihre privaten Zaubereien, und sie pflegten keine Stuhlbeine zu melken, um Milch zu erhalten. Auch das → Mäusemachen überließen sie den Hexen, während sie sich allenfalls zu ihrem persönlichen Schutz einen schwarzen Geisterhund »anschafften«. Kleinkrämerische Handlungen dieser Art blieben also – so könnte man sagen – eher den Hexen vorbehalten.

Auch → Agrippa von Nettesheim, → Paracelsus, → Albertus Magnus oder Johannes → Trithemius dürften demnach mit größerem Recht den Zauberern als den Hexen zuzurechnen gewesen sein, obgleich sie oft genug als Hexenmeister bezeichnet wurden. Bemerkenswert erscheint, daß von ihnen und einer Reihe weiterer bekannter Männer zwar jedermann »wußte«, daß sie hexen konnten, sie aber dennoch nicht auf dem Scheiterhaufen endeten; vergleichbar berühmte Hexen, die ungeschoren geblieben wären, hat es zumindest bei uns nicht gegeben.

Mehr darüber: Kiekhefer 1992; Maple 1978

Zauberfrau

Es ist unumstritten, daß es überall auf der Welt »gute« oder »weiße« und »böse« oder »schwarze« Zauberer, Schamanen, Hexen, Magier, oder wie immer sie genannt werden, gegeben hat und teilweise heute noch gibt. In den düsteren Zeiten der Hexenverfolgungen wurden beide »Gattungen« miteinander vermischt und pauschal verurteilt; solange man aber noch zu derlei feinen Unterscheidungen fähig war, bezeichnete man bei uns die »guten« Hexen je nach Region unterschiedlich, allgemein aber als »weiße« oder »weise Frau« beziehungsweise, etwa bei den Zigeunern, als »Zauberfrau«.

Die Zauberfrau war ein wichtiges Mitglied der ländlichen Gesellschaft und aus der Dorfgemeinschaft nicht wegzudenken. Sie kümmerte sich um die seelischen Belange ihrer Nachbarn, heilte Krankheiten von Tier und Mensch, war für → Amulette und »gute« Zaubereien aller Art zuständig, sie sorgte für das Gelingen wichtiger Unternehmungen und für Kindersegen, dem sie dann in ihrer Funktion als Hebamme zu einem möglichst reibungslosen Start ins Leben verhalf.

Wie die Zauberfrau zu ihren Fähigkeiten gelangte, darüber herrschten unterschiedliche Auffassungen. Überwiegend aber hieß es, sie habe sie entweder geerbt oder aber von den Elben, Feen oder sonstigen Geistwesen erworben. Die Zigeuner sagten, hierzu sei ein geschlechtlicher Kontakt erforderlich, von dem die betreffende Frau selbst allerdings erst nach dem Aufwachen erfahre.

Sobald der Besuch des Geistes publik geworden war, wurde die neue Zauberfrau mit großem Respekt und Ehrerbietung behandelt. Ein Volkskundler, der sich Ende des neunzehnten Jahrhunderts intensiv mit der Kultur der osteuropäischen Zigeuner beschäftigte, berichtet, wie sich ein junges Mädchen aus Siebenbürgen, das drei uneheliche Kinder von Vätern hatte, die keine Zigeuner waren, und daher in ihrer Sippe wie eine Ausgestoßene lebte, diesen Glauben zunutze machte.

Eines Morgens stellte sie sich so, als ob ein Geist sie besucht habe, indem sie sich wie in Trance auf den Boden warf, Zaubersprüche murmelte und auf Hufspuren vor ihrem Zelt hinwies. Diese Beweise genügten, und »von dieser Zeit an genoß sie ein großes Ansehen unter ihren Stammesgenossen« und war als Zauberfrau auch bei der siebenbürgischen Landbevölkerung weit und breit berühmt.

Diese Frau dürfte mit Sicherheit nicht die einzige gewesen sein, die die Leichtgläubigkeit ihrer Umwelt so schamlos ausnutzte; im allgemeinen aber hielten die Zauberfrauen doch, was ihr Ruf versprach, und kannten sich etwa in den Wirkungsweisen der verschiedensten Pflanzen – wie immer sie dieses Wissen auch erlangt haben mochten – bestens aus. Sie bereiteten aus ihnen Tränke, Säfte und Dekokte (Absude), trockneten und mischten sie zu Tees, zerkauten sie zu Pflastern und rührten sie mit Fett zu Salben. So waren sie Kräuterweiblein, Arzt und Apotheker in einem. Daneben hatten sie sich aber auch um die Witterung zu kümmern. War es zu trocken, mußten sie für Regen sorgen, war es zu naß, für Sonnenschein.

Bei den Zigeunern, die uralte Bräuche zum Teil bis in dieses Jahrhundert hinein bewahrt haben, vollzog sich ein solcher »Gutwetter-Zauber« so, daß die Männer der Sippe ein Floß bauten und dann Zweige von Haseln schnitten, mit denen sie das Floß bedeckten. Die Zauberfrau nahm daraufhin eine tote verdorrte Schlange, wickelte sie in weiße Lappen und legte sie auf das Floß. Die Männer hoben es hoch und trugen es zum nächsten Fluß, während die Frau dazu sang:

Wasser lieben wir nicht,
Schlangenmilch brauchen wir nicht,
Sonne mag uns winken,
Schlange mag Wasser trinken,
Mag zu ihrer Mutter laufen,
Ihre Milch aussaufen!
Sonne uns winke,
Schlange, du trinke!
Trink' deiner Mutter Brust,
Sonne gib Freud' und Lust!

Das Floß wurde dann auf das Wasser gesetzt und der Strömung überlassen. Die Zauberfrau aber streute bei ihrer Rückkehr Stechapfelsamen und Staub von gedörrten Schlangen vor die Zelte und sang noch einmal ihr Zauberlied.

Mehr darüber: Ahrendt-Schulte 1994

Zauberkappe

Nicht nur Wesenszüge, Fähigkeiten und Verhaltensweisen, sondern auch bestimmte Attribute, die im Volksglauben seit alten Zeiten bestimmten überirdischen Wesen wie Elben, Kobolden und anderen Geistern vorbehalten worden waren, übertrug man nach und nach auf die Hexen und deren »Obermeister«, den Teufel (→ Künste der Hexen). Hexen reisten wie die Feen und *rusalki* in Wirbelwinden, kannten wie die Waldweiblein Zauberkräuter zur Heilung aller nur denkbaren Krankheiten und tanzten wie die Elben nachts kreisrunde Grasflächen platt.

Auch der überall bekannte Glaube an Zauberkappen, die Wichtel, Zwerge und *fairies* unsichtbar machten (Tarnkappe), wurde in leicht abgewandelter Form auf Hexen und Teufel übertragen. So wurde das Bild, das man sich von den Hexen machte, mit der Zeit immer bunter und facettenreicher, was allerdings im Volk dessen Glaubwürdigkeit offenbar keinen Abbruch tat – wie die folgende Begebenheit, die sich im Jahr 1773 in der Steiermark zutrug und in einem volkskundlichen Werk festgehalten wurde, überzeugend darlegt:

In der Christnacht dieses Jahres erschien bei der Messe in der Pfarrkirche zu Leoben ein Mann in langer weisser Kutte mit Kapuze und Schuhen von ungebleichter Leinwand. Diese ungewöhnliche Kleidung erregte Aufsehen, daher wurde er nach dem Gottesdienst festgenommen und danach befragt. Er habe, so die Antwort, von einem alten

Sensenschmied gehört, daß man in einem solchen Gewand (dessen Nähte außen angebracht sein müßten) in der Weihnachtsnacht in der Kirche den Teufel sehen könne. Dieser würde in Gestalt eines Jägers erscheinen, der am Fuße des Hochaltars kniete. Außerdem könne man unter den Kirchenbesuchern die Hexen erkennen, die anderen Menschen sähe man dagegen überhaupt nicht.

»Sodann müsse man auf den Teufel acht haben, denn sobald zum Sanktus geläutet wird, nehme der die Kappe vom Kopfe und da werde man sehen, dass er ein ›Hörndl‹ auf demselben habe. Sobald er die Kappe neben sich gelegt, müsse man sie zu erwischen und vor der Wandlung aus der Kirche zu kommen trachten, weil der Teufel vor Schluss der Wandlung sie nicht verlassen könne. Alsdann aber werde der Teufel nachkommen und dem Inhaber der Kappe entdecken, wozu man sie gebrauchen könne.

Auf die Frage, was er mit der Kappe habe machen wollen, erwiderte er, der alte Sensenschmied habe ihm gesagt, wenn man des Teufels Kappe habe und auf den Kopf setze, so könne man sich hinwünschen, wohin man wolle, und man könne auch überall Geld nehmen, so viel man wolle, denn der Teufel müßte an demselben Ort, wo man es genommen, allzeit wieder ebenso viel anderes hinlegen.«

Eine solche Leichtgläubigkeit konnte einen im aufgeklärten achtzehnten Jahrhundert teuer zu stehen kommen: »Der Häftling wurde nach Artikel 58 Paragraph 25 der

Theresianischen Kriminal-Konstitution ›seines gehabten dummen Leicht- und Aberglaubens, dann seiner hierunter verdeckt gehabten schändlichen Absichten wegen durch 3 Täg in Arrest angehalten, an dem Zwischentag mit Wasser und Brot abgespeist‹ und sollte alsdann durch den Vicar eines besseren belehrt werden.«

Zauberspruch → Zauberwort

Zauberstab
Heutzutage verbinden wir den Begriff des Zauberstabes in erster Linie mit Feen, daneben aber auch mit Magiern und Hexenmeistern, die damit, simsalabim, einen Gegenstand herbei- oder fortzaubern oder aber jemanden etwa in ein Tier verwandeln konnten. Bereits → Kirke, eine der bekanntesten Hexen der Antike, verwendete einen Zauberstab, um Menschen die Gestalt von Schweinen zu geben, und gleichfalls ein Stab war es laut Exodus, womit Moses mit Aaron das Nilwasser in Blut verwandelte und weitere Plagen über Ägypten brachte.

Der Zauberstab ist praktisch nicht von der Wünschelrute zu trennen, die vielleicht keine Verwandlungen zu bewirken, nach allgemeinem Volksglauben aber ähnlich wunderbare Dinge zu vollbringen vermag. Mit ihrer Hilfe sollten und sollen vor allem Schätze, unterirdische Erz- und Salzlager, gestohlenes oder verschwundenes Gut und natürlich Quellen ausfindig gemacht werden können. Auch diente sie zum Wahrsagen, ebenso wie zum Beantworten von Fragen, die die Zukunft betrafen.

Zauberstab beziehungsweise Wünschelrute wurden in erster Linie aus Haselzweigen hergestellt, die – unter Beachtung verschiedener Vorschriften – nur an ganz besonderen Tagen geschnitten werden durften. Genannt werden in diesem Zusammenhang fast immer die Rauchnächte (25. Dezember bis 6. Januar), Silvester, Dreikönige und natürlich → Johanni (24. Juni) und die → Walpurgisnacht (30. April), die Zeiten des Jahres also, in denen die Geister und Hexen am aktivsten sein sollen.

Zunächst sollte man sich einen Haselstrauch suchen, der einen passenden »Zwiesel« besaß – also einen einjährigen, sich gabelnden Zweig, der am besten so gewachsen war, daß die Mittagssonne genau hindurchscheinen konnte. Den mußte die Hexe nun an einem der genannten Tage schweigend oder aber unter Hersagung bestimmter Zauberformeln und vor allem einer Anrede an den Strauch schneiden, wobei es in manchen Gegenden zusätzlich hieß, sie müsse sich ihm rückwärts nähern. Mit drei Schnitten eines keinesfalls aus Eisen bestehenden Gerätes sollte sie ihn nun vom Ast trennen und dabei einen Spruch hersagen, der etwa in Bayern folgendermaßen lautete:

> Liebe Rute, ich schneid' dich, daß du mir sagst, um was ich dich thu' fragen, und dich solange nicht rühren, bis du mir die Wahrheit sagst.

Bei dieser Prozedur waren allerdings noch eine Reihe weiterer Regeln zu beachten, und außerdem war es beileibe nicht jedem Menschen vergönnt, selbst wenn er alles vorschriftsgemäß tat, eine wirkliche Zauberrute zu gewinnen. Ob man zu diesen Auserwählten gehörte, ließ sich, so meinte man wenigstens in Brandenburg, ganz einfach dadurch feststellen, daß man die frisch geschnittene Rute in Wasser tauchte. Blieb sie stumm, war sie nicht zu gebrauchen; quiekte sie aber wie ein Schweinchen, konnte man sich zu seinem neuen Besitz beglückwünschen!

Zaubertrank

Hexen, Druiden, Schamanen und überhaupt alle Arten von – im weitesten Sinne – Magiern bedienen sich bei ihren Zauberhandlungen seit ältesten Zeiten bestimmter selbstgebrauter Tränke: Bereits → Kirke benutzte, um aus Männern Schweine zu machen, neben ihrem Zauberstab auch einen magischen Trank. Woraus die Tränke, von denen in Hexenprozessen immer wieder die Rede ist, im einzelnen bestanden, war natürlich ein Geheimnis; die drei »unheimlichen Schwestern« aus → ›Macbeth‹ geben allerdings folgendes Rezept an:

> Um den Kessel dreht euch rund,
> Werft das Gift in seinen Schlund.
> Kröte, die im kalten Stein
> Tag und Nächte, drei mal neun,

Zähen Schleim im Schlaf gegoren,
Soll zuerst im Kessel schmoren!

Sumpf'ger Schlange Schweif und Kopf
Brat und koch im Zaubertopf:
Molchesaug und Unkenzehe,
Hundemaul und Hirn der Krähe;
Zäher Saft des Bilsenkrauts,
Eidechsbein und Flaum vom Kauz:
Mächt'ger Zauber würzt die Brühe,
Höllenbrei im Kessel glühe.

All diesen Zutaten, die in erster Linie den Zweck erfüllt haben dürften, dem elisabethanischen Zuschauer das kalte Grausen einzuflößen, haftete im Volksglauben der Ruch des Magischen an. Kröte, Eidechse, Eule und Krähe, Bilsenkraut sowie – in der folgenden Strophe erwähnt – Schierling und Eibe waren klassische Hexentiere beziehungsweise Hexenpflanzen. Die meisten Zaubertränke dürften allerdings weit simpler und aus weniger gruseligen – wenngleich nicht unbedingt weniger unappetitlichen – Bestandteilen komponiert gewesen sein. Gerade bei Liebeszaubern etwa wurde oft Blut, und zwar häufig Menstruationsblut, als eine der wichtigsten Zutaten erwähnt; daneben fanden andere Körpersubstanzen wie vor allen Dingen geriebene Fingernägel und zerschnipselte Haare Verwendung.

Auch Pflanzen wie Lorbeer, Muskatnuß, Beifuß, Dill und Rosmarin spielten eine Rolle. Daß bei ausgesprochenen Schadzaubern entsprechend giftige Ingredienzien wie beispielsweise Tollkirschen verwendet wurden, steht allerdings außer Zweifel.

Es gilt jedoch zu bedenken, daß die sogenannten Hexen in erster Linie ihre Fähigkeiten dazu verwendeten, »Schäden« bei Mensch und Tier zu heilen und vielleicht einem liebeskranken Jungen oder Mädchen den oder die Angebete geneigt zu machen – nicht aber Böses zu bewirken, auch wenn ihnen ab dem späten Mittelalter ausschließlich solche Bestrebungen unterstellt wurden.

Zauberwort

Man könnte sagen: kein Zauber ohne Zauberspruch. Ob es nun darum ging, eine Krankheit zu heilen, einen Dieb zu bannen, das Haus zu segnen, die Liebe einer bestimmten Person zu erlangen oder die Kuh nicht verkalben zu lassen – immer wurde die jeweilige Zauberhandlung von einem dazu passenden Wort oder Spruch begleitet. Oft genug ergaben die verwendeten Formeln für den Uneingeweihten nicht den geringsten Sinn – sei es, weil sie in irgendeiner »Geistersprache« abgefaßt sein sollten, sei es, weil sie zur Wahrung und möglicherweise Erhöhung ihrer Wirksamkeit chiffriert waren.

Aus Neustettin in Pommern ist beispielsweise folgender Zauberspruch überliefert:

> Damit dich jedermann lieb hat. Schreibe Folgendes auf Papier und trage es bei dir: 7 : X. c. X . O X . v. X . B X . st . X . 1 X acht X 30 . Xd : 2 : S : 3 X y X . amen.

Ein sehr beliebter lateinischer Spruch, mit dem, wie es heißt, »besonders die Hexen große Dinge gewirkt haben wollen«, lautete: »Populeam virgam mater regina tenebat«, zu deutsch: »Die Mutter Königin hielt eine Pappelrute.«

Eine ganze Reihe solcher Zaubersprüche vermochte selbst der kombinierte Scharfsinn mehrerer Generationen von Forschern nicht zu entschlüsseln – entweder weil sie auf eine zu geschickte Weise verschlüsselt waren, oder aber weil sich im Laufe der jahrhundertelangen, zumeist mündlichen Überlieferung Fehler eingeschlichen hatten.

Nicht auszuschließen ist allerdings auch, daß die Fehler eigens für die schriftliche Fixierung, also bewußt eingefügt waren; dadurch wurde vermieden, daß der Uneingeweihte, dem der Zaubertext möglicherweise in die Hände fiel, etwas damit anfangen konnte, während der wahre Adept sofort wußte, welche Änderungen er am Wortlaut vornehmen mußte, um den »echten« Spruch zu erhalten.

Auch Johannes → Hartlieb schreibt im fünfzehnten Jahrhundert in seinem ›Buch der Verbotenen Künste‹: »Ich habe zeitlebens eifrig nach solchen Worten geforscht und habe viele Leute, auch die Juden, befragt; aber (selbst) sie verstanden diese Worte nicht. Ich habe Griechen, Tataren, Türken, ihre Ärzte und Sternseher gefragt, auch die

Jüdinnen, aber ich konnte nie erfahren, was die Worte bedeuten.«

Bei einigen der uns überlieferten Zaubersprüche ergeben sich verschiedene Deutungs- und Entschlüsselungsmöglichkeiten. Eines der bekanntesten Beispiele ist die stets im Quadrat untereinander geschriebene Formel »SATOR AREPO TENET OPERA ROTAS«, die etwa übersetzt werden kann mit »Der Sämann Arepo hält mit Mühe die Räder (des Pfluges in Ordnung)«. Durch Umstellung der Buchstaben (Anagramm) erhält man mehrere völlig andere lateinische Sprüche – deren Sinn allerdings auch nicht unbedingt einsichtiger ist als der des obengenannten. Und welcher von ihnen nun der richtige ist, wird sich vermutlich nie mit Sicherheit feststellen lassen – es sei denn, es wird irgendwann ein Text aufgefunden, der die Auflösung enthält (→ Benediktuskreuz).

Eine weitere Methode der Verschlüsselung war das Akrostichon. Hierbei werden aus den Anfangsbuchstaben der eigentlich gemeinten Wörter neue Wörter gebildet. Das in Zauberformeln häufig erscheinende unverständliche »AGLA« etwa ist das Akrostichon einer jüdischen Gebetsformel, die übersetzt lautet: »Du bist gewaltig in Ewigkeit, Herr.«

Ebenfalls nicht selten war die Einfügung eines falschen Buchstabens, die Reduktion eines – meist heiligen – Wortes auf dessen ersten und letzten Buchstaben oder auch die schlichte Silbenvertauschung.

Der magische Wert einer Zauberformel wurde oft dadurch erhöht, daß sie in einer besonderen, ungewöhnlichen Weise zu Papier gebracht wurde. Sehr beliebt war etwa das schon erwähnte magische Quadrat oder auch das sogenannte »Schwindeschema«, bei dem das Wort zuerst vollständig geschrieben wurde, dann darunter ohne den letzten Buchstaben und so immer weiter »vermindert« wurde, bis zuletzt nur noch der Anfangsbuchstabe übrigblieb.

Große Wirkung schrieb man Vokal- oder Konsonantenwiederholungen zu, wie etwa an der bekannten Formel »hokus pokus (fidibus)« oder an »PAX MAX FAX« deutlich wird. Letzteres wurde übrigens gegen Fieber auf drei Hostien geschrieben. Schließlich hielt man auch viel von Palindromen, also Wörtern oder Sätzen, die, wie etwa die oben erwähnte Sator-Arepo-Formel, vorwärts wie rückwärts gelesen gleich lauten.

Mehr darüber: Kriss/Kriss-Heinrich 1962; Hampp 1961

Ziegenbock

Es ist ein nahezu weltweit verbreiteter Glaube, daß gerade etwas der Welt der bösen Geister, Hexen oder Dämonen Zugehöriges dazu dienen könne, ebendiese Wesen abzuwehren. Dies traf in unserem Kulturkreis für etliche unbelebte Gegenstände ebenso zu wie für bestimmte Pflanzen oder Tiere, die man in Ehren halten sollte, um das Wohlwollen der Geister zu erlangen. Eines dieser Tiere war die Ziege, genauer gesagt, der schwarze Ziegenbock. Kaum ein

Tier dürfte, ausgenommen vielleicht der Rabe, je so dämonisiert worden sein wie er. Am ehesten denkt man in diesem Zusammenhang natürlich an den entweder – nach dem Muster der antiken Faune und Satyrn – bocksbeinigen oder zumindest bocksfüßigen Teufel. In den Akten der Hexenprozesse und in anderen einschlägigen Schriften wird aber auch immer wieder erklärt, daß der Teufel auf dem Blocksberg oder an anderen Versammlungsorten der Hexen generell in Gestalt eines schwarzen Ziegenbocks aufzutreten pflegte. Noch Ende des neunzehnten Jahrhunderts findet sich in einem Buch über pommersches Zauberwesen die Angabe:

»Fast noch scheußlicher als bei ihren Zusammenkünften und Ausfahrten, treiben's die Hexen, wenn sie in ihrer Wohnung allein sind. Nachdem sie sich vergewissert haben, daß kein unliebsamer Horcher in der Nähe ist, rufen sie den Teufel, der auch sofort in Gestalt eines schwarzen Ziegenbockes erscheint. Nun geht's an ein Liebesgetändel, daß einem ehrlichen Menschen die Haare zu Berge stehen möchten. Und ist der Teufel endlich müde, so legt er seinen struppigen, schwarzen Kopf der Hexe in den Schoß, und sie krault ihm die Haare, bis er einschläft.«

Doch nicht nur der Teufel, auch die Hexen selbst sollten sich gern in Ziegenböcke verwandeln. In Oldenburg glaubte man, die → Mahrt, die man dementsprechend auch »Bockhexe« nannte, erschiene in dieser Gestalt oder trage zumindest Bockshörner.

Die Hexe reitet auf einem Ziegenbock zur Walpurgisnacht,
Holzschnitt von Albrecht Dürer

Daneben gab es eine Vielzahl von gespenstischen Ziegenböcken, die zu bestimmten Zeiten ihr Unwesen treiben sollten. In Schlesien sollten diese Geistertiere die Wanderer, im Allgäu Mädchen und Frauen verfolgen; in Baden führten sie Spaziergänger in die Irre, und im Harz zupften sie Kinder an ihren Kleidern, woraufhin sie erkrankten und schließlich starben. Sogar Irrlichter sollten zuweilen in Bocksgestalt erscheinen, weshalb sie im Vogtland auch als »Teufelsböckel« beschimpft wurden.

Der Ziegenbock galt nicht nur als tierisches Alter ego – und gelegentlich als ihr dämonischer Liebhaber –, sondern auch als beliebtes Reittier der Hexen und Geistwesen, allen voran des → Bilwis. Hier wirkte vermutlich noch die alte germanische Vorstellung vom Bock als dem Zugtier des Gottes Donar nach, das damit in enger Beziehung zum Wetter stand.

Ein schwarzer Ziegenbock im Stall galt deshalb als Garant dafür, daß kein Zauber den Tieren etwas anhaben konnte. In Schwaben hieß es dazu um die Mitte des neunzehnten Jahrhunderts: »Schwarze Böcke im Stall lassen nichts Böses über das Vieh kommen; verhindern, daß die Kühe rote Milch geben.« Dieser Glaube ist übrigens längst nicht nur für Deutschland bezeugt; er läßt sich bis nach Rußland hinein verfolgen. In der Schweiz wiederum war man der Ansicht, ein schwarzer Bock im Stall vertreibe Schlangen und Wiesel, wehre Seuchen ab und schütze seine Stallgenossen vor Krankheiten. In Frankreich sollte er den *lutin* fernhalten, einen bösartigen oder zumindest potentiell gefährlichen Kobold.

In Bayern begründete man die magische Schutzwirkung des Ziegenbocks Ende des neunzehnten Jahrhunderts damit, daß die Hexen seinen Geruch nicht vertrügen und Angst vor ihm hätten. In Anbetracht der ihnen ansonsten nachgesagten Schwäche für dieses Tier will diese Erklärung allerdings nicht recht einleuchten. Tatsächlich dürfte der Brauch wohl eher mit dem alten Donarkult zusammenhängen und vielleicht als eine Art symbolisches Opfer (die Pflege eines landwirtschaftlich nutzlosen Tieres) zu deuten sein, das diesem Gott dargebracht wurde. In früheren Zeiten könnte tatsächlich ein Ziegenbock geschlachtet worden sein, damit der Gott das Haus vor aller Unbill beschützte.

Zwiebeln

Ein merkwürdiger Spleen der Hexen ist vor allem aus der Schweiz überliefert. Zahlreichen Berichten zufolge waren Hexen nämlich ganz vernarrt in Zwiebeln, und zwar so sehr, daß sie, wenn es im eigenen Garten keine mehr gab, eigens nach Italien flogen, um sich dort welche zu stehlen.

So heißt es in einem von vielen einschlägigen Berichten, eine gewisse Gret sei der Hexerei verdächtig gewesen und daher heimlich beobachtet worden. »Nun stellte sich heraus, daß Gret am Faßnacht Mittage, während der Anken [Butter] in der Pfanne über dem Feuer schmolz, unter dem Vorwand, im Garten vor ihrem Häuschen Zwiebeln zu holen, sich urplötzlich nach Mailand versetzte und mit Zwiebeln, die sie dort in einem Garten stahl, schon wieder zurück war, als der Anken die ebenrechte Schmelzhitze bekommen hatte. So machte sie's fast alltäglich.«

Daneben hatte die Verdächtige auch noch andere typische Hexenangewohnheiten, wie etwa das Vaterunser rückwärts aufzusagen. »Man fand auch, daß sie betete: ›Brigitä, Brigitä Hagstäckä‹, und das ›moffelte‹ sie immer so fort schnell hintereinander.« Angesichts derart schändlicher Verbrechen wird es also niemanden wundern, daß Gret kurze Zeit später auf dem Scheiterhaufen landete!

Bibliographie

Agrippa von Nettesheim, H.C.: De occulta philosophia sive de magia libri tres. Antwerpen 1531 (Köln 1533).

Ahrendt-Schulte, I.: Weise Frauen – Böse Weiber. Die Geschichte der Hexen in der Frühen Neuzeit. Freiburg i.Br. 1994.

Andree, R.: »Trudensteine«. Zeitschrift für Volkskunde 13, 1903, 295–298.

Appel, H.: Die Wechselbalgsage. Berlin 1937.

Arnold, K.: Johannes Trithemius (1462-1516). Würzburg 1991.

Aubin, N.: Geschichte der Teufel von Loudun oder der Besessenheit der Ursulinen und von der Verdammung und Bestrafung von Urbain Grandier, Pfarrer derselben Stadt. Berlin 1981.

Bächtold-Stäubli, H. (Hg.): Handwörterbuch des deutschen Aberglaubens. 10 Bde. Berlin 1986.

Bartsch, K.: Sagen, Märchen und Gebräuche aus Mecklenburg. 2 Bde. Wien 1879–1888.

Baschwitz, K.: Hexen und Hexenprozesse. Die Geschichte eines Massenwahns und seiner Bekämpfung. München 1963.

Bauer, D.R. und W. Behringer (Hg.): Fliegen und Schweben. Annäherung an eine menschliche Sensation. München 1997.
Beck, P.: »Die Bibliothek eines Hexenmeisters«. Zeitschrift für Volkskunde 15, 1905, 412–424.
Beckenstedt, E.: Wendische Sagen, Märchen und abergläubische Gebräuche. Graz 1880.
Becker, A.: Pfälzer Volkskunde. Bonn und Leipzig 1925.
Becker, G.: Das Pentagramm-Symbol in Marokko: Religion, Politik und Magie im maghrebinischen Königreich. Hamburg 1989.
Beckmann, D. und B.: Das geheime Wissen der Kräuterhexen. Alltagswissen vergangener Zeiten. München 1998.
Behringer, W. (Hg.): Hexen und Hexenprozesse. München 1995.
Behringer, W.: Hexen. Glaube, Verfolgung, Vermarktung. München 1998.
Beinhoff, J.: Der Hexenglaube in der Walpurgisnacht und die Blocksbergsage. Leipzig 1923.
Berewinkel, B.: Hexen. Geschichte einer dunklen Zeit in Bildern und Berichten. Augsburg 1998.
Birlinger, A.: Aus Schwaben. Sagen, Legenden, Aberglauben. 2 Bde. Wiesbaden 1874.
Böckl, M.: Agnes Bernauer. Hexe, Hur' und Herzogin. Waldkirchen 1993.
Boyke, G.: Der Johannistag im deutschen Volksglauben. Querfurt 1926.

Byloff, F.: Das Verbrechen der Zauberei. Graz 1902.
Byloff, F.: Volkskundliches aus Strafprozessen der Österreichischen Alpenländer mit besonderer Berücksichtigung der Zauberei- und Hexenprozesse 1455 bis 1850. Berlin und Leipzig 1929 (Quellen zur Deutschen Volkskunde Heft 3).

Caspar, M.: Johannes Kepler. Stuttgart 1958.
Craemer-Ruegenberg, I.: Albertus Magnus. München 1980.

Dahl, J.: Nachtfrauen und Galsterweiber. Eine Naturgeschichte der Hexe. Ebenhausen b. München 1960.
Davidson, J.P.: The Witch in Northern European Art 1470–1750. Freren 1987.
Daxelmüller, Ch.: Aberglaube, Hexenzauber, Höllenängste. Eine Geschichte der Magie. München 1996.
Deboy, W.: Der Bilwis. Eine volkskundliche Untersuchung über das Wesen des Bilwis aus deutschen und niederländischen Überlieferungen. 1954 o.O.
di Nola, A.: Der Teufel. Wesen, Wirkung und Geschichte. München 1993.
Dinzelbacher, P.: Heilige oder Hexen? Schicksale auffälliger Frauen in Mittelalter und Frühneuzeit. Düsseldorf 1995.
Döbler, H.: Hexenwahn. Die Geschichte einer Verfolgung. München 1977.

Drechsler, P.: Sitte, Brauch und Volksglaube in Schlesien. 2 Bde. Leipzig 1903–06.
Droß, A.: Die erste Walpurgisnacht. Hexenverfolgung in Deutschland. Frankfurt am Main 1978.
Duby, G. und A.: Die Prozesse der Jeanne d'Arc. Berlin 1985.

Ehret, L.: »Schadzauber der elsässischen Hexen an Menschen und Tieren«. Annuaire de la Société Historique, Littéraire et Scientifique du Club Vosgien, N.S. III, 1935, 44–73.
Eliade, M.: Schamanismus und archaische Ekstasetechnik. Frankfurt am Main 1975.
Endter, A.: Die Sage vom Wilden Jäger und von der Wilden Jagd. Frankfurt am Main 1933.
Entrich, M.: Albertus Magnus: sein Leben und seine Bedeutung. Graz 1982.

Fehrle, E.: Der Johannistag. Buchen 1924.
Fehrle, E.: Zauber und Segen. Jena 1926.
Feldmann, Ch.: Friedrich Spee: Hexenanwalt und Prophet. Freiburg 1993.
Frischbier, H.: Hexenspruch und Zauberbann. Ein Beitrag zur Geschichte des Aberglaubens in der Provinz Preußen. Berlin 1873.
Froehner, R.: Von Hexen und Viehverzauberung. Leipzig 1925.

Fuerbeth, F.: Johannes Hartlieb. Untersuchungen zu Leben und Werk. Tübingen 1992.

Gesemann, G.: Regenzauber in Deutschland. Braunschweig 1913.

Gilfond, H.: Voodoo: Its Origins and Practices. London 1976.

Goodman, F.: Ekstase, Besessenheit, Dämonen: die geheimnisvolle Seite der Religion. Gütersloh 1997.

Grohmann, J.V.: Aberglauben und Gebräuche aus Böhmen und Mähren. Bd. 1. Leipzig 1864.

Habrich, Ch.: Hexenkraut und Heilpflanze: Der Stechapfel in Vergangenheit und Gegenwart. Ingolstadt 1988.

Hampp, I.: Beschwörung Segen Gebet. Untersuchungen zum Zauberspruch aus dem Bereich der Volksheilkunde. Stuttgart 1961.

Hancar, F.: Das Pferd in prähistorischer und früher historischer Zeit. Wien 1956.

Hansen, C.: Witchcraft at Salem. New York 1969.

Hansen, J.: Zauberwahn, Inquisition und Hexenprozeß im Mittelalter und die Entstehung der großen Hexenverfolgung. Leipzig und München 1900.

Hansen, J.: Quellen und Untersuchungen zur Geschichte des Hexenwahns und der Hexenverfolgung im Mittelalter. Mit einer Untersuchung zur Geschichte des Wortes »Hexe« von Johann Franck. Bonn 1901.

Hansmann, L. und L. Kriss-Rettenbeck: Amulett und Talisman. Erscheinungsform und Geschichte. München 1977.

Harmening, D.: Zauberei im Abendland: Vom Anteil der Gelehrten am Wahn der Leute. Würzburg 1991.

Hartlieb, J.: Das Buch der verbotenen Künste. Aberglaube und Zauberei des Mittelalters. München 1998.

Hauschild, Th.: Der böse Blick: ideengeschichtliche und sozialpsychologische Untersuchungen. Berlin 1982.

Hauschild, Th.: Die alten und die neuen Hexen. Die Geschichte der Frauen auf der Grenze. München 1987.

Hehn, V.: Salz: eine kulturgeschichtliche Studie. Darmstadt 1964.

Henning, Ch.: Voodoo: geheime Macht in Afrika. Köln 1995.

Herget, W. (Hg.): Die Salemer Hexenverfolgungen. Trier 1994.

Hertz, W.: Der Werwolf. Ein Beitrag zur Sagengeschichte. Vaduz 1973.

Hirschberg, W.: Frosch und Kröte in Mythos und Brauch. Wien 1988.

Jahn, U.: Hexenwesen und Zauberei in Pommern. Breslau 1886.

Jahn, U.: Volkssagen aus Pommern und Rügen. Stettin 1886.

Kaiser, F.: Volksbrauch und Aberglaube sowie anderes Absonderliches aus Jahrtausenden. Berlin 1935.

Kiekhefer, R.: Magie im Mittelalter. München 1992.

Klaniczay, G.: »Der Hexensabbat im Spiegel von Zeugenaussagen in Hexen-Prozessen«. In ders.: Hexerei. Nürnberg 1993.

Knack, F.: Pommersche Spukgeschichten, Sagen und Märchen aus dem Kreise Saatzig. Wittenberge 1922.

Knoop, O.: Volkssagen, Erzählungen, Aberglauben, Gebräuche und Märchen aus dem östlichen Hinterpommern. Posen 1885.

Knortz, K.: Hexen, Teufel und Blocksbergspuk in Sage, Geschichte und Literatur. Annaberg 1914.

Kottaridou, A.: Kirke und Medeia: die Zauberinnen der Griechen und die Verwandlung des Mythos. Köln 1991.

Krauss, F.S.: Volksglaube und religiöser Brauch der Südslawen. Münster 1890.

Krauss, F.S.: Sitte und Brauch der Südslawen. Wien 1885.

Krauss, F.S.: Südslawische Hexensagen. Wien 1884.

Kriss, R. und H. Kriss-Heinrich: Volksglaube im Bereich des Islam. Bd.2: Amulette, Zauberformeln und Beschwörungen. Wiesbaden 1962.

Kruse, J.: Hexen unter uns. Hamburg 1951.

Kuper, M.: Agrippa von Nettesheim: ein echter Faust. Berlin 1994.

Lehmann, A.: Aberglaube und Zauberei von den ältesten Zeiten bis in die Gegenwart. Stuttgart 1898.

Leibrock-Plehn, L.: Hexenkräuter oder Arznei: die Abtreibungsmittel im 16. und 17. Jahrhundert. Stuttgart 1992.

Lemke, E.: »Die Eibe in der Volkskunde«. Zeitschrift für Volkskunde 12, 1902, 377–390.

Leubuscher, R.: Über die Werwölfe und Thierverwandlung im Mittelalter: Ein Beitrag zur Geschichte der Psychologie. Berlin 1850.

Levack, B.P.: Hexenjagd. Die Geschichte der Hexenverfolgungen in Europa. München 1995.

Mackensen, L.: Geister, Hexen und Zauber in Texten des 17. und 18. Jahrhunderts. Dresden 1938.

Maple, E.: Hexensabbat: schwarze Kunst und Zauberei im Spiegel der Jahrtausende. Eltville a.Rh. 1978.

Marzell, H.: Zauberpflanzen, Hexentränke. Brauchtum und Aberglaube. Stuttgart 1963.

Meier, E.: Deutsche Sagen, Sitten und Gebräuche aus Schwaben. 2 Bde. Stuttgart 1852.

Meisen, K.: Die Sagen vom wütenden Heere und vom wilden Jäger. Münster 1935.

Montanus: Die deutschen Volksfeste, Volksbräuche und deutscher Volksglaube in Sagen, Märlein und Volksliedern. Iserlohn o.J.

Müller, F.: Beiträge zur Geschichte des Hexenglaubens und des Hexenprocesses in Siebenbürgen. Braunschweig 1854.

Nagel, P.: Die Bedeutung der »Disquisitionum magicarum libri sex« von Martin Delrio für das Verfahren in Hexenprozessen. Frankfurt a.M. 1995.

Olbrich, K.: Die Freimaurer im deutschen Volksglauben. Die im Volke umlaufenden Vorstellungen und Erzählungen von den Freimaurern. Breslau 1930.

Panzer, F.: Bayerische Sagen und Bräuche. Beitrag zur Deutschen Mythologie. 2 Bde. München 1848–55.

Petzoldt, L.: Kleines Lexikon der Dämonen und Elementargeister. München 1995.

Peuckert, W.-E.: Deutscher Volksglaube des Spätmittelalters. Stuttgart 1942.

Piaschewski, G.: Der Wechselbalg. Ein Beitrag zum Aberglauben der nordeuropäischen Völker. Breslau 1935.

Reinalter, H. (Hg.): Freimaurer und Geheimbünde im 18. Jahrhundert in Mitteleuropa. Frankfurt am Main 1983.

Sackville-West, V.: Jeanne d'Arc, die Jungfrau von Orléans. Frankfurt am Main 1992.

Sartori, P.: »Glockensagen und Glockenaberglaube«. Zeitschrift für Volkskunde 7, 1897.

Schade, S.: Schadzauber und die Magie des Körpers: Hexenbilder der frühen Neuzeit. Worms 1983.

Schäfer, W.: Agnes Bernauer und ihre Zeit. München 1987.

Schell, O.: »Das Salz im Volksglauben«. Zeitschrift für Volkskunde 15, 1905, 137–149.
Schellhammer, E.: Wahrsagen und Weissagen. München 1950.
Schnurr, O.: Aberglaube. Faszination und Versuchung. München 1988.
Schöne, A.: Götterzeichen, Liebeszauber, Satanskult. Neue Einblicke in alte Goethe-Texte. München 1993 (Neuaufl. v. 1982)
Schönwerth, F.: Aus der Oberpfalz. Sitten und Sagen. 3 Bde. Augsburg 1857–59.
Schöpf, H.: Zauberkräuter. Wiesbaden 1992.
Schulenburg, W.v. und R. Andree: »Trudensteine«. Zeitschrift für Volkskunde 15, 1905, 91–93.
Seligmann, S.: Der böse Blick und Verwandtes. Ein Beitrag zur Geschichte des Aberglaubens aller Zeiten und Völker. 2 Bde. Berlin 1910.
Seyfarth, C.: Aberglaube und Zauberei in der Volksmedizin Sachsens. Leipzig 1913.
Smoljak, A.W.: Der Schamane: Persönlichkeit, Funktionen, Weltanschauung. Berlin 1998.
Spee, F.: Cautio Criminalis oder Rechtliches Bedenken wegen der Hexenprozesse. München 1982.
Sprenger, J. und H. Institoris: Der Hexenhammer (Malleus Maleficarum). München 1982.
Stamm, Ch.: Kräuter mit Vergangenheit: Geschichte, Botanik, Chemie, Toxikologie und Pharmakologie von Al-